SCHRIFTEN DER GOETHE-GESELLSCHAFT

Im Auftrag des Vorstands herausgegeben von
Werner Keller

63. Band

VERLAG HERMANN BÖHLAUS NACHFOLGER WEIMAR
16 24

Erich Trunz

Weltbild und Dichtung im Zeitalter Goethes

Acht Studien

1993

Verlag Hermann Böhlaus Nachfolger

Weimar

Die Deutsche Bibliothek — CIP-Einheitsaufnahme

Trunz, Erich:
Weltbild und Dichtung im Zeitalter Goethes : acht Studien /
Erich Trunz. - Weimar : Verlag Hermann Böhlaus Nachfolger Weimar, 1993
    (Schriften der Goethe-Gesellschaft ; Bd. 63)
    ISBN 3-7400-0817-2
NE: Goethe-Gesellschaft: Schriften der Goethe-Gesellschaft

Erschienen im Verlag Hermann Böhlaus Nachfolger Weimar GmbH & Co.
© 1993 by Verlag Hermann Böhlaus Nachfolger Weimar GmbH & Co.

Dieses Buch ist aus säurefreiem Papier hergestellt und entspricht den Frankfurter Forderungen
zur Verwendung alterungsbeständiger Papiere für die Buchherstellung.

Gesamtherstellung: Druckhaus „Thomas Müntzer" GmbH, Bad Langensalza
Printed in Germany
ISBN 3-7400-0817-2
L.-Nr. 2775

Inhalt

Inhalt

Vorwort

Auch wenn wir — im strengen Wortsinn — nicht seine Schüler waren, so gingen wir Goethe-Leser nach 1950 doch allesamt in seine Schule, denn Erich Trunz verdanken wir zentrale Bände der Hamburger Goethe-Ausgabe. Die Arbeit des Editors vollzieht sich gemeinhin in bescheidener Stille; von seiner Sorgfalt zehren die Leser, ohne seine Mühe zu ahnen. Doch Erich Trunz gab nicht nur verläßliche Texte und kenntnisreiche Kommentare, — seine Wirkung erzielte er durch wahrlich grundlegende Interpretationshilfen zu den Gedichten wie zum „Faust", zu „Dichtung und Wahrheit" wie zu den „Wanderjahren". Sein kluger Sachverstand und sein gebildeter Kunstsinn erschlossen Goethes Werk der Nachkriegsgeneration in Westdeutschland — dem Forscher ebenso wie dem interessierten Laien. Wir verringern niemandes Leistung, wenn wir sagen, daß die Hamburger Ausgabe, daß Erich Trunz das Goethe-Verständnis der vergangenen vier Jahrzehnte entscheidend mitgeprägt hat. Um dem „fortschreitenden Leben" zu genügen, wird an neuen, umfangreicheren Ausgaben gearbeitet, die am Vorgänger Maß nehmen.

Als 61. Band der „Schriftenreihe" unserer Gesellschaft veröffentlichte Erich Trunz 1980 seine „Weimarer Goethe-Studien". „Ein Tag aus Goethes Leben", „Das Haus am Frauenplan", — die darin enthaltenen Abhandlungen verlebendigten mit profunder Detailkenntnis und feinsinniger Erzählgabe Alltag und Umwelt des Dichters. Goethe, der Mensch, wurde einer goethefernen Zeit nahegerückt.

Die im vorliegenden Band gesammelten acht Studien sind der Dichtung des 18. und frühen 19. Jahrhunderts gewidmet: Die erste — „Seelische Kultur" — konzipierte Erich Trunz 1925 als junges Semester; den Aufsatz „Goethes religiöse Gedankenwelt" verfaßte er 1991. „Was kann der Mensch mehr wünschen, als daß ihm erlaubt sei, das Ende an den Anfang anzuschließen", schrieb Goethe an Trebra im Januar 1814. Daß wir als Leser an dieser individuellen Begünstigung teilhaben können, macht auch uns dankbar — und wissender; daß die „Schriftenreihe" eben mit diesem 63. Band, dem ersten nach der „Wende", an ihre hundertjährige Tradition anknüpfen kann, erfreut und ermutigt. „Ist fortzusetzen."

Köln, im Spätherbst 1992   Werner Keller

Seelische Kultur

Über zwischenmenschliche Beziehungen
im Schrifttum der Goethezeit

I.

Das Bild des Menschen, das die Goethezeit neu gestaltete, wurde gleichzeitig durch die Philosophie und durch die Dichtung geformt. Beide bemühten sich, den Menschen in Beziehung zu setzen zum Unendlichen. Die Philosophie zeigte, daß zu dem Wesen des Menschen Vernunft gehöre, das Vernunftgesetz aber gelte auch losgelöst vom Menschen, es gehöre dem Absoluten an und der Mensch habe an ihm teil. Gleichzeitig zeigte die Dichtung, daß die Gefühlswelt ebenfalls ihre Beziehung zum Unendlichen habe und nicht minder wesentlich für den Menschen sei; ihre starke und gebändigte Ausformung gehöre zum höchsten Menschentum, zur Humanität.

Seit dem Beginn des 18. Jahrhunderts hatte sich ein Wandel der Gefühlswelt vollzogen. Hatten bis dahin alle höheren, über die bloße Notdurft des Lebens hinausgehenden Gefühle im Zusammenhang der kirchlich-religiösen Empfindungswelt gestanden, so begannen nun die großen diesseitigen Lebensbegegnungen selbständig und neu erlebt zu werden: Natur, Kunst, Freundschaft, Liebe, Familie. Seit Brockes und Haller zeigt sich ein verfeinertes Naturgefühl. Seit Gellert und seinen Schülern setzt ein weiches Gefühl für Freundschaft ein, das im Laufe der Jahrzehnte zur Empfindsamkeit wird. Als „Werthers Leiden" erscheinen, fühlt sich alle Jugend stürmisch bewegt von der inneren Unendlichkeit der Liebe, die hier erstmalig ausgesprochen ist. Und allmählich, in allen Schichten des Volkes, wenig sichtbar, aber wirksam, tritt im Leben der Familie an die Stelle der alten strengen und typischen Formen, welche man im Barock als „Hausstände" bezeichnete, ein mehr auf dem Gefühl beruhendes Verhältnis, wobei die Anrede mit „Sie" durch das traulichere „Du" ersetzt wird. Das 18. Jahrhundert eroberte diese Empfindungswelt so, wie dergleichen zu geschehen pflegt: sprunghaft, vereinzelt, mit Übertreibungen hier und Rückschlägen dort. Dann aber wurde aus der Empfindsamkeit die Klassik, d. h. aus diesem aufgelockerten Bereich einzelner Empfindungen, die sich hier und da vorgetastet hatten, machten nun die Großen einen geordneten Kosmos des Seelischen, allseitig und gezügelt, und brachten diesen in Zusammenklang mit dem übrigen Bilde des Menschen, dem philosophischen und geschichtlichen. Das geschah erstmalig durch den, der der feinste Erspürer aller Dinge der Seele und gleichzeitig der umfassendste Überschauer aller Lebensformen des Menschen war, durch Herder.

Herders „Ideen" beginnen mit der Erde, den Pflanzen, den Tieren und setzen gegen diese physische Welt dann die ethische des Menschen ab. Vernunft, Sprache, Religion und die ganze innere Welt der Gefühle machen seine Humanität aus. In dieser Welt der Gefühle sind, wie er sagt, die schönsten „die Vater- und Mutter-, Freundes- und Lehrer-Empfindungen". Sie formen eine „goldene Kette der Bildung, die die Erde umschlingt und durch alle Individuen bis zum Throne der Vorsehung reicht". (Ideen, Buch IX. Bd. 13, S. 353.) Hier sind also alle Formen der Sympathie im Zusammenhange gesehen. Sie treten außerdem in Beziehung zur Geschichte, denn das Gefühlsleben wird zur Kette der Tradition, und sie treten in Beziehung zum Religiösen.

Hinter der theoretischen Form der Herderschen Darstellung stand ein ganz persönliches unmittelbares Erleben. Was war an ihm, Herder, denn Humanität? Was konnte er nennen, um vor dem Unendlichen zu bestehen? Er hatte in redlichem Bemühen in einer Reihe von Schriften theologische, historische und ästhetische Fragen dargestellt. Aber sein Leben wäre arm gewesen, hätte er nur für seine Schriften gelebt. Er hatte immer viel Liebe gebraucht. Und er hatte auch Liebe gegeben. Als junger Mann bedurfte er eines reifen Menschen, dem er vertrauen, dem er folgen konnte; später war es ihm hohes Glück, selbst jungen Männern Führer und Helfer zu sein. Sodann bedurfte er der Freundschaft eines Menschen wie Knebel oder Jean Paul. Was aber vor allem ihm Gelegenheit gegeben hatte, sein Bestes täglich und stündlich zu bewähren, war die im Laufe der Jahre sich immer mehr vertiefende Liebe zu seiner Gattin. Es kam das Familienleben hinzu — Erziehen durch bloßes Dasein und Sosein. Und dann die Sehnsucht, noch darüber hinaus zu wirken: als Oberaufseher der höheren Schulen sprach er vor den Schülern; und allsonntäglich predigte er; in solchem Lehren, in dem er als Mensch sich preisgab, wollte er sein Bestes leben. Dies alles war es, was seinem Leben das Gefühl gab, erfüllt zu sein und auch im Gedanken an die Unendlichkeit der Welt bestehen zu können. Menschsein war also Zwischen-Menschen-Sein. Und dieses Zwischen-Menschen-Sein war bei ihm weit weniger durch Vorschriften einer Ethik geformt als vielmehr durch Gefühle: Die Empfindungen des Jünglings gegenüber einem vorbildhaften Menschen, des Freundes zum Freunde, des Liebenden zur Geliebten, des Lehrers zum Schüler, des Vaters zum Kinde; ewige menschliche Gefühle, gewiß, und eben insofern Züge der Humanität; aber doch auch nicht ewige: Denn gerade er, der Kenner der Völker und Zeitalter wußte sehr wohl, daß Chinesen, Griechen und Deutsche, daß Altertum, Mittelalter und Gegenwart Liebe, Freundschaft und Familie recht verschieden auffaßten. Er, Herder, hätte seine Freundschaften, seine Liebe, sein Lehrertum nicht so empfunden, wie er sie empfand, wenn er nicht durch Eltern, Lehrer, Freunde und durch Bücher vieler Art so empfinden gelernt hätte, wenn er nicht Deutscher des 18. Jahrhunderts gewesen wäre. Und was er als Bestes fühlte, wollte er wiederum lebendig weitergeben denen, die mit und nach ihm lebten. Kultur der Seele ist also zwar eine Sache des unmittelbaren Lebens zwischen Menschen, getragen von starken und reinen Empfindungen, aber zugleich ist sie auch eine geschichtliche Erscheinung, wie es die Bedingtheit des Menschen mit sich bringt. Herder schreibt, das Schönste der Humanität seien die „Vater- und Mutter-, Freundes- und Lehrer-Empfindungen" (Buch IX, Kap. 1. Bd. 13, S. 353). Diese aber sind nicht absolut, sondern sind „herabgeerbte Formen des Herzens und der Seele". In jedem einzelnen Menschen hängt sein bestes Menschentum „mit Eltern, Lehrern, Freunden . . ., also mit seinem Volke und den Vätern desselben zusammen". Die Entwicklung der Humanität ist „Übergang des Vorbildes ins Nachbild", eine „goldene Kette der Bildung". Dieses Bild zeigt einerseits den religiösen Sinn: golden, göttlich ist die Kette, denn sie reicht bis in eine höhere Welt empor; und es zeigt andererseits den Zukunftsglauben der Bildungsidee: Bildung des Herzens läßt sich fortpflanzen und verfeinern. Humanität ist immer etwas Werdendes, nie etwas Fertiges. „Unser Leib vermodert im Grabe und unseres Namens Bild ist bald ein Schatten auf der Erde. Nur . . . der Tradition einverleibt können wir auch mit namenloser Wirkung in den Seelen der Unseren tätig fortleben" (Buch IX, Kap. 1. Bd. 13, S. 351f.).

Diese Gedankengänge sind bezeichnend für das ganze Zeitalter, das sein Bestes suchte in der Pflege innigen Familienlebens, in der Stärke der Freundschaft, der Verfeinerung der Liebesauffassung, der hohen Geistigkeit gesellschaftlichen Lebens. Auch die Philosophie beschäftigte sich mit diesen Fragen, aber es ist ein Gebiet, das ihr nicht so sehr liegt wie der Dichtung, deren recht eigentliche Sache die Gestaltung des Gefühlslebens ist. Eine Empfindungsweise, eine Haltung kann nie durch Gedanken und Regeln, sondern nur durch Erlebnisse, durch Gestalten weitergegeben werden, durch „Übergang des Vorbildes ins Nachbild" (Bd. 13, S. 347), also durch das Leben selbst oder durch Dichtung, deren Gestalten so lebendig sind, daß sie unmittelbar den Leser empfinden lehren, sein Herz erziehen. So lernt der junge Hyperion durch den greisen Adamas empfinden, und so sollte der junge Deutsche wiederum empfinden lernen durch die großen Dichtungen.

Das reinste Beispiel einer dichterischen Darstellung menschlicher Bindungen ist wohl Hölderlins „Hyperion". Zunächst sehen wir den jungen Hyperion bei Adamas, dem geliebten greisen Lehrer, an dem er sein Herz bildet. Dann folgen die Alabanda-Kapitel der großen Freundschaft. Sie brechen ab, und es beginnt die Liebe zu Diotima, welche Hyperion zum Höhepunkt seiner inneren Möglichkeiten führt. Dann kommt nochmals ein neuer Abschnitt: Hyperion stellt sich in einen Kreis von Männern, um große und hohe Ideale zu verwirklichen, er hat nochmals ein neues Erlebnis der Gemeinschaft, diesmal freilich eins, das sehr bald bitter enttäuscht. In diesen verschiedenen Formen menschlicher Bindungen erfüllt er sich: sie sind das Beste seines Lebens. Und ähnlich sind die Themen der Oden Klopstocks und der Romane Goethes und Jean Pauls. Ebenbürtig steht daneben eine Fülle von Lebensdokumenten, die diese seelische Kultur verkörpern, zumal sind es Briefe, von Winckelmann, Herder, Goethe, Humboldt, Schiller, Körner, Hölderlin, Runge und vielen anderen. Immer wieder sprechen sie davon, daß es zu den großen Geschenken des Schicksals gehöre, eine menschliche Bindung rein und vollkommen zu erleben: in einer harmonischen Familie aufzuwachsen und selbst eine solche zu begründen; in der Liebe, in der Freundschaft sich zu erfüllen; oder in einem tätigen Kreise zu wirken. Schon eine dieser Bindungen ganz zu leben, ist viel; aber wo das Schicksal es gibt und das Herz des Erlebens fähig ist, kann es mehr als nur eine sein; Herder hat schön davon gesprochen (in seinem Aufsatz „Liebe und Selbstheit"), daß es das Wesen des Herzens sei — eben sein Metaphysisches —, daß eine Bindung der anderen nichts zu nehmen brauche. In ihnen lebend wachse der Mensch zum höchsten Menschentum empor.

II.

Das Barock hatte die zwischenmenschlichen Beziehungen anders gesehen. Es suchte Gott in der kirchlichen Heilslehre. Nur wer philosophisch dachte, suchte ihn auch im Makrokosmos als Gottes Schöpfung. Die Menschenwelt war ständisch gegliedert, und so gab es also die „Hausstände" mit Vater, Mutter, Kindern und Gesinde. Der einzelne hatte sich gemäß dieser Ordnung zu verhalten. Das war seine Pflicht, die er im Rahmen der kirchlichen Welt zu bedenken hatte. Die Einzelbeichte war in der lutherischen Kirche noch nicht abgeschafft, sie verlor ihre Bedeutung dort erst im 18. Jahrhundert. Außer in der Erfüllung der häuslich-sittlichen Pflichten sah man in der Beziehung von Mensch zu Mensch wenig Förderliches für den Heilsweg. Im Gegenteil, dergleichen konnte als Kreaturliebe geradezu ein Zeichen für die Triebgebundenheit und Erdenhaftigkeit des Menschen sein, der doch allein ans Jenseits denken sollte.

Als das 18. Jahrhundert in seiner neuen Diesseitigkeit sich einzurichten begann, stand es noch lange im Schatten der mittelalterlichen, letztmalig im Barock allgemeingültigen Überlieferung. Diejenige menschliche Bindung, welcher man zuerst die Aufmerksamkeit zuwandte, war daher die, welche am wenigsten als sinnenhaft erscheinen konnte, die geistigste, die Freundschaft. In pietistischen Kreisen beichtete man nicht mehr dem Geistlichen, sondern dem verstehenden miterlebenden Menschen, dem Freunde. Denn weil es nur auf das innere Erleben Gottes ankam, suchte man nicht einen durch Weihe oder Studium bezeichneten, sondern den durch seine Innerlichkeit dafür geeigneten Menschen.

Das Christliche trat dann mehr und mehr zurück, das Persönliche blieb. Im edlen, im gütigen Menschen erlebte man den Adel des Menschseins, erlebte ihn in dem Sinne, wie es Goethes Gedicht „Das Göttliche" sagt: er „sei uns ein Vorbild jener geahneten Wesen".

Klopstock war der erste, dessen Leben und Dichtung die Freundschaft neu formte als eine der großen Gaben des Lebens. Der Wert des geliebten Du wird unendlich empfunden. Die Empfindungskraft des Ich steigert sich zu Gipfelpunkten, in denen Erlebnisse des Herzens reifen, die dem ganzen Leben Maß geben. Der Gedanke an den Tod führt zu dem Versuch, die Existenz des Freundes stets in ihrer Gesamtheit zu erfassen. Der Dichter nennt sich selbst eine „Seele, zur Freundschaft erschaffen". („An Ebert".) Klopstock hatte nicht nur einen, sondern mehrere Freunde: er machte aus ihnen eine Gemeinschaft und formte für sie einen neuen Begriff der Feier. Solchem Erleben entspricht der festliche Ton antiker Odenmaße, beschwingt und streng zugleich. Klopstocks männliche Kraft, nicht Gleims weiche Gefühlsseligkeit wurde die große seelische Schule der jungen Generation. Von hier ging Schiller aus, von hier Hölderlin.

Schiller war zur Freundschaft geschaffen. Wie sie ihn in der schwersten Krisis seines Lebens rettete, schildert sein Gedicht „Die Ideale". Am Ende seiner Jugendentwicklung hatte ein Zusammenbruch aller bisherigen Sicherungen des geistigen Seins gestanden: Das Christentum hatte keine Überzeugungskraft mehr, und die optimistische Aufklärungsphilosophie, die er in der Fassung von Ferguson und Garve sich zu eigen gemacht hatte, zerbrach ihm gleichfalls vor der Macht der Wirklichkeit. Als er seine geistige Verfassung schildern wollte, schrieb er damals: „Für mich spreche Karl Moor an der Donau". (An die Leipziger Freunde, 10. 2. 85.) Karl Moor aber sagt: „Es ist alles so finster — verworrene Labyrinthe — kein Ausgang — kein leitendes Gestirn . . . Wenn's aus wäre mit diesem letzten Odemzug — aus wie ein schales Marionettenspiel . . .?" War wirklich alles finster? Wenn von Gott her zum Menschen hinab kein Weg gegeben war, war dann nicht vom Menschen aus hinauf einer zu bauen? Philosophie war doch nichts anderes als durchdachtes Erleben, und war denn alles Erlebte enttäuschend, nur Selbstsucht und Trieb? Nein, ein Erlebnis hatte er gehabt, das ihm den Adel des Menschen in herrlichster Weise zeigte, das der Freundschaft. Da war erst der stille, tätige Streicher gewesen, der ihm zur Flucht verhalf und seine eigene Existenz aufs Spiel setzte, um den Freund zu retten. Und dann kam Körner. In Schillers verzweifelter Lage — ohne Stellung, ohne Geld, ohne Freunde, ohne Heimat und damit ohne Familie — war dieser seine einzige Hoffnung. Und diese Hoffnung wurde über alles Erwarten erfüllt. Körner leistete im Großen wie im Kleinen immer noch mehr, als Schiller je ersehnte. Einige Jahre später schrieb Schiller an Lotte, es gehe nichts über das Glück, „jemanden in der Welt zu wissen, auf den man sich ganz verlassen kann. Und das ist Körner für mich". (9. 12. 1788.) Körner ist der Sorgende, Nachgiebige und doch zugleich auf lange Zeit der Reifere, Männlichere. Schiller hat dieser Freundschaft — mitunter gedankenlos — manche Belastungsprobe aufge-bürdet, aber Körners Art brachte immer alles ins Rechte. Schiller hat des Freundes Großzügigkeit und innere Vornehmheit als geradezu grenzenlos angesehen, und er ist nie enttäuscht worden. So erlebte er den Sieg des Geistigen, den Adel des Menschlichen durch die Freundschaft und erlebte, daß er dem Geistigen trauen dürfe. In dem Gedicht „Die Ideale" zerrinnt der jugendliche Glaube „an Wesen, die mein Traum gebar", und es bleibt als Trost und Sinngebung des Augenblicks nur zweierlei: die tägliche pflichttreue Arbeit, „Beschäftigung, die nie ermattet", und die Freundschaft:

> „Du, die du alle Wunden heilest,
> Der Freundschaft leise, zarte Hand,
> Des Lebens Bürden liebend teilest,
> Du, die ich frühe sucht und fand ..."

Von hier aus bahnte sich Schiller dann gedanklich einen Weg, um innerhalb der menschlichen Welt Werte zu finden, die in eine höhere Welt hinaufwiesen; und als er selbst auf diesem Wege war, fand er durch Körner die Lehre Kants, der eben dies von anderer Seite kommend philosophisch darlegte. Aus Erlebnis und Philosophie zusammen, niemals aus dieser allein, baute sich nun Schillers neuer Lebensmut auf. Oft in anderen Fällen ist das Leben eines großen Künstlers nur um des Werkes willen da, und vieles Private verkümmert, ja wird sogar schuldhaft, nur damit das Werk gerettet werde. Nicht so bei Schiller: Der Zug zum Unbedingten formte wie sein Denken und Dichten so auch sein Leben und gab seinen Freundschaften ihre hohe Vollendung. Aber Körner war kein geringerer Meister der Freundschaft als Schiller. Literarisch trat er natürlich hinter Schiller zurück, aber blickt man auf das Menschliche, so ist der, welcher nur im Gespräch oder Brief sich äußert, mitunter der Weisere, Reifere. Seelische Kultur ist Sache des gelebten Lebens, und gerade das Frei-Sein vom Schöpfer-zwang läßt solches Leben — ein Beispiel ist auch Wilhelm v. Humboldt — oft am schönsten reifen. Daß in der Goethezeit großes Schöpfertum und reifes Menschentum oft so eng zusammenstehen, macht mit das Gesunde, Vorbild-hafte, Klassische aus. So ist die Freundschaft Schiller—Körner klassisch, und ihr Briefwechsel ist es von den Anfängen in jugendlichem Überschwang bis zum Ende in männlicher Reife. Körner hat früher als Schiller gesehen, daß eine Verbindung mit Goethe für diesen möglich, ja im höchsten Grade fruchtbar sein werde, und hat deshalb auf eine solche hingewirkt, obgleich er für möglich halten mußte, daß er selbst dann wohl in den Hintergrund treten würde für ihn, den er so sehr liebte. Er freute sich, als Schiller dann Goethe fand, aber Schiller wiederum sorgte, daß Körner nicht in den Hintergrund kam, und ließ ihn unentwegt merken, daß er seinem Herzen am nächsten blieb. Die Beziehung zu

Goethe wurde wider Erwarten wirklich zur Freundschaft. Als Schiller starb, entstand für Goethe eine Lücke, die nie mehr sich füllte. Auch zu seinem Leben gehörte Freundschaft; es ist eine stille, neben den Erschütterungen der Liebe wenig hervortretende Linie, die ihm aber zu den wesentlichsten Dingen des Lebens gehörte. Mit Heinrich Meyer bestand länger als 40 Jahre eine enge persönliche und geistige Gemeinschaft ohne jemals eine Spannung, eine immer wieder beglückt empfundene gegenseitige Ergänzung, die nur auf Grund tiefer Freundschaft möglich war. Auch die Beziehung zu Zelter war Freundschaft ohne Probleme. Wohltuend war für Goethe Zelters kräftig-tüchtige und vielseitige Natur, und für Zelter Goethes geistige Weite und freundschaftliche Wärme. Auch die Beziehung zu Knebel hatte freundschaftlichen Charakter und wurde von beiden mit Sorgfalt gegen alles abgeschirmt, was aus den Weimarer oder Jenaer Verhältnissen störend hätte einwirken können. Da Knebel meist in Jena lebte, war jedes Zusammentreffen eine besondere Freude.

Es war die Zeit der großen Freundschaften. Bei Hamann und Berens erhält die Freundschaft ihren Stil durch die kraftvolle Persönlichkeit; bei Herder und Knebel durch die feine Grazie des Herzens; romantischer Überschwang ist es bei Tieck und Wackenroder; hinter strengster Gehaltenheit glühende Seelenkraft bei Scharnhorst und Wilhelm v. Zeschau; bei Schleiermacher und Ehrenfrid v. Willich das Erleben der inneren Unendlichkeit des Menschen, die ins Religiöse führt. Die Reihe ließe sich weiterhin fortsetzen. Nur zwei Gestalten seien noch herausgehoben, die, welche die eigentlichen Dichter der Freundschaft wurden: Jean Paul und Hölderlin.

Jean Paul wurde der große Bildner des Herzens für seine Generation. Er kannte in seinem unendlich erlebnisreichen Inneren die apokalyptische Landschaft einer letzten menschlichen Einsamkeit. Nur selten spricht er davon. Aber weil er davon wußte, war ihm so unendlich bedeutsam die Überwindung der Ichheit im Lieben und Geliebt-Werden, wodurch allein das Leben reich wird und reif. Doch wie schwerfällig, wie unfrei fand er die Menschen gerade auf diesen Wegen. So machte er es sich zur Aufgabe, ihnen das Herz und die Zunge zu lösen und ihnen den Reichtum des Empfangens und Gebens geläufig zu machen. Wie Herder, den er so sehr liebte, wußte er, daß der Magnet am stärksten zieht, wenn er geübt wird. So war Jean Paul selbst: Voll Wärme, Begeisterung, Offenheit, lebend in einem Kultus des Herzens, der ihm wiederum alle Herzen zutrug; und so sind seine Romangestalten: Sie schämen sich nicht der starken Gefühle, sie strahlen Wärme und Freundschaft aus, und wenn sie einem Menschen sich nahe fühlen, dann sprechen sie es auch aus und schließen ihn in die Arme. In diesen Romanen kommt es nicht auf die Handlung an, sondern nur darauf, wie Menschen einander begegnen, wie sie empfinden und sprechen als Freunde und Liebende. Die, welche darin vorbildhaft sind, nennt Jean Paul „hohe Menschen". An ihnen zeigt sich der höchste Sinn der

Freundschaft: Sie bringt „geistige Bande", welche „diese Welt mit einer andern und den Menschen mit Gott verweben". (Hesperus, 3. Kap.) Denn der hohe Mensch ist ein „Widerschein" des Göttlichen.

Was Herder begann, was Jean Paul fortführte, das sucht — nur in seiner ganz eigenen Art — auch Hölderlin: Entwicklung des Herzens und die Sprache dafür. Er schreibt an seinen Stiefbruder, den er als Freund empfand: „Die Guten lassen sich nicht ... Es fehlet nur oft am Mittel, wodurch ein Glied dem andern sich mitteilt, ... Und siehe, daß wir uns erinnern müssen, daß wir das Versäumte nachholen und sprechen müssen, laut sprechen zu einander, was wir uns sind, für was wir es sind. Ja, wer das Wort mißbraucht, der fehlet wohl sehr, aber gewiß der auch, der es zu wenig braucht." (1801 aus Hauptwil.) Freundschaft ist das Element, in dem wir den jungen Hölderlin zuerst kennenlernen. Während er in seiner Beziehung zur Mutter, zur Schule, zu Lehrern tastend, unsicher und unglücklich erscheint, ist er in der Freundschaft sicher, schöpferisch und glücklich. Es ist seine Welt. Diese Erlebnisse zusammenfassend, schrieb er dem Jugendfreunde Neuffer später: „Du mußt es wissen, daß ich Dir, der mich zuerst das Glück der Freundschaft wahr und gründlich lernte, alles geben will und muß, was Männer von sich fordern können ... Ich glaube, daß die Menschen, die sich einmal liebten, wie wir uns geliebt, auch eben darum alles Schönen fähig sind und alles Großen ... Lassen wir uns irre machen an uns selbst, an unserem ϑειον (Theion), dann ist auch alle Kunst und alle Müh umsonst. Drum ist's so viel wert, wenn wir fest zusammenhalten und einander sagen, was in uns ist ..." (August 1798.) Es gibt also ein „Theion", ein Göttliches, im Menschen. Nur der liebende Blick erkennt es. Darum wird es in der Freundschaft offenbar. Die Freundschaft mit Neuffer, Magenau, Hegel schloß Hölderlin das Leben auf, durch sie wurde er seiner selbst sicher. Später erlebte er das „Theion" gesteigert in Diotima. Daß er, nachdem er sich von ihr hatte trennen müssen und sie dann gestorben war, überhaupt noch am Leben blieb und sein Spätwerk schaffen konnte, ist einzig den Freunden zu danken, zumal Sinclair. Dieser nahm Hölderlin zu sich nach Homburg, er nahm ihn mit auf Reisen, er verschaffte ihm die Bibliothekarstelle bei Hofe, die er aus eigenen Mitteln bezahlte, er half Hölderlins Mutter, er sammelte des Freundes Dichtungen, gab sie an Musenalmanache und vermittelte den Druck der Sophoklesübersetzungen. Er sah des Freundes Größe und glaubte an ihn. Und auch die schwäbischen Freunde haben keinen Augenblick versagt, als der Freund als ein Kranker wieder zu ihnen kam. Die ganze Bedeutung der Freundschaft hat zusammenfassend der Hyperion-Roman ausgesprochen. Harmonie verband einst die Menschen; dann aber kam die Weltnacht, die Götterferne, die Zeit des Unharmonischen; aber wir werden sie überwinden, vom Geiste her; dann wird wieder Harmonie sein und Anwesenheit der Götter. Wo aber heute Freundschaft ist, da wird schon ein Stück dieser kommenden Welt geschaffen. Wo Harmonie ist unter Menschen, da sind sie im Einklang der Natur, und Leben mit der Natur fordert wiederum die Freundschaft. Darum sind die großen Freundschaftsgedichte zugleich Naturgedichte. Daraus ergibt sich sein neuer Begriff des Fests, der Feier, noch weit über Klopstock hinaus; der Freund erkennt das „Theion", das Göttliche, im Freund, und auch im Blick auf die Natur ist für beide Göttliches anwesend. Zum Begriff der Feier kommt der des Gesprächs. Menschen, die der Freundschaft, der Naturharmonie fähig sind, verstehen einander; es ist ein Geben und Nehmen, ein Gespräch — nicht, wie beim Menschen der seelenlosen Weltnacht ein Gerede; und diese Harmonie der Geister führt dazu, daß die Menschen dann in gemeinsamer Sprache die Götter nennen und ansprechen:

> Die Gesetze aber, die unter Liebenden gelten,
> Die schönausgleichenden sie sind dann allgeltend
> Von der Erde bis hoch in den Himmel.
> Und der Vater thront nun nimmer oben allein.
> Und andere sind noch bei ihm.
> Viel hat erfahren der Mensch. Der Himmlischen viele genannt,
> Seit ein Gespräch wir sind
> Und hören können voneinander.

> („Versöhnender, der du nimmergeglaubt . . .", 3. Fassung.)

III.

Eine besondere Form der Freundschaft ist die pädagogisch führende Freundschaft zwischen dem Jüngling und dem reifen Manne. In den mittelalterlichen Jahrhunderten spielte sie keine wesentliche Rolle, denn eine allgemeine Lehre formte das Leben. Nun aber trat diese Gedankenwelt zurück. Und junge Menschen sehnen sich nicht nach einer Lehre, sondern nach einem Vorbild. Die neue tragische Endlichkeit konnte keine fertige Regel geben, wohl aber eine menschliche Haltung. Der Entwicklungsgedanke, der in dem früheren Weltsystem keine Bedeutung hatte, trat nun in den Mittelpunkt.

Winckelmanns Werk ist getragen von seiner Begeisterung für den schönen bildbaren Jüngling. Das Erlebnis dieser Schönheit läßt ihn einerseits den antiken Marmor mit neuen Augen sehen, andererseits treibt es ihn, zu jungen Menschen über diese Kunstwerke zu sprechen, um sie zum Schönen hinzuführen, und macht ihn zum Meister der Interpretation. Voll Enthuisasmus findet er das, was er in sich erlebt, in Platons „Symposion" wieder.

Ein starker pädagogischer Eros war auch in Herder. Als Jüngling sehnte er sich nach dem älteren, führenden Manne und verehrte ihn in Hamann, den er seinen Sokrates nannte. Bald aber ergab sich dann die schöne Pflicht, selbst Sokrates zu sein. In Riga verlebte er glückliche Jahre „angebetet von meinen

Freunden und einer Anzahl von Jünglingen", wie er einmal stolz an seine Braut schreibt. (22. 9. 70.) Es folgte das Straßburger Zusammentreffen mit Goethe, dem er zu sich selbst half und eine Welt öffnete wie nur je ein Lehrer dem Schüler. Und später kam die Zeit in Weimar, da er als Schulaufseher und von vielerlei Jugend verehrter geistiger Führer gern die Aufgabe ergriff, auf junge Menschen zu wirken. Eine solche Begegnung ist uns genau aufgezeichnet. Im Oktober 1780 kam zu ihm der 20jährige Theologiestudent Johann Georg Müller. In pietistischer Sündenangst erzogen, durch aufklärerische Professoren enttäuscht, von ungelösten weltanschaulichen Fragen bis an den Rand der Verzweiflung gebracht, hatte er seit Monaten sich nur an die eine Hoffnung geklammert, Herder aufzusuchen. Nichts davon ahnte dieser, als zwischen vielerlei Amtsgeschäften ihm ein fremder Student gemeldet wurde. Er ließ ihn vor, und nun fühlte er rasch, was in diesem verwirrten, stammelnden Besucher vorging. Er zieht ihn in sein häusliches Leben hinein, er überwindet seine Schüchternheit. Nach und nach erzählt er ihm aus dem eigenen Leben und zeigt dem Suchenden, daß er, den jener als Fertigen bewundert, selbst ein Suchender war. Er erzählt ihm von Büchern, von Predigten, von eigenen Werken und lenkt ihn allgemach zu einer tätig-freien Religiosität. Der Jüngling fühlt, daß alle seine Fragen beantwortet werden, ohne daß es eigentlich Frage und Antwort sei. Er fühlt sich geborgen, gerettet, Herder blieb sein Beichtiger und Vorbild, sein Helfer und Freund. Aus dem Jüngling aber wurde ein Mann, der später selbst anderen viel zu geben vermochte und nach Herders Tode dessen Witwe half und die erste Gesamtausgabe von Herders Werken schuf. Aber nicht nur der Schüler wuchs in solcher Begegnung, sondern auch der Lehrer. Hier war Herder er selbst so sehr wie kaum sonst. Solches Leben im Geben von Seele zu Seele konnte mehr sein als alle Schriften. Beglückend wurde auch die Begegnung mit einem noch reicheren Geist, dem jungen Jean Paul; die gleiche Musikalität der Seele, der gleiche Kult menschlicher Nähe und Wärme verband sie.

Zu den großen Formen menschlichen Miteinanderseins, die Jean Paul in seinen Romanen aufstellte, Freundschaft, Liebe, Familie, gehört auch das pädagogische Führertum. Die Grieche Dian im „Titan" ist eine solche Vorbildgestalt von Herderschem Geiste. Am schönsten aber ist es der alte Weise Immanuel im „Hesperus". In sein einsames Dorf, wo er zwischen seinen Pflanzen lebt, führen Wege vieler junger Menschen, die durch ihn die Reife des „hohen Menschen" erlangen. Er ist ihr Vertrauter, in seiner Gegenwart klären sich ihre Seelenleiden, und er führt sie zur Erkenntnis des Göttlichen in dieser Welt als Natur und Liebe. Das Gespräch mit ihm und das Anschauen seines Wesens entfaltet ihr eigenes Inneres zur Blüte.

Es gehört zu den Werdequalen des Jungseins, mitunter fast zu verzweifeln und zu versinken, wenn kein Vorbild, kein Leiter sich findet, den man rückhaltlos

lieben und in dessen Reife man sich geborgen fühlen kann. Das hat fast niemand
so leidenschaftlich erlebt wie der junge Goethe in Leipzig. Er drängte den 11
Jahre älteren Behrisch in die Rolle des Beichtigers, des helfenden Freundes. In
Straßburg mußte es Salzmann sein, in Darmstadt Merck. Und dann, als der
Jüngling zum Manne wurde, war er selbst wiederum Vorbild und Helfer junger
Suchender, war es für den am Leben verzweifelnden Plessing, für den düster-
grübelnden Johann Friedrich Kraft, für den heiter-aufstrebenden Fritz v. Stein.
Dichterisch sprach dieser pädagogische Eros sich später aus im Schenkenbuche
des „Divan": der Jüngling lernt von dem Weisen die religiöse Haltung der
Weltfrömmigkeit; die Sommernacht, der Anblick der Sterne verbindet sie in
gemeinsamem Empfinden, und der Jüngling spricht:

> Was ich je dir abgehöret,
> Wird dem Herzen nicht entweichen. („Sommernacht")

Höher als diese Verbindung steht noch eine andere. In den „Wanderjahren"
finden wir die Gestalt einer wundersamen Frau, Makarie, die ähnlich wie
Immanuel im „Hesperus" wirkt: In ihrer Gegenwart lösen sich Schuld und
Verwirrung und beginnen Seelenleiden zu heilen; sie steht in geheimnisvoller
Beziehung zum Göttlichen; alle wertvollen Menschen, die ihr nahe kommen,
blicken mit Ehrfurcht und Liebe zu ihr auf. Der Roman gipfelt in ihrer Gestalt.
Der Mensch ist auf sich selbst gestellt, aber in sich findet er Göttliches, und es
gibt Menschen, die darin reicher und höher sind als andere. Die Gestalten des
Romans erfahren liebend, was Makarie ist, und dann wirkt ihre Nähe heilend
und vergeistigend.

Das Verhältnis des jungen zum reifen Menschen findet sich in dieser Zeit
zahlreich wieder, da es ihrem Tiefsten, der neuen weltlichen Religiosität, die
nur als Haltung lehrbar und lernbar, verbunden ist. Hamann war der „Sokrates"
Herders, Salzmann der „Sokrates" des jungen Lenz. Eines der edelsten Beispiele
solcher Beziehung des Lehrers und Schülers, die Freunde aus ganzer Seele
wurden, ist die zwischen Clausewitz und dem um 25 Jahre älteren Scharnhorst.
Der junge Schiller suchte Vorbild und Meisterschaft in Abel, in Reinwald, ohne
voll befriedigt zu werden, und legte alles, was diese Sehnsucht in ihm an Bildern
schuf, dann in die Verbindung von Carlos und Posa; zunächst dachte er dabei
an ein Seelendrama des jungen suchenden und des reifen führenden Freundes,
erst später wurden Staatsgeschehen und Liebe immer mehr zu den beherr-
schenden Motiven. Schiller, der in seiner Jugend selbst so sehr den sicheren,
vorbildhaften Menschen gesucht hatte, wurde dann als Jenaer Hochschullehrer
selbst vielen jungen Menschen zum Halt; mehrere Jünglinge seines Kreises,
zumal der jüngere Heinrich Voß haben darüber berichtet.

Dichterische Gestalt aus unerfüllter Sehnsucht heraus wurde der pädagogische Eros dann vor allem bei Hölderlin. Es ist der Beginn seines Romans:

Hyperion ist bei Adamas, dem Weisen. Mit seinen Augen lernt er die Welt sehen, an seiner Gestalt lernt er die Welt lieben und sich ein Ziel setzen: „Geist meines Adamas! Was ich sah, ward ich, und es war Göttliches, was ich sah ... Mit jedem Augenblick wurd' es sichtbarer, wie dieser Mensch verwebt war in mein Wesen ..." — Während hier in „Hyperion" die Gestalt des Weisen auf die Jugendgeschichte des Helden beschränkt bleibt, steht eine solche in dem Empedokles-Drama im Mittelpunkt. Pausanias und Panthea sind die jungen Schüler, die an dem geliebten Lehrer reifen. Sein tiefstes Ringen um das rechte Verhältnis zu den Göttern wird von ihnen erst am Ende verstanden, aber von Anbeginn geahnt und verehrt. Der Abschied des Lehrers von dem Schüler läßt beide aussprechen, was sie in edler Zurückhaltung bisher nie in Worte gefaßt hatten; und das Ende des Weisen macht den jungen Menschen voll bewußt, wie sie durch ihn geformt worden sind:

> Wie eine neue Sonne kam er uns
> Und strahlt' und zog das ungereifte Leben
> An goldnen Seilen freundlich zu sich auf ... (Vers 999ff.)

Und in ihrer Liebe zu ihm vollziehen sie die Feier des Göttlichen, wie er sie es lehrte:

> Denn liebend gibt
> Der Sterbliche vom Besten ... (Vers 1569f.)

IV.

Später als der Freundschaft hat das deutsche 18. Jahrhundert seine Aufmerksamkeit der Liebe zugewandt, dann aber so stark und schöpferisch, daß die neue Auffassung, die hier entstand, eine Leistung von abendländischer Bedeutung wurde. In der griechisch-römischen Kultur war das Thema der Liebe nie stark hervorgetreten, selten vergeistigt. Das Christentum nahm in den ersten Jahrhunderten seiner Entwicklung morgenländisch-asketische Züge auf, die in den Lehren der ursprünglichen Reden Jesu nicht enthalten waren, es entwickelte dann im Abendland aber den Madonnenkultus und eine Wertschätzung der Familie, die von der Legendendichtung — z. B. der Elisabethlegende — über Wolfram und den Ackermanndichter bis zu Paul Gerhardt führt. Zunächst trafen die Lehren der Kirche auf eine völlig fremde Welt: Siegfried und Krimhild, Kudrun und Herwig stehen in ihrer gesunden herben Kraft allem asketischen Denken fern. In den romanischen Ländern versuchte man, mit den Lehren der Askese Ernst zu machen, sah aber natürlich, daß für die Gesamtheit der Menschen der folgerechte Weg des Mönchtums nicht möglich wäre; und um die Liebe zu retten, kam man zur Theorie von den zwei Arten der Liebe, der hohen und der niederen, der geistigen und der sinnlichen. Dieses Denkbild entwickelte sich zu gleicher Zeit wie das mittelalterliche Rittertum. Die Verknüpfung beider ergab den Minnedienst. Er ist „hohe" Liebe; der Minnende dient der Herrin um ihren „Gruß"; in ihr verkörpert sich das Ideal; seine Haltung bleibt Abstand und werbendes Aufschauen. Freilich finden sich bald in der Dichtung auch Motive, die lebensvoller und erfüllungsnäher klingen. Der Minnedienst als Prinzip aber ist Verherrlichung des Ideals. Minne ist auch die Haltung Dantes, die Petrarcas. Von ihnen führen die geistigen Pfade zur Renaissance und ins Barock. Noch Descartes unterscheidet „désir" und „plaisir de l'âme", und ähnlich noch Rousseau und auch Hemsterhuis, dessen Werke bald ins Deutsche übersetzt wurden. Für das bürgerliche Leben aber spielten diese Schriftsteller kaum eine Rolle. Es ging in den alten Formen weiter; über den Sinn der Ehe sprachen die Geistlichen, wenn sie eine Hochzeitspredigt hielten. Viele von diesen Predigten sind gedruckt. Die lutherischen Geistlichen richteten sich gern nach dem großen Theologen Johann Gerhard, der in dem umfangreichen Werk seiner „Loci theologici" (1610—1622) einen ganzen Band dem Thema der Ehe gewidmet hatte. Er sagt zusammenfassend (Bd. 7, Kap. 7, § 415 und Kap. 12, § 708): Die Ehe ist von Gott geschaffen, damit durch Kindererzeugung das Weiterbestehen des Menschengeschlechts und der christlichen Kirche gesichert sei. Die Ehe dient der gegenseitigen Hilfe im bürgerlichen Leben, aber auch im geistlichen Leben mit Frömmigkeit und Gebet. Eine gute Ehe ist eine liebliche, angenehme Gemeinschaft (suavissimum consortium). Außerdem ist sie ein Mittel gegen die Ausschweifung (remedium adversus libidines). Die Auffassungen der Theologen aller Konfessionen knüpfen an die Schöpfungsgeschichte an, in welcher zuerst Adam da ist und dann Eva geschaffen wird, damit er nicht allein sei; sodann an die Worte aus dem Brief an die Epheser 5,22—33: „Die Weiber seien untertan ihren Männern als dem Herrn ... Wie nun die Gemeinde ist Christo untertan, also auch die Weiber ihren Männern in allen Dingen ... Das Weib aber fürchte den Mann." Aus diesem Abschnitt hatte man die Lehre entwickelt, daß die Ehe eine „Praefiguration" der Verbindung Christi mit der Kirche sei. Aus ihr folgte, daß der Mann in allem der Überlegene und Bestimmende sei.

Im 18. Jahrhundert kam ein Wandel der Auffassung. Bezeichnend der Satz in einem Brief von Meta Moller an Klopstock (24. 11. 1752): „Ehe ich von Dir geliebt wurde, fürchtete ich das Glück. Mir war bange, daß es mich von Gott zerstreuen möchte." Und in ihren „Briefen von Verstorbenen" sagt sie: „Gehe hin, Cidli, und lehre auch das die Welt, die nicht glaubt, daß man zugleich lieben und beten könne." — Einige Jahrzehnte später sieht dann die Dichtung der Goethezeit Mann und Frau als gleichrangige Partner und die Liebe als Gottesgabe, die letztlich religiös zu erfassen sei. Man stellt in der

Goethezeit Liebe als Geist und Physis zugleich dar, indem auf höchster Stufe eins für das andere Symbol wird. Weil diese Zeit das Symboldenken entwickelte — Kunstform als Symbol des Geistes, die Welt als Symbol Gottes —, konnte erst jetzt diese Auffassung der Liebe ihre Form finden. In der Liebe lebt die Ganzheit des Menschen; sie ist unter allen Bindungen die elementarste, die umfassendste, die schwerste und letztlich auch die religiöseste. Immer wieder betonen Dichtung und Philosophie der Goethezeit das Kosmische der Liebe; sie überwindet die Verlorenheit im All; sie ordnet zwei Hälften zueinander, und indem diese ihren gemeinsamen Mittelpunkt finden, vollziehen sie die Bewegung der Welt als Mikrokosmos mit; so sieht es Schillers „Theosophie des Julius", so Goethes „Wiederfinden" im „Divan", so Schleiermachers und Fichtes Philosophie.

Die erste große Liebesdichtung ist Goethes Roman „Die Leiden des jungen Werther". Hier ist Liebe unmittelbar ein Teil der religiösen Existenz. Werther lebt in einer starken religiösen Sehnsucht. „Was ist der Mensch? Ermangeln ihm nicht eben da die Kräfte, wo er sie am nötigsten braucht? . . . da er sich in der Fülle des Unendlichen zu verlieren sehnte?" (6. 12. 72) „O Gott . . . Vater, den ich nicht kenne! Rufe mich zu dir, schweige nicht länger . . ." (30. 11. 72) Werthers Versuch, das Göttliche in der Natur zu fassen, führt — anders als bei Goethe — zu nichts; auch der zweite Goethesche Weg, in der tätigen Arbeit ein Gleichnis von allem, was recht geschieht, zu sehen und „schwerer Dienste tägliche Bewahrung" (Divan, Buch des Parsen) als Offenbarung des Sittlich-Absoluten zu nehmen, ist Werther verschlossen. Aber ein dritter Weg öffnet sich: die Liebe; sie ist Erlebnis letzter Schönheit im unmittelbar-gegenwärtigen Menschen, ist volle Entgrenzung des Ich. Solche Entgrenzung, Berührung des Absoluten, ist aber auch der Tod. Darum vermischen sich Liebes- und Todesauffassung; in der edlen Ekstase des Abschiedsbriefes durchdringen sich Gottessehnsucht und Liebeserfüllung. Denn im Leben war eben dieser einzig ihm gangbare Weg, der der Liebe, für Werther versperrt. Dieses Kosmisch-Religiöse der Liebe spricht auch das Dramenfragment „Prometheus" aus, später das Gedicht „Selige Sehnsucht". Die Goethesche Lyrik umfaßt eine Fülle von Formen der Liebe vom kräftigen Genuß des Augenblicks bis zur zartesten Verfeinerung und Entsagung. Immer ist in der Liebe der ganze Mensch. Hier erfaßt er im Endlichen das Unendliche. Unsere Welt ist Zweiheit, Polarität, und jeder Liebesvollzug Gleichnis einer letzten Einheit, von der alles ausgeht und in die alles wiederkehrt. So steht Goethes Liebesauffassung im Rahmen seines neuplatonischen Weltbildes der Emanation, im unmittelbaren Gefüge seiner religiösen Anschauungen und Ahnungen.

Geistesgeschichtlich in ähnlicher Lage wie Goethe, bemühten sich auch die anderen Geister der Zeit, aus den großen Begegnungen des Diesseits, aus dem erlebten Leben selbst, den Sinn desselben zu finden, und immer wieder wurde mit den großen Erlebniskreisen der Natur, der sittlichen Tätigkeit und der Freundschaft auch die Liebe genannt. Was Hyperion in Adamas und in Alabanda erlebte, findet er gesteigert in Diotima. „Ich hab' es einmal gesehen, das Einzige, das meine Seele suchte, und die Vollendung, die wir über die Sterne hinauf entfernen, die wir hinausschieben bis ans Ende der Zeit, die hab' ich gegenwärtig gefühlt. Es war da, das Höchste, in diesem Kreise der Menschennatur und der Dinge war es da!" (Stuttg. Ausg. III, 52) „Ja, ich bin wirklich nicht, der ich sonst war, Diotima, ich bin deinesgleichen geworden, und Göttliches spielt mit Göttlichem jetzt, wie Kinder unter sich spielen" (III, 73). Im Zusammenhang des gleichen mythischen Weltbildes erscheint Diotima in den Gedichten. Sie ist die „Athenerin", ist eine Gestalt der „alten schönen Welt" innerhalb unseres Zwischenreichs. Doch die Götter werden wiederkommen. Diotima ist Zeichen dafür. Darum kann Hölderlin sagen (im Gedicht „Diotima"), daß sein „sterblich Lied" noch die Zeit erleben werde, da man die Götter mit Namen nennen wird und mit ihnen die Gestalten derer, die Wege zu ihnen waren, und unter ihnen Diotima. Ihr Leben war „Götterruhe" (Gedicht „Abbitte"). Durch die Liebe ist tiefste Innigkeit, aber auch ausweglöses Leid daraus geworden. Kein Wort reicht hin, zu sagen, was er durch sie wurde und erfuhr. Was er in ihr anschaute, ihr Wesen, ihr Stil, ihr Eins-Sein mit der Natur, gab seinen Oden die Form, die strenge Gehaltenheit und zarte Innerlichkeit, attische Strophik und neuzeitliche Sprache.

Schiller, Körner und Humboldt sprachen philosophisch über das Wesen der Frau, über das Unbewußte, die „schöne Seele", die Anmut. Die Romantiker Schleiermacher, Novalis, Fichte, Creuzer, die Grimms priesen das Mütterliche, den magischen Einklang mit dem Urgrund allen Lebens. Und gestaltende Klänge für diesen Zauber, für die Einheit von Liebe, Unbewußtem, Märchen, Traum, Religion fand wiederum die Dichtung, zumal in Novalis' „Heinrich von Ofterdingen".

Was die Dichtung deutete, versuchte das Leben zu formen. Zeugnisse dieses Lebens sind vor allem die Briefe, die nun in überwältigender Fülle und in einem neuen Stil von stärkster Unmittelbarkeit entstanden. Das beginnt mit Klopstocks Briefwechsel mit Meta Moller, die heiter, wirklichkeitsnah und zugleich tief religiös, neben ihm, der männlich-kraftvollen, feurig-tiefsinnigen Dichtergestalt, steht. Herders Briefe an Caroline zeigen seine weiche musikalische Seele und steigern sich in langer Ehe zu wachsender Reife, die beiden bewußt ist, so daß sie dankbar-bewegt bekennen, es sei schöner und süßer, viele Jahre verheiratet zu sein als nur kurze Zeit (z. B. 13. u. 23. 8. 1788). Goethes Briefe an Frau v. Stein verkörpern glühend den beseelten Augenblick wie keine anderen je und verkörpern zugleich die tiefe bildende Kraft der Frau, ihr formendes und heilendes Wesen, wie es nie vorher so erlebt war und danach dann durch „Iphigenie" und „Tasso" zum allgemeinen Bestand deutscher Bildung wurde. Nicht erhalten sind Hölderlins Briefe an Diotima; aber wir haben die ihren; sie verstehen es, die tiefsten Erfahrungen auszusprechen, die durch die Liebe in ihr reiften, und in dem ausweglosen Leid die Schönheit und Heiligkeit dessen, was sie vernichtet, beseligt emporzuheben. Mehr als alle anderen sind dies Briefe des Schmerzes und der Entsagung. Andere Briefwechsel wiederum stehen im Zeichen glücklicher Erfüllung. Dazu gehören die Briefe Runges an seine Frau, voll Temperament, Laune, Innigkeit und einer seelenvollen Vermischung der Alltagsdinge mit romantischer weitfliegender Geistigkeit. Anders im Klang ist Schillers Briefwechsel mit Lotte: anfangs schwärmerisch-schwungvoll, dann verhaltener, stiller, voll unendlichen Vertrauens, tiefer Sicherheit und unausgesprochener Hintergründigkeit des Wissens um Tod und Gott, das zu aller großen Liebe gehört. — Caroline Schellings Briefe an ihren Gemahl sind Spiegel ihrer lebensvollen, leidgeprüften Persönlichkeit, deren unendliche Liebesfähigkeit das Glück der Vereinigung mit dem Ebenbürtigen voll erlebt. Ein Briefwechsel der Erfüllung ist auch der des Ehepaars Clausewitz, im Ton verhalten, sachlich, keusch; aber mitunter bricht es wie Flammen empor, gerade mitten im Wirbel der Ereignisse: „Ich liebe Dich nie mehr als im höchsten Glück und im höchsten Unglück". (3. 7. 1815.) Auch hier tritt die bildende Kraft der Frau sehr stark hervor: Ohne sie und ohne den älteren Freund wäre Clausewitz — er wußte es — niemals geworden, was er war, der Mann, dessen seelische Zartheit und Gemütskraft nicht verkümmerte, sondern zur Harmonie mit seiner im strengen Beruf gehärteten Persönlichkeit gelangte. Viele dieser Briefwechsel sind Zeugnisse langen gemeinsamen Lebens. Erst im Laufe der Ehe entwickelt sich hier die volle Problematik und auch das menschlich Schönste. Denn dann erst kommt die Frau als Persönlichkeit voll zur Geltung. Wieder zeigt die Kunst Entsprechendes, denn ähnlich ist der Verlauf in Goethes „Wahlverwandtschaften"; es ist das Leben in der Ehe, nicht vor ihr, ebenso wie in den alten Sagas; wohingegen der im romanischen Mittelalter geprägte Romantyp mit der Eheschließung endigt.

Aus den vielen Zeugnissen des Lebens sei nur noch eins hervorgehoben, das in seiner Ausgewogenheit und Weite im höchsten Grade klassischen Charakter besitzt: der Briefwechsel Wilhelm v. Humboldts mit seiner Gattin. Er führt durch 40 Jahre, vom ersten Kennenlernen in schwärmerischer Jugend bis zum durchgeistigten Alter kurz vor dem Tode. Auch hier erfolgt die wesentlichste Entwicklung nicht vor der Ehe, sondern in ihr. Der junge Humboldt, begabt, vielseitig, aber in sich selbst noch ohne Harmonie, hatte die junge gefühlsstarke und gefühlssichere Caroline Dacheröden kennengelernt und ihrem sicheren Empfinden folgend bald die Verlobung und Verheiratung vollzogen. Später schreibt er: „Ich weiß, wie das Beste in mir untergegangen wäre, hättest du es nicht auf so mannigfache Weise gehoben und genährt . . ." (28. 3. 14.) „Ewig werd' ich sein, wozu Du mich machst . . . Ich war so unendlich wenig, ich bedurfte noch so vieler Bildung. Daß Du mich da so in Dein Herz aufnahmst, mich trugst, übersahst, was mir fehlte, und ohne es selbst zu ahnden, in mir schufst ... wer vermöchte es anzusprechen ...?" (3. 10. 90.) So steht seine Ehe von Anbeginn unter dem Gedanken der wechselseitigen Entwicklung im Sinne seines Gestaltideals. Alle Menschen, die in dieser Weise sich steigern, „dienen der einzigen Göttin, der Erhöhung des Menschengeschlechts." (15. 3. 91.) So lebt auch hier in dem Humanitätsgedanken ein religiöser Sinn. Humboldt empfand, daß nichts ihn menschlich so sehr weiterführe wie das Leben mit Caroline, deren Einfluß wiederum weitgehend unbewußt war, gegeben durch ihr bloßes Sein, während sie gerade durch die Ehe mit ihm, dem Ebenbürtigen, zu ihren höchsten Möglichkeiten sich entfaltete. Humboldt stand, wie alle Männer seiner Zeit, vor der Frage nach einem letzten Sinn, nach einem festen Halt im Leben. Bemerkenswert ist, daß er, der durch Kant und Schiller gebildete Denker, nun nicht von der Idee, dem Sollen, dem Wissen um ein Gesetz, ausgeht, sondern wie Hölderlin, wie Goethe vom Erlebnis. Er schreibt der Gattin einmal, zurückdenkend an die Todesgefahr, in der sie bei der Geburt eines Töchterchens schwebte: „Der Mensch muß etwas Festes haben, woran er sich halten kann ... Im ganzen Reich der Gedanken ist nichts, nichts, was das sein kann. Man knüpft eins an das andere, aber die Augenblicke kommen, wo man fühlt, daß die ganze Kette an nichts hängt ... Nichts hilft mir alsdann als das Gefühl, das mich dann auf einmal wie mit einer fremden tröstenden Kraft ergreift, daß Du mich liebst, daß ich Dich liebe und daß doch etwas ist, und wäre auch alles andere nichts ..." (16. 5. 01.) Hier, im unmittelbaren Erlebnis, ist Halt und Maßstab des Lebens, ist Beziehung zu den letzten Dingen. „Wer die Liebe nicht festzuhalten versteht, hat nie das Wahre im Leben ergriffen" (31. 11. 13.). Nach 23jähriger Ehe schreibt Humboldt: „Ich weiß, daß ich Dich sehr und unendlich liebte, als wir uns heirateten ... Aber ich fühle, daß ich Dich jetzt noch mehr liebe" (23. 2. 14.). Diese Briefe sind gewiß nicht ohne einen bewußten Stilwillen, aber sie verfälschen das Leben nicht. Denn diesen Stilwillen hatte Humboldts ganzes Leben, und mit Caroline konnte das, was ihm als Ziel aufging — und großenteils erst durch sie aufging — Wirklichkeit werden. Sie war die Gefühlssichere, die in wichtigen Entscheidungen oft den Ausschlag gab, sie hatte innere Kraft und starke Empfindungen, welche er dann in die lichte Architektur seiner großen Persönlichkeits- und Kulturidee stellte, aus der heraus er ihrem gemeinsamen Leben Stil gab. Es hat in dieser Ehe nicht an großem Leid gefehlt durch den Tod mehrerer Kinder; er führte die Gatten nur noch mehr zusammen. Und bei so liebefähigen Menschen, wie beide es waren, gab es auch die gelegentliche Neigung zu nahen Freunden über die Grenzen der Freundschaft hinaus; doch hat das ihre Ehe nie gefährdet. Ihr ganzes Zusammenleben ist wie ein großes harmonisches Kunstwerk. Vieles wirkte dabei zusammen: das Abgestimmtsein auf einander, die weitgehende Freiheit, die sie einander gaben,

die Gemeinsamkeit der geistigen Welt, die Kunst, in jedem Alter den Geist
dieses Alters und damit sein Glück zu fassen, der bewußt formende Stilwille,
die tiefe Ehrfurcht vor dem Unbewußten. Die Gatten waren aus beruflichen
Ursachen oft längere Zeit getrennt, in allen Epochen ihres Lebens, und in diesen
Zeiten entstanden ihre zahlreichen Briefe, die unendlich viele feine Beobachtungen gebildeter Herzen enthalten, eine ganze Philosophie der Liebe und Ehe.
Humboldt sieht in der Frau ein naturhafteres Wesen als im Manne, sie ist
Spiegel, Schöpferin, Veredlerin seines Wesens. „Die Liebe fordert ein sehr
einfaches Gemüt, aber ein solches, das ein großes und reges inneres Leben
kennt" (7. 3. 15.). „Jedem einzelnen von uns wäre diese Größe ewig unerreichbar
geblieben" (18. 7. 92.). So verbinden sich in dieser Ehe das gelebte alltägliche
Leben, die Zartheit seelischen Gefühls, religiöse Sehnsucht und die Humanitäts-
idee zu einer vollendeten Einheit. Sie hat in ihrer durch alle Alter reichenden
Erlebnisfülle, in ihrer Stilstrenge und Glückhaftigkeit etwas Vorbildhaft-
Klassisches.

V.

Für die Goethezeit mußte die Auffassung der Liebe, weil sie ganzheitlich war
und zu einem organischen Menschenbild gehörte, weiterführen zur Ehe und
Familie. Auch Humboldts Theorie der Liebe und Ehe endet darin, den Kreis
weiter zu ziehen: „Der Anblick zweier Menschen, so gehoben einer durch den
anderen ... müßte wohltätig auf alle Wesen übergehen. Und erringen wir
eigentlich Größeres und Schöneres als uns zu veredeln und andere um uns her?"
(24. 5. 91.) Das 16. und 17. Jahrhundert hatte von „Hausständen" gesprochen,
dem typisierten Bild der Familie innerhalb der ständisch geordneten Hierarchie
der Welt; die Goethezeit sprach von Familiengefühl. Und weil nun das Gefühl
seine Sprache fand, begann eine Zeit schönster Familienbriefe. Mit ihnen
verglichen erscheinen alle Briefe früherer Zeit unpersönlich, weil sie ständisch
gebunden am Typus haften bleiben.

Herder fand wiederum als erster für diese Gefühlswelt das treffende Wort. Er
schreibt in seinem Aufsatz „Liebe und Selbstheit": „Die Elternzärtlichkeit, die
väterliche und mütterliche Liebe ... ist göttlich, denn sie ist uneigennützig und
sehr oft ohne Dank. Sie ist himmlisch, denn sie kann sich auch in viele zerteilen
und bleibt immer ganz ungeteilt und neidlos. Endlich ist sie auch ewig und
unendlich, denn sie überwindet Liebe und Tod." Herders Familienleben mit
seinen zahlreichen Kindern war so, wie er die Geschichte der menschlichen
Seele im Großen sah: Wenn eine Saite einen reinen Ton gibt, schwingen von
allein die anderen verwandten Saiten mit. Dieses Ungemachte, Zauberhafte ist
das Schönste der Erziehung, nicht Gebote oder Verbote, sondern Dasein,

Haltung, Seele, Klang. Er läßt die Kinder wachsen und läßt sie tollen, und vertraut, daß, indem Caroline und er eine Atmosphäre der Zärtlichkeit leben, dadurch die Liebefähigkeit der Kinder und damit ihr Bestes geweckt werde. Herders Briefe aus Italien an seine Kinder sind auf deren Verständnis zugeschnitten, sind herzlich, tatsachenreich und auch lustig. Und die Kinder schreiben ihm wieder, zwar noch mit der Anrede „Sie", aber zutraulich und lebendig. Die Mutter korrigiert keine Fehler der Rechtschreibung, sondern schickt die Kinderbriefe, wie sie sind. Man spürt aus Carolines Briefen, daß sie für die Kinder und den Gatten da ist und daß sie gleich diesem fühlt, daß sie damit ein Leben hat, das auch vor einem letzten religiösen Anspruch bestehen könne.

Ist es hier der Zusammenklang der ganzen vielköpfigen Familie, der aus den Briefen spricht, so ist es im Hause Körner das Verhältnis von Vater und Sohn. Der Freund Schillers war ein Vater von geläuterter Weisheit und vollendeter Güte und zugleich ein Briefschreiber von hohem Rang. Der Sohn Theodor aber in seinem überschäumenden Temperament war durchaus ein Sorgenkind, wennschon der Kern edel war, so daß der Vater keinen Augenblick das Vertrauen verlor. Als der Sohn in Leipzig an wilden Händeln teilnahm und schließlich der Hochschule verwiesen wurde, schrieb ihm der Vater in phrasenloser Schlichtheit praktische Ratschläge und ebnete ihm die Wege in Berlin und dann in Wien. Seine milde verstehende Überlegenheit reißt den Sohn immer wieder zur Bewunderung hin. Theodor schreibt, daß er ihn nicht nur als Sohn, sondern auch als Freund liebe; er fühlt in sich ein tiefes Wissen, daß den Vater und ihn im Grunde nichts trennen könne und sie in einer dem Bewußtsein nie zu erschließenden Tiefe eins seien. Nie wieder hat ein junger Dichter einen Vater gehabt, der seine Werke mit so viel Verständnis beurteilte und schätzte, aber nie überschätzte. Auch in allen anderen Dingen wußte der Vater zu raten. Als der Sohn sich mit einer Katholikin verlobte, sah er voraus, daß daraus Schwierigkeiten erwachsen könnten, die für ihn selbst, den Menschen einer neuzeitlich-philosophischen Religiosität, längst gelöst waren, und vermochte von seiner Warte mit leichter Hand Wege zu weisen. Er hatte später das tragische Schicksal, den Sohn zu überleben; aber er blieb dabei so, wie dieser ihn geliebt hatte und sich wünschte, männlich und ruhig, maßvoll auch im tiefsten Schmerz.

Bei den Romantikern ist es meist das Verhältnis der Geschwister, das hervortritt, bei den Geschwistern Brentano, den Brüdern Grimm und am schönsten vielleicht im Familienkreise des Malers Runge. „Wir sind unser neun, und es ist niemand unter uns, der nicht sein Leben für den andern ließe." (Dezember 1802) Mit diesen Worten stellte Runge sich und seine Geschwister der Geliebten vor, die dann rasch in diesen Kreis hineinwuchs. Die Briefe zeigen eine besondere Familiensprache, zeigen die Ehrfurcht vor den Eltern und Witz, Geist und Innigkeit unter den Geschwistern. Der Kaufherr Daniel Runge lebte ganz dafür, dem Maler sein Schaffen zu ermöglichen, aber als infolge der Kontinentalsperre Daniel mittellos wurde, trat mit gleicher Selbstverständlichkeit nun Philipp Otto in dessen Geschäft ein und arbeitete hier. Sein Gemälde „Wir drei" zeigt ihn mit der Gattin und dem Bruder, drei Gestalten in reiner Gefühlsgetragenheit, nach innen blickende Augen, durchseelte, sanfte, von einem zum anderen führende Gesten; kaum je hat es bildende Kunst vermocht, seelische Bindungen so innig darzustellen. Familienbilder gab es viele, aber sie zeigten den ständisch-gesellschaftlichen Menschen im Kreise der Seinen. Bei Runge aber ist metaphysische Tiefe: es ist der Mensch, der kraft seines starken Gefühls die großen Lebensbegegnungen so ergreift, daß sie durchscheinend werden für ein Göttliches. So steht er neben Schleiermacher, Jean Paul, Hölderlin und allen den anderen seiner Zeit, die deren neue seelische Welt schufen.

Solche durch die Empfindsamkeit vertiefte, aber nicht in ihr steckengebliebene seelische Kultur umfaßte alle Kreise von dem Kaufmannshaus der Runges bis in das Adelshaus der Humboldts. Zu den bezauberndsten Familienbriefen, die es gibt, gehören die der Königin Luise: herzlich, schalkhaft, temperamentvoll und zugleich weise und mild. Und zu den erschütterndsten Klagen, die je ein vereinsamter Familienvater aussprach, gehören die des verwitweten Königs: fassungslos, des leitenden Gestirns beraubt, in Gedanken und Worten nie ans Ende kommend.

In dieser Zeit entstanden die eigentlichen Familienfeste. Das Weihnachtsfest war eine Feier der Kirche gewesen, jetzt wurde es mehr und mehr ein Fest der Familie. Die neue Weltfrömmigkeit erlebt das Religiöse im Wunder jedes neu entstehenden Lebens, im Wissen um ein Licht in uns als Liebe und sittliches Gesetz. So erhält die Familie eine religiöse Weihe. Auch der alte Namenstag war ein kirchliches Fest, dessen Mittelpunkt in der Gestalt des Heiligen lag, also in dem objektiven Heilsmythos. Der Mittelpunkt der neueren Geburtstagsfeier ist der einmalige Mensch. Der Gedanke an seine Geburt schließt den an sein gesamtes einmaliges Dasein, auch an seinen Tod, in sich. Wenn nun dies alles nicht mehr durch die Heilsordnung gedeutet wird, wäre der Mensch — aus Dunkel kommend, in Dunkel gehend — in völliger Verlassenheit, wenn nicht diejenigen bei ihm stünden, die seine Nächsten sind, Liebe gebend und Liebe fordernd; dieser Kreis bestätigt ihm den Sinn seines Seins; mehr kann er nicht, aber mehr braucht er auch nicht. So hatte auch hier der Sinn des Fests sich allmählich und fast unmerklich gewandelt und sich dem neuen Menschenbilde, der neuen weltlichen Religiosität angepaßt.

Diese Vertiefung des innerlichen Lebens, diese Steigerung des bürgerlichen Menschen zum durchseelten und damit humanen Menschen mußte nun recht eigentlich Aufgabe der Dichtung werden. „Hermann und Dorothea" ist ein Beispiel dafür. Der Vater denkt im Großen an die Zukunft des Hauses. Die Mutter sieht mehr aufs Herz und ahnt die Gefühle des Sohns. Der Sohn verehrt beide in grenzenloser Liebe und vollstem Vertrauen. Wenn er in seinem Idealismus scheinbar gegen die Tradition des Hauses verstößt, muß dieser Konflikt sich glücklich lösen, denn eben dieser Idealismus ist es, den die Eltern ihm ins Herz pflanzten, und die liebenden Eltern werden keinen edlen Wunsch ihm ernsthaft abschlagen, so daß die glückliche Bestätigung wechselseitiger Liebe das Ende des Epos bilden muß. Auch sonst liebt es Goethe, die gesunde Familie als Urform menschlichen Lebens darzustellen, sei es im Gedicht („Der Wanderer", „Die glücklichen Gatten") oder als episches Bild („Sankt Joseph der Zweite"). Die Durchseelung, Typisierung und zugleich Heroisierung des bürgerlichen Lebens, die wir hier sehen — und verwandt bei Runge fanden — zeigt auch Schiller: ein Beispiel ist „Das Lied von der Glocke". Und natürlich blieb der große Seelenmaler der Zeit, Jean Paul, nicht bei der Schilderung der Freundschaft und Liebe stehn; gerade in den Anfängen seiner Bücher, wenn die Helden heranwachsen, malt er uns die trauliche innige Welt bürgerlicher Familien, denn die in dieser Welt gesund und empfindungskräftig geformten Seelen werden später zu den „hohen Menschen". Zu den schönsten Familienbildern im Roman gehört auch „Lienhard und Gertrud"; für Pestalozzi ist die Familie, die „Wohnstube", Urzelle aller menschlichen Gemeinschaft und Gesittung, und die Frau ist es, die hier den Mittelpunkt bildet, die Kinderseelen erfühlend, durch Liebe sie führend, immer das Rechte im Leben empfindend und dadurch auch den Mann lenkend, indem sie in ihm Liebe und Achtung erweckt.

Überall ist es die bürgerliche neuzeitliche Familie, die nun zum Typus der Humanität wird. So erhält auch diese Bindung ihren metaphysischen Sinn. Erst die Familie bringt die volle Einbeziehung des Menschen ins Kosmische: denn hier gibt er Leben weiter; es kommt durch ihn, aber nicht von ihm; der Schöpfer allen Lebens wirkt durch das Individuum hindurch, neues Leben schaffend. Wer recht zu sehen versteht, erkennt in jedem neuen Leben das Wunder und kennt die Ehrfurcht vor dem Geheimnis, selbst in diesen Kreislauf einbezogen zu sein. Das Natürlichste ist zugleich das Heiligste. Das Familienleben als Glück — liebendes Erleben von Menschen — und als Pflicht — stets Sich-Bewähren in immer neuen Aufgaben — weist über sich hinaus und gehört zu den großen Dingen des Lebens, die eine neue Religiosität ermöglichen. Die Zeugnisse des Lebens und die der Dichtung stimmen hierin überein.

VI.

Freundschaft, Liebe und Familie sind die wesentlichsten Bindungen von Mensch zu Mensch, die uns im Leben und der Dichtung der Goethezeit entgegentreten. Andere Beziehungen stehen dahinter zurück. Eine Bindung, welche außerdem noch, aber seltener, dargestellt ist, ist die des einzelnen an einen Kreis tätiger Menschen, das Erlebnis der Gemeinschaft und des wechselseitigen Vertrauens einer Gruppe. Goethe hat, zum Teil beeinflußt durch das Freimaurertum des 18. Jahrhunderts, in „Wilhelm Meisters Lehrjahren" die Gesellschaft vom Turm geschildert, einen Kreis weitblickender tätiger Männer, der zunächst die Entwicklung einzelner wertvoller junger Menschen fördert und später zu großen sozialen Plänen fortschreitet. Diese Männer lieben einander nicht in erster Linie gegenseitig als Freunde, sondern sie lieben einander in ihrer gemeinsamen Arbeit und ihrem gemeinsamen Ideal; unter ihnen herrscht unbedingtes und unerschüttertes Vertrauen.

Von anderer Seite näherte Schiller sich diesem Motiv. Er hatte in der Karlsschule Jugendgemeinschaften kennen gelernt und ergriff dieses Thema in seinem Drama „Die Räuber". Die eine Gruppe bilden der für die Gemeinschaft tätige Karl Moor, der getreue Schweizer, der für den Hauptmann begeisterte Roller, der ihn bewundernde Kosinsky; sie fügen sich ein, bringen Opfer, sorgen für Ordnung, erhalten die Gemeinschaft. Die andere Gruppe sind der egoistische Spiegelberg, der intrigante Schufterle, der charakterlose Razmann, durch welche die Gemeinschaft zerstört wird, so daß Karl Moor erkennt, daß er am falschen Ort seinen Idealen nachjagte.

Ähnliche Fragen bewegten Hölderlin, als er seinen Roman „Hyperion" schrieb. Auf die Themen der Freundschaft und der Liebe folgt hier das der bündischen Gemeinschaft, der Hyperion beitritt, um Gutes und Großes — die Befreiung Griechenlands — zu bewirken. Er sieht hier seine Aufgabe und trennt sich deswegen zeitweilig von Diotima, obgleich es der Zeitpunkt ihres höchsten Glückes ist, und sie läßt ihn ziehen. Er berichtet aus dem Feldlager begeistert: „Dann sammelt mein Haufe sich um mich her, mit Lust, und es ist wunderbar, wie auch die Ältesten und Trotzigsten in aller meiner Jugend mich ehren . . . Dann fang ich an, von besseren Tagen zu reden, und glänzend gehen die Augen ihnen auf, wenn sie des Bundes gedenken, der uns einigen soll, und das stolze Bild des werdenden Freistaats dämmert vor ihnen. Alles für jeden, und jeder für alle! Es ist ein freudiger Geist in den Worten, und er ergreift auch immer meine Menschen, wie Göttergebot." (Stuttg. Ausg. III, S. 112) Hyperions Begeisterung hält an, als er von den ersten Gefechten berichtet, dann aber schreibt er plötzlich: „Im Lager hier ist's mir wie in gewitterhafter Luft. Ich bin ungeduldig, auch meine Leute gefallen mir nicht. Es ist ein furchtbarer Mutwill unter ihnen." (S. 116) Und der nächste Brief berichtet vom Verfall aller Zucht und Gemeinschaft: „Es ist aus, Diotima! Unsre Leute haben geplündert, gemordet, ohne Unterschied, auch unsre Brüder sind erschlagen . . . In der Tat, es war ein außerordentlich Projekt, durch eine Räuberbande mein Elysium zu pflanzen . . ." Hyperion hat, durch Freundschaft und Liebe seelisch gebildet, seine Fähigkeit zur Hingabe auch hier eingesetzt. Zu spät erkennt er, daß er selbst der einzige gewesen ist, der so empfand, und daß die anderen, die er hierin sich gleich glaubte, im Grunde nur Kälte und Selbstsucht kennen. So endet diese Form der Bindung bei Hölderlin mit Enttäuschung und bitterem Verzicht. Nur in ferner Zukunft erhofft er eine wahrhaft liebende Gemeinschaft, welche die Feste der Natur und der Freundschaft allgemein begeht und damit das Göttliche im Menschen auch über die Einzelbindungen hinaus zur Entfaltung bringt.

Im Vergleich mit den Bindungen der Freundschaft, der Liebe, der Familie, die zu dieser Zeit im Vordergrund des Seelenlebens und des dichterischen Darstellens stehen, hat die männliche Gemeinschaft einen anderen Charakter. Ein Freundespaar, eine Ehe, eine Familie können den Mittelpunkt in sich selbst haben. Ein bündischer Kreis hat ihn in einer Idee, einer Aufgabe. Der Freund wählt den Freund; einem Bund aber tritt man bei um seiner Ziele willen. Das hat Schiller in „Wilhelm Tell" dargestellt, 1804. Als dann in den Jahren nach 1806 Napoleon ganz Deutschland militärisch beherrschte und wirtschaftlich ausbeutete, bildeten sich Gruppen, welche Freiheit und Selbständigkeit wiederherstellen wollten. Eine von diesen war der 1808 gegründete „Tugendbund" und der 1811 in Berlin-Charlottenburg entstandene „Patriotenbund", zu dem auch Schleiermacher und Gneisenau gehörten und der streng geheim war. Die Jugend sammelte sich vor allem um Friedrich Friesen, dessen liebenswürdige und strahlende, im Grunde aber bescheidene Persönlichkeit alle anzog. Er gründete 1808 in Berlin die „Fechtbodengesellschaft", deren eigentliche Ziele geheim gehalten werden mußten. Und diese Geheimhaltung gelang trotz der Aufmerksamkeit von Napoleons Agenten. Eine Enttäuschung, wie Hölderlin sie bei Hyperion schildert, trat hier nicht ein. Damals dichtete Max v. Schenkendorf sein Lied „Freiheit, die ich meine", das den empfindsamen und romantischen Hintergrund der politischen Gruppen deutlich macht. Als dann 1813 Preußen den Befreiungskampf begann, meldeten die Mitglieder dieser Bünde sich als Freiwillige, viele gingen zu dem Lützowschen Freikorps, einer Sonderformation für nichtpreußische Freiwillige, dem preußischen Heer angegliedert, aber mit Freiheiten eigener Art: die Mannschaft wählte ihre Offiziere und hatte das Recht, Ungeeignete auszuscheiden. Der militärische Führer war Lützow, das menschliche Vorbild war Friesen, der 1814 in Frankreich fiel, und der Dichter, der für alle das Wort fand, war Theodor Körner. Den Geist, die Symbole und die Lieder dieser Gemeinschaft, deren Idealismus von Schiller, Fichte, Schleiermacher und Arndt herkam, haben später manche, die dazu gehört hatten, dargestellt, so Friedrich Förster als Schriftsteller und Friedrich Kersting als Maler, dessen Bild „Theodor Körner, Friesen und Hartmann auf Vorposten" (Berlin, Nationalgalerie) nicht landsknechtische Kämpfer, sondern besinnliche, romantische, aus dem Innern lebende Männer zeigt.

Nach dem Krieg gegen Napoleon war zwar das Ziel der Befreiung erreicht,
doch es gab nun wiederum neue Aufgaben, welche Deutschland und Europa
bewegten. Die wirtschaftlichen Nöte bewirkten einen Strom der Auswanderung
nach Amerika. Goethe mit seinem Weitblick sah die Probleme, die sich hier
ergaben, und gestaltete sie in seinem Roman „Wilhelm Meisters Wanderjahre",
dessen erste Fassung 1821 erschien, die zweite, erweiterte Fassung 1829. Die
Gesellschaft vom Turm hat sich weiterentwickelt und ist mit großen phil-
anthropischen Arbeiten beschäftigt. Aus übervölkerten und notleidenden Ge-
birgsdörfern werden Aussiedler in günstigere Lebensverhältnisse gebracht. Die
eine Gruppe geht nach Amerika, und die Leiter des Bundes haben dafür gesorgt,
daß dort Land vorhanden ist und die wichtigsten Handwerker ihre Arbeit
beginnen können. Eine andere Gruppe findet in Europa Land und Arbeit, weil
es auch hier noch dünnbevölkerte Gegenden gibt, nur müssen Landesplanung
und Gemeinschaftsarbeit dafür sorgen, daß jeder einzelne nicht in Not kommt.
Goethe schildert die Auswanderer recht genau, anfangend mit ihren Führern,
die ganz und gar in ihrer Aufgabe aufgehen und kaum mehr an Privates
denken können, bis zu den einzelnen Handwerkern, die eine Gemeinschaft
bilden, in der alle einander kennen und wissen, daß sie sich auf einander verlassen
können. „Es ist eine schickliche Ordnung unter diesen Männern, und eine Lust,
mit ihnen zu verkehren." (Buch III, Kap. 1) Goethe weiß, wie wichtig die
Lebensformen einer solchen Gemeinschaft sind, und schildert diese bis zu
Einzelheiten wie dem Gesang, der zum Ausdruck der Gemeinsamkeit wird.

Goethe zeigt aber in den „Wanderjahren" nicht nur die Gemeinschaft der Auswanderer, der Männer und Frauen, sondern noch eine andere Gemeinschaft, die
der Knaben und Jünglinge in der „Pädagogischen Provinz". Wir sehen, wie die
längere Zeit dort zusammen Lebenden eine Gruppe bilden und wie der neu Hinzu-
kommende hineinwächst. Lehrer, die möglichst durch ihr Beispiel geistige Wege
zeigen, geben jedem Jugendlichen die Hilfen für seine Entwicklung. Hinter jeder
einzelnen Lehre steht eine alle Mitglieder beseelende Sittlichkeit und Religiosität.
Die Lehrer vermitteln ihren Schülern ein Bild des Menschen, zu dem Ehrfurcht gehört. Die Schüler beginnen zu begreifen, daß im Innern jedes einzelnen Menschen
eine Verbindung zu den letzten Dingen ist, wenn er sein Herz lebendig erhält und
dem Besten der geistigen Überlieferung aufgeschlossen bleibt. Ein Sinnbild der
Gemeinschaft dieser Jünglinge ist ihr gemeinsamer Gesang. Musik durchzieht den
Tages- und Jahreslauf. Im Chor ist jeder einzelne nur ein Teil, er dient dem Ganzen;
dieses wäre nicht möglich ohne ihn, aber er könnte es nie erreichen ohne die
anderen. Je strenger die Ordnung, desto reiner der Klang; je reiner der Klang,
desto größer die Freude; eine Ordnung des gemeinsamen Ziels und der Liebe. So
wird der Chorgesang zum Sinnbild menschlichen Zusammenwirkens, und das
Thema der Gemeinschaft, das seit dem Göttinger „Hain" die jugendlichen Geister
bewegt hatte, fand hier eine alle zeitgebundenen Motive übergreifende Darstellung.

VII.

Die Bindungen von Mensch zu Mensch, wie das Schrifttum der Goethezeit sie zeigt, sind ein Kosmos von Lebensbeziehungen, wie ihn andere Zeiten so reich wohl selten ausgestaltet haben. Die ritterliche Kultur des hohen Mittelalters kannte ebenfalls einen Kreis von Bindungen, an den Lehensherrn, an die Herrin und an die Mannen, in triuwe, minne und milte; aber in allen mittelalterlichen Jahrhunderten konnten die zwischenmenschlichen Beziehungen nicht solchen Wert haben wie in der Goethezeit. Denn der Sinn der Welt war auch ohne sie offenbar, fest in der Heilsgeschichte begründet. Grimmelshausens Simplex beginnt und endet als Einsiedler und weiß nach seiner Weltfahrt nur, was er schon vor ihr wußte: daß das Heil allein in der biblischen Offenbarung liege. Die Romanhelden der Goethezeit, wie Goethes Wilhelm Meister oder Jean Pauls Albano, wissen zu Beginn nichts: Erst durch das Leben selbst wird ihnen dessen Sinn offenbar.

Dieses Suchen nach dem Sinn auf Grund der Gegebenheiten dieser Welt belebte in gleicher Weise die Philosophie und die Dichtung, jene im Denken, diese im Bereich des Gefühls, der Seele. Und es gibt eine höchste Stufe, auf der beides ineinander übergeht. Das Denken findet eine „Religion innerhalb der Grenzen der bloßen Vernunft" (Titel einer Schrift Kants von 1793). Der Mensch ist fähig der Idee, diese aber ist etwas Absolutes; das Sittengesetz ist von der Erfahrung unabhängig, ein absoluter Imperativ. Der Mensch bestimmt sich von der Idee her, das ist sein Anteilhaben am Göttlichen. Zwar ist es nur ein Imperativ, aber doch ein Punkt, der die Verknüpfung zum Absoluten ist. Und indem der Idealismus dem Menschen diesen Punkt gibt, leistet er, was sonst nur eine Religion leistete.

Aber in nicht geringerem Maße als die Philosophie brachte auch die Dichtung eine neue Berührung mit dem Absoluten; sie tat es auf ihren Wegen, mit ihren Mitteln. Sie lehrte das Göttliche erkennen in Dingen dieser Welt, die sein „Abglanz" sind, sein „Symbol", sein „Gleichnis", wie Goethe es nennt. Es kommt nur auf den Menschen an, diese Gleichnishaftigkeit recht zu vernehmen; er muß in sich Kraft, Sehnsucht und Liebe haben, die Fähigkeit zum wahren Erschauern und Erschüttert-Sein. Solche Sehweise entwickelt am reifsten der Dichter, und er lehrte sie andere. Goethes und Hölderlins große Werke sind letzlich nichts anderes als Bemühungen in diesem Sinne, Bemühungen, im Schildern der Welt eine Haltung zu lehren, die im Endlichen das Unendliche zu ergreifen vermag.

Auch die Malerei der Zeit spricht die seelische Kultur aus. Das Familienbild, früher repräsentative Darstellung, wird verinnerlicht, es zeigt die seelische Haltung, z. B. bei Friedrich Overbeck (Lübeck, Behnhaus). Daneben tritt das Freundschaftsbild und das Bild einer Gruppe gemeinsam erlebender Menschen.

Runge gibt in dem Gemälde „Wir drei" sowohl die Gemeinsamkeit der Ehegatten wie auch die mit dem Bruder, vor allem aber die Verbundenheit durch gemeinsamen Geist. Caspar David Friedrich zeigt in dem „Mondaufgang am Meer" drei Gestalten, zwei Frauen und einen Mann, die gemeinsam die Natur betrachten; man sieht ihnen an, daß sie verwandten Geistes sind, daß sie in gemeinsamer Stimmung die Stille, Schönheit und Großartigkeit des Naturbilds in sich aufnehmen und einander so gut kennen, daß keiner den anderen stört, sondern daß durch die Gemeinsamkeit das Erlebnis der Betrachtung noch gesteigert wird. Das Bild der Natur hat hier religiösen Charakter wie in den großen Dichtungen der Zeit.

Die Dichtung hatte schon vor der Malerei davon gesprochen, daß die innerweltliche Religiosität und ihr gleichnishaftes Sehen auf die Natur weist. Klopstock hatte als erster ihre Göttlichkeit gefeiert. Goethe im Gedicht „Ganymed" gelangte bis zur mystischen unio im Naturerleben. Hölderlin sagt, daß er „lieben lernte unter den Blumen", daß er „im Arme der Götter" groß wuchs und daß er dann die Götter „mit Namen zu rufen" lernte („Da ich ein Knabe war . . ."); seine großen Gedichte künden davon. — Wie die Natur, so weist auch die Kunst über sich hinaus; sie ist zweite Natur, Weltschöpfung, Organismus. Der junge Herder nennt den Künstler einen „Sterblichen mit Götterkraft" (in dem Shakespeare-Aufsatz), Goethe sieht lebenslang die großen Schöpfungen eines Homer, Raffael, Mozart als Offenbarung göttlichen Geistes, der sich in den großen Meistern tätig zeigte. Die romantische Kunstfrömmigkeit setzte diese Linie fort und fühlte zumal in der Musik Offenbarung metaphysischer Welt. Und auch hier kommt es nur auf den Menschen an, das Wesentliche zu erleben, indem er seine Seele dafür öffnet.

Aber nicht nur in der menschlichen Schöpferkraft, im Menschen überhaupt ist das Absolute. Und wiederum gilt: Man muß die greifenden Kräfte, die liebenden Augen haben, es zu erkennen. In Goethes Marienbader „Elegie" stehen Zeilen, die alle wesentlichen Züge religiösen Erlebens, den ganzen Schauer des Numinosen beschwören:

> In unsers Busens Reine wogt ein Streben,
> Sich einem Höhern, Reinern, Unbekannten
> Aus Dankbarkeit freiwillig hinzugeben,
> Enträtselnd sich den ewig Ungenannten;
> Wir heißen's: fromm sein!

Und nun folgen, hart danebengestellt, die Worte:

> Solcher seligen Höhe
> Fühl' ich mich teilhaft, wenn ich vor ihr stehe.

Angesichts des Menschen, des schönen, seelenvollen Menschen geht dieses religiöse Erleben ihm auf. Das Wort „selig" bezeichnet die Richtung auf das Überirdische. Der Mensch offenbart sich als Abglanz des Göttlichen. Nur der liebende Blick lehrt es; er läßt dieses Wesentliche im anderen Menschen sehen. Dem Sinne nach das Gleiche ist es, was Hyperion ausspricht, als er Diotima gesehen hat: „Der Mensch ist ein Gewand, das oft ein Gott sich umwirft, ein Kelch, in den der Himmel seinen Nektar gießt, um seinen Kindern vom Besten zu kosten zu geben. (III, 73) Diotima ist „die Vollendung, die wir über die Sterne hinauf entfernen", ist es „in diesem Kreise der Menschennatur" (III, 52). Wer aber Göttliches erfährt, wird durch dieses verwandelt und nimmt an ihm teil. So wird das Erlebnis des Menschen zur Quelle religiösen Erkennens nicht anders als das der Natur. „Man lernt nichts kennen als was man liebt" (Goethe an Jacobi, 10. 5. 1812), und darum erhalten alle Beziehungen der Liebe, alle Formen der Sympathie diesen religiösen Sinn. Eine abgezogene Lehre vermag hier nichts zu vermitteln; Vermittlung dieser Haltung, „Übergang des Vorbildes ins Nachbild" ist nur das Erleben eines lebendigen Menschen oder eines bedeutenden Kunstwerks. Daraus folgt die unendliche Aufgabe der Kunst; sie und die Philosophie sprechen jetzt allein über die letzten Dinge. Wie Adamas Hyperion fühlen lehrte, so lehrt jetzt die große Dichtung die Menschen fühlen. Die Dichter haben die Aufgabe,

> dem Volk ins Lied
> Gehüllt die himmlische Gabe zu reichen.

(Hölderlin, Wie wenn am Feiertage . . .)

Die großen Romane der Zeit fassen alle Formen menschlichen Miteinanderseins zusammen. Am monumentalsten „Hyperion": Das Schülertum bei Adamas, die Freundschaft mit Alabanda, die Liebe zu Diotima und schließlich der Versuch, auch in einer größeren Gemeinschaft die eigenen Gefühlskräfte darzuleben. Nur gestreift wird dabei die Darstellung des Elternhauses und seiner Seelentöne. Dies ist dagegen oft Jean Pauls Thema, von dem er zu Freundschaft und Liebe fortschreitet. Vollends sind Goethes beide Wilhelm-Meister-Romane Bücher des menschlichen Miteinanderseins und seiner bildenden Kräfte. Die „Wanderjahre" bringen die Bindungen der Familie, viele Formen der Liebe, Formen der Freundschaft, das verehrende Aufblicken zum vorbildhaft-weisen Menschen und schließlich Bindungen größerer Gemeinschaften (Pädagogische Provinz, Auswandererbund).

Diese Formen der Sympathie treten nun mit den anderen Wegen innerweltlich-religiösen Erlebens, mit der Natur- und Kunstfrömmigkeit, in der Darstellung zusammen, und so entstehen die großen Weltbild-Dichtungen dieser Zeit. Friedrich Leopold Stolberg faßt in einer Prosa-Rhapsodie „Von der Fülle

des Herzens" Familiengefühl, Liebe, Freundschaft, Naturgefühl, Kunstempfin-
dung als parallele Wege, um „Spuren Gottes, Nähe Gottes, Offenbarung Gottes"
zu erfahren. Jean Pauls „hohe Menschen", die „Hesperus"-Helden in Maienthal
oder die „Titan"-Gestalten in Lilar, erleben Stunden, in denen große Naturein-
drücke sich mit einem Jauchzen der Freundschaft und tiefer Seligkeit der Liebe
vereinigen zu religiöser Erschütterung. Am strengsten und schlüssigsten hat die
mythische Verdichtung aller Motive der neuen Religiosität Hölderlin vollzogen.
Den Menschen als Gewand eines Gottes zu erkennen, d. h. der Freundschaft
und Liebe fähig zu sein, ist höchstes Menschentum. Solches war im alten
Griechenland da, und es wird wiederkommen in einer zukünftigen Zeit.
Dazwischen aber steht die Gegenwart als Zwischenreich kleinlicher Geschäftig-
keit und des Zerfalls mit der Natur und den Göttern. Nur vereinzelt kommen
in ihr Menschen vor − ein Nachklang gewesener, ein Vorklang kommender
Götternähe −, die das Göttliche rein in sich tragen. Sie sind offen für das Wesen
der Natur, sie leben mit ihr. Sie sind fähig der großen Freundschaft, der großen
Liebe. Sie finden, wenn das Glück es will, eine ebenbürtige andere Seele. Einen
ganzen Kreis solcher Menschen aber finden sie nicht; dergleichen gab es einst,
nicht jetzt − darum muß Hyperion in dieser Beziehung scheitern −, und wird
es einst geben. Die höchsten Augenblicke liebenden Zusammenseins sind immer
zugleich auch höchste Augenblicke der Frömmigkeit vor der Natur. Adamas'
und Hyperions Liebe tritt am stärksten hervor, als beide vor der Herrlichkeit
des Sonnenaufgangs stehen und Adamas den Jüngling dem Sonnengotte weiht.
Vollends ist die Liebe Hyperions und Diotimas völlig verbunden ihrem Leben
mit der Natur. Die Natur will die Menschengemeinschaft als ihre höchste
Vollendung; die Liebe ist ihre schönste Blüte; umgekehrt wächst höchstes
Miteinandersein nur, wenn die Menschen die Naturgötter erkennen und sie
liebend ansprechen. Darum ruft Hyperion: „Längst, o Natur, ist unser Leben
eins mit Dir, und himmlischjugendlich wie du und deine Götter all ist unsre
eigne Welt durch die Liebe." (III, 101) Einst aber werden nicht nur zwei
Menschen, sondern viele dieses Fest der Natur begehen und Liebe wird sie dann
alle zusammenschließen zu neuer Götternähe. So vereinigen sich das mythische
Geschichtsbild, die Naturfrömmigkeit und die Formen der Sympathie hier zu
einer einheitlichen großen mythischen Schau von seherisch-religiöser Kraft.

Am feurigsten, schwungvollsten und mitreißendsten aber hat der junge Schiller
Freundschaft und Liebe in einen kosmischen Zusammenhang gestellt und aus
dem leidenschaftlichen Feuer des Erlebens einen großen Weltmythos geschaffen,
der viele Motive der ganzen Zeit zusammenfaßte und darum recht eigentlich
ihrem Wesen entsprach. Drei Werke vor allem sind es, in denen dieser kosmische
Mythos sich ausspricht, der Prosaaufsatz „Theosophie des Julius", das diesem
eingefügte Gedicht „Die Freundschaft" und das aus dem Jubel der neuen
Freundschaft mit Körner entstandene Lied „An die Freude", das eigentlich ein

Lied an die Sympathie ist. „Das Universum ist ein Gedanke Gottes. Die Natur ist ein unendlich geteilter Gott". So wie sich das Licht durch das Prisma in viele Farben spaltet, so hat sich das göttliche Sein in zahllose „empfindende Geister" geteilt. Gott sieht in seiner Schöpfung sich selbst wieder:

> Aus dem Kelch des ganzen Seelenreiches
> Schäumt ihm — die Unendlichkeit.

Wie nun aus den Farbstrahlen, wenn man sie zusammenfügt, wieder der helle Lichtstrahl wird, so muß aus der Vereinigung des Seelenreiches wieder Gott werden. Vereinigung der Seelen — das ist Liebe und Freundschaft. Wo zwei Menschen einander finden, da ist ein kleines Stück solcher Vereinigung geschehen. Wenn nun aber darüber hinaus immer mehr Seelen, wenn alle Seelen in Liebe zusammenhängen, dann müßte das ein neues Werden Gottes sein. So ist jedes persönliche Erleben — ist Schillers neue Freundschaft mit Körner, ist Körners Liebe zu seiner jungen Gattin — nicht nur etwas Privates, sondern auch etwas Kosmisches: Es wird darin ein Stück jener ursprünglichen Einheit Gottes, der sich in die Welt ausströmte, wieder hergestellt; es ist Rückkehr in ihn.

> Wem der große Wurf gelungen,
> Eines Freundes Freund zu sein,
> Wer ein holdes Weib errungen,
> Mische seinen Jubel ein ...

Die Prosa des Aufsatzes sagt: „Die Anziehung der Geister, ins Unendliche vervielfältigt und fortgesetzt, müßte Gott hervorbringen", und in der Dichtung wird aus dieser Vorstellung der Satz „Seid umschlungen, Millionen ...", in dessen dionysischem Überschwang das erfüllte Glück ins Kosmische ausgreift. Überwunden sind Vereinsamung und Verzweiflung, überschritten sind in der Liebe die Grenzen des Ich, die sonst nur überschritten werden können in der Rückkehr in die ursprüngliche Welteinheit durch den Tod. Aus dem Erleben der Liebe kommt dem Menschen die Gewißheit eines metaphysischen Sinns. Darum schließt sich unmittelbar an jene Worte die Folgerung:

> Brüder — überm Sternenzelt
> Muß ein lieber Vater wohnen.

Er „muß" wohnen — das folgt aus dem Erleben der Liebe, die über das Irdische hinausweist und ins Unendliche vervielfältigt Gott finden muß. Alle Formen der Sympathie gehören hierher, alle, die die Goethezeit in Leben und Dichtung gestaltet hatte:

Was den großen Ring bewohnet,
Huldige der Sympathie!
Zu den Sternen leitet sie,
Wo der Unbekannte thronet.

Gott selbst bleibt „der Unbekannte"; das Unendliche hat der Mensch nicht,
denn er ist nur Mensch. Aber er hat es im Abglanz des Endlichen, und
er kann es mit der Kraft seines Herzens erfassen und desto höher gelangen,
je inniger diese Kraft ist. Er hat die „Sympathie" — sie ist seinem Wesen
eigen als etwas über ihn Hinausführendes, sie führt ihn zum höchsten Menschsein
und läßt ihn damit hinüberblicken zu den Sternen, „wo der Unbekannte
thronet".

Diese großen jubelnden Bilder fassen gesteigert zusammen, was in vielen
Geistern der Zeit lebte. Auch für Hölderlin ist jede wahre Liebe und Freundschaft
Verwirklichung von Göttlichem, und er glaubt an die kommende Zeit, da alle
Menschen in Liebe zusammenfinden und die neue Anwesenheit der Götter
kommt. Goethe — von Jugendgedichten wie „Harzreise im Winter" bis zu den
„Divan"-Gedichten wie „Wiederfinden" und der Marienbader „Elegie" —
empfindet das persönliche Erleben der Liebe in kosmischem Zusammenhang.
Jean Paul, mehr als die anderen Großen für Tausende seiner Zeit Bildner der
Seele, führte in seiner Fülle des Herzens ins Religiöse hinein. Seit der Zeit der
Empfindsamkeit war ein Kult der Liebe und Freundschaft durch ganz Deutschland gegangen; und so waren die knappen jauchzenden Bilder in Schillers Lied
„An die Freude" zusammenfassender erhöhter Ausdruck der Stimmung der
ganzen Zeit.

Diese Verse nun wählte Beethoven als Text für den Schluß seiner 9.
Symphonie, deren erste instrumentale Sätze ein Weltgeschehen bergen, das hier
sich steigert zu der jubelnden Rückkehr ins Göttliche durch höchstes Menschsein
in Liebe. Den Menschen jener Zeit war dieser ganze Kult menschlicher Nähe
bekannt, sie standen selbst darin. Was sie empfanden, sprachen die Dichtungen
aus, und hier nun wurde es — über das Buch hinaus — zum Gesang: Die,
welche dies erlebten, sangen es aus und sangen es dem Unbekannten zu, dem
sie in ihrem Erleben der Sympathie entgegenstrebten. Alle Formen liebenden
Miteinanderseins waren religiöse Wege, und der bekennende Gesang wird
zum Gottesdienst dieser weltlichen Religiosität. So findet hier die seelische
Kultur menschlicher Bindungen und ihre metaphysische Zuversicht ihren
Höhepunkt.

Die Goethezeit mit der ihr eigenen seelischen Kultur ging mit der Generation
der Romantiker zu Ende. Aber Freundschaft, Liebe, Familie sind ewige Formen.
Der uns überlieferte schriftliche Niederschlag jener Kultur in Dichtungen und
Lebensdokumenten zeigt eine reich blühende, zum Kosmos gerundete Fülle,
lebendig-wirksam für den, der damit Umgang haben will. Manche jener

geschichtlichen Gestalten kann uns noch heute nahekommen, und mancher dichterische Vers spricht noch heute abstandslos unser innerstes Wesen an wie die herben Worte des späten Hölderlin:

... Gut ist es, an andern sich
Zu halten. Denn keiner trägt das Leben allein.

(„Die Titanen")

Vortrag in der Goethe-Gesellschaft Bremen. 28. August 1948. — Erster Druck: Deutsche Vierteljahresschrift für Literaturwissenschaft und Geistesgeschichte, Bd. 24, 1950. — Enstanden 1925—1943. — Herder ist nach der Ausgabe von Suphan zitiert.

Die Sprache der Freundschaft und Liebe

Meta Klopstock, geb. Moller, in ihren Briefen

Die Kultur der Goethezeit schuf sich für die Formen menschlichen Miteinanderseins ihre Sprache, eine Sprache der Unmittelbarkeit und des Gefühls, zwischen Liebenden, Eheleuten, Eltern und Kindern, Freunden und Gefährten. Diese Sprache gibt den Briefen jener Zeit den besonderen Klang, und die damals begonnene Tradition hat weitergewirkt. Auch in früheren Zeiten hat es die menschlichen Gefühle gegeben, doch damit ist nicht gesagt, daß es auch ihren Ausdruck in Briefen gegeben hat. Man hatte Gedichte und Epen, in denen sich das Gefühl äußerte, doch der Brief gehörte in die gelebte Wirklichkeit, und da herrschte die Konvention. Wenn man aus dem Überlieferten des 16. und 17. Jahrhunderts Briefe zwischen Eheleuten oder Eltern und Kindern heraussucht, findet man sie nach einem Schema geschrieben, Dank für eine Nachricht, Hoffnung auf Wohlsein, Gedanken an Gott, Mitteilung sachlicher Dinge und eine traditionelle Schlußformel. Das hängt damit zusammen, daß man bestrebt ist, sich innerhalb einer großen Ordnung richtig zu bewegen, das gilt für jede Lebensform, jede Geselligkeit, also auch für jeden Brief.

Im 18. Jahrhundert kam der Wandel in der Selbstbestimmung des Menschen. Die Vernunft wird Grundlage für die Aufklärung, dann bringt die Empfindsamkeit die Werte des Gefühls neu zur Sprache. Man strebt vom Normativen zum Individuellen. Der Brief, der bisher feste Formen hatte, soll zum Ausdruck der Seele werden, und dafür ist nicht nur sein Inhalt wichtig, sondern auch sein Klang. Die neue Selbstbestimmung des Menschen bringt nicht etwa Vereinzelung, sondern führt (wohl in Zusammenhang mit dem Zurücktreten des religiös-objektiven Hintergrunds) zu einer Hinwendung zum anderen Menschen, wie sie in der Empfindsamkeit gipfelt, und in diesem Gefüge hat der Brief eine neue Bedeutung.

Als man bemerkt, daß der Ausdruck persönlicher Zuneigung neuer Formen bedarf, hören die alten pflichtgemäßen Höflichkeitswendungen auf. Man spricht von der Situation des Augenblicks, man flicht Naturschilderungen ein (die es in früherer Zeit im Brief nicht gab), man äußert sein Gefühl. Dafür braucht man eine anschauliche, bildkräftige Sprache, man nähert sich dem gesprochenen Deutsch, man wagt kurze Sätze, Ausrufe, Fragen. In jener Zeit hat für die lyrische Dichtung Klopstock den neuen Stil und den neuen Gefühlsausdruck gebracht. Aber den Briefstil hat er nicht verändert, auf diesem Gebiet hat er es nie zur Meisterschaft gebracht.

Die Entstehung der neuen Briefsprache des 18. Jahrhunderts brauchte Menschen, die gefühlvoll erlebten und eine natürliche Begabung hatten, diese Gefühle in Worte zu kleiden. Das gelang oft gerade den Frauen. Im Gegensatz dazu haben die Philosophen fast garnichts zur Entstehung des neuen Stils beigetragen. Die briefschreibenden Männer sehen ihr Ich weitgehend vom Beruf aus und von der Leistung im sozialen oder literarischen Gefüge. Die Frauen stehen mehr im Leben und schildern dieses Leben in einer Sprache, die oft unmittelbarer ist als die der Männer. Darum ist der Frauenbrief von Frau Gottsched und Goethes Mutter bis zu Caroline Humboldt so bedeutsam für die Kultur jener Zeit. Den Höhepunkt bildet Meta Klopstock, geb. Moller. Bei ihr verbindet sich starkes Gefühl mit scharfer Beobachtung und anschaulicher Sprache. Um die Mitte des 18. Jahrhunderts kann sich auf dem Gebiet des Briefes niemand mit ihr messen. Und der Reichtum an Freundschaft und Liebe, der ihrem Leben und ihren Briefen die Erfülltheit gibt, ist gleichsam eine Vorwegnahme der ganzen seelischen Kultur der Goethezeit. Diese Leistung aber entwickelte sich in einem bescheidenen bürgerlichen Dasein und hatte niemals das Ziel, literarisch hervorzutreten. Erst spätere Leser haben bemerkt, welche Bedeutung das hatte, was hier so liebevoll und anschaulich in Briefen erzählt wurde.

Um zu erkennen, aus welcher anspruchslosen und zugleich geistvollen Welt dieses Briefwerk erwuchs, ist es gut, den Lebensweg Meta Mollers kennen zu lernen, die mit 23 Jahren Klopstock begegnete, mit 26 Jahren seine Frau wurde und mit 30 Jahren starb. Den Hintergrund ihres Lebens bildet die bürgerliche Kultur der Hansestadt Hamburg. Sie wurde am 16. März 1728 in Hamburg geboren. Ihr Vater, ein Kaufmann, starb, als sie 8 Jahre alt war. Die Mutter ging eine zweite Ehe ein mit dem Kaufmann Martin Hulle. Die beiden Schwestern heirateten jung, die 4 Jahre ältere Catharina Margaretha den Kaufmann Dimpfel, der in der Altstadt „Im Grimm" wohnte; die 6 Jahre ältere Elisabeth den Weinhändler Benedikt Schmidt, der nahebei in der Reichenstraße sein Haus hatte; hier, in der Reichenstraße, wohnte Meta, nachdem sie mit 19 Jahren für mündig erklärt worden war; hier hat Klopstock sie zum erstenmal gesehen.

Die Schicksale der Handelshäuser und die Ereignisse in der Familie — Geburten, Hochzeiten, Todesfälle — bezeichneten den Kreis der Interessen. Die beiden Schwestern verstanden es, das Leben in ihren Häusern schön und heiter zu gestalten. Zu feierlichen Anlässen werden Gelegenheitsgedichte gemacht, nach alter Sitte, die sich im 17. Jahrhundert von Holland bis Königsberg eingebürgert hatte. Und sobald man getrennt ist, schreibt man Briefe; auch „die Schmidten" und „die Dimpfeln" sind Meisterinnen anschaulicher Schilderung; ihre Briefe geben das Bild einer Hamburger Bürgerfamilie um 1750 bis in intime Einzelheiten hinein; man hat eine Art Familiensprache und versteht einander aus Andeutungen.

Den Hintergrund dieses Familienlebens bildet die Hansestadt, die damals mit ihren etwa 90000 Einwohnern eine Großstadt war. Der Senat bestimmte das politische Leben, und die Geistlichkeit das kirchliche. Man nahm lebhaft teil am Leben der Kirchengemeinde, zu der man gehörte; die Schmidts gehörten zu St. Petri. Die Männer machten — aus Gründen des Berufs — gelegentlich Reisen; die Familie blieb zu Hause. Der Erholung dienten die Gärten vor der Stadt; die Familie Moller-Hulle hatte den ihren in Borgesch. Meta und Klopstock haben ihn sehr geliebt.

Hamburg hatte seine bürgerliche Kultur durch das höfische Zeitalter des Barock hindurchgerettet und hatte jederzeit die geistigen Beziehungen zu England gepflegt. Als nun im Beginn des 18. Jahrhunderts in ganz Deutschland eine neue bürgerliche Kultur begann und ein bürgerliches Schrifttum, das nicht mehr nach Frankreich sondern lieber nach England blickte, da richteten sich die Augen der Schriftsteller und Gelehrten aus allen deutschen Landschaften auf Hamburg, wo das schon verwirklicht war, was man anderswo anstrebte, und die Hansestadt wurde literarisch führend. Brockes und Richey verkündeten die bürgerlich-aufklärerischen Lebensideale in ihrer Zeitschrift „Der Patriot". Weichmann und Kohl sammelten die „Poesie der Niedersachsen" in 6 Bänden, 1721 — 1738. Brockes ist als Lyriker ein genauer und liebevoller Beobachter der Natur; der blühende Kirschbaum oder der Goldkäfer oder der Schnee im Sonnenschein lenken die Seele zum Schöpfer dieser Schönheit; sein „Irdisches Vergnügen in Gott" erschien seit 1721 in kleinen Bänden, der letzte 1748, als Meta Moller 20 Jahre alt war; 1753 wurde das ganze Werk neu gedruckt. Noch beliebter war Friedrich v. Hagedorn, ein echter Sohn der Stadt in seiner Vereinigung hansischer Patrizierkultur und niederdeutschen Bürgersinns; fein, vornehm und weltläufig hat er mit Fabeln, Lehrgedichten und Horazbearbeitungen die jüngere Generation literarisch gebildet.

Im Schauspielhaus am Gänsemarkt spielten die besten deutschen Truppen: die Neuberin zwischen 1728 und 1740; Schönemann 1741; Sophie Schröder 1742 — 44. Als Schönemanns Truppe 1756 wiederkam — diesmal mit Ekhof als Schauspieler und mit „Miss Sara Sampson" im Repertoire — pries Meta die Hansestadt glücklich (19. 10. 56), und ihre Freundin Olde „weinte sich bald tot" (Elisabeth Schmidt an Meta 18. 12. 56). Das Bühnenspiel regte an zum Schreiben von Dramen. Ein einmaliger Wurf war des Kaufmanns Hinrich Borckenstein Lustspiel „Der Bookesbeutel", ein satirisches Hamburger Familienbild von Saft und Kraft. Viel wurde aus dem Englischen übersetzt. Der Buchhandel blühte auf. Der Verleger Bohn war mit Meta und ihren Schwestern bekannt; 1752 lud er Klopstock ein, bei ihm zu wohnen, und ermöglichte dadurch die glücklichen Sommermonate mit Meta.

Die vielen Hinweise in den Schriften von Brockes, Richey und Hübner, man solle die Mädchen ebenso sorgfältig erziehen wie die Knaben, waren bei den Eltern Moller auf fruchtbaren Boden gefallen. Wach und aufmerksam, wie Meta war, las sie alsbald Französisch, Englisch, Italienisch und Latein. Aber sie wollte kein „gelehrtes Frauenzimmer" sein: das Kochen, Backen und Schlachten hat sie nicht nur mit Geschick, sondern auch mit Freude getan. Was Meta von anderen Frauengestalten der Zeit abhebt, ist weniger ihr Reichtum an Kenntnissen und Fähigkeiten als ihr Charakter: die Sicherheit des Gefühls, die Geradheit des Herzens, die starke religiöse Bindung. Die Sommertage im Garten vor Hamburg oder die Wintertage im schneebedeckten Dänemark entlocken ihr Worte, welche die scharfe Naturbeobachtung des Brockes mit der Gefühlskraft der jungen empfindsamen Generation verbinden. Sie war eine echte Hamburgerin in ihrer lebhaften, frischen, witzigen und natürlichen Art. Nur wer die Hanseatin von Ferne kennt, hält sie für „steif"; man muß sie im Kreise derer sehn, die sie liebt; und von dieser Seite sehen wir Meta in ihren Briefen. Drei Hamburgerinnen sind im 18. Jahrhundert literarisch bedeutsam — alle verschieden und zugleich verwandt in ihrer persönlichen Geformtheit: Meta Moller — dann Elise Reimarus, die kluge, geistvolle Freundin Lessings — und Susette Borckenstein, die Tochter des Kaufmanns und Dichters, jung an den Frankfurter Bankherrn Gontard verheiratet; äußerlich scheinbar kühl, doch im Innern — vom Schicksal berührt — welcher Glut fähig! Hölderlin hat sie — makellos schön, wie sie war — in seine Dichtung eingehen lassen als Diotima.

Als Meta und Klopstock einander kennenlernten, war Klopstock 27 Jahre. In diesem Alter war er bereits ein berühmter Dichter. Mit 24 Jahren, 1748, hatte er 3 Gesänge seines „Messias" in einer Zeitschrift erscheinen lassen. Schon im Jahre darauf brachte der Verleger sie als Buch, und es erschien bereits eine ausführliche Schrift darüber von dem Hallischen Philosophieprofessor Meier. In Leipzig trat Klopstock in den Kreis junger Dichter, die sich um die in Bremen gedruckten „Beiträge zum Vergnügen des Verstandes und Witzes" scharten. Er zeigte seine ersten Oden, und die Freunde ahnten die Größe dieser neuartigen, strengen, phantasiereichen und feierlichen Verse. Bodmer in Zürich, allgemein hoch geachtet, sandte Klopstock eine Einladung. Klopstock folgte ihr. Er war ohne Beruf. Mit den ersten 3 Gesängen des „Messias" hatte er sich auf ein Lebenswerk festgelegt; er sprach davon, daß es 20 Gesänge werden sollten. Wie aber konnte er sein Leben einrichten, um diese Aufgabe zu erfüllen? Da kam im Januar 1751 der Ruf nach Kopenhagen: Der König versprach ihm ein sorgenfreies Leben mit keiner anderen Aufgabe als der, am „Messias" weiter-zuarbeiten. Binnen 3 Jahren war aus dem unbekannten Leipziger Studenten ein berühmter Dichter geworden, der mit den geschätztesten Schriftstellern und mit dem dänischen König umging; ihm aber schien, das alles müsse so sein, denn er dachte nur an sein Werk. Im Februar reiste er von Zürich ab, im März war er bei seinen Eltern in Quedlinburg, am 4. April in Hamburg, wo er Meta Moller aufsuchte. Am 7. April reiste er weiter nach Kopenhagen.

Hier beginnt der Briefwechsel. Da Klopstock und Meta viel getrennt waren, erstreckt er sich über Jahre; und in den Zeiten, da sie zusammen sind, oder da, wo die Briefe fehlen, treten die Briefe an Schwestern und Freunde ergänzend ein. Man muß diese Briefe als Ganzes lesen, wie einen Briefroman; jeder Brief erhält erst durch seine Stellung innerhalb des Ganzen jene Nuancen des Tons, für die Meta ein so feines Ohr hatte. Wir werden durch die ersten Briefe mitten in eine Welt hineingestellt, und allmählich wird dann auch die Vorgeschichte klar.

Meta hatte die Gesänge des „Messias" gelesen und mit selbständigem Urteil ihre Bedeutung erkannt. Sie fragte Giseke, der gerade von der Universität Leipzig zurückgekehrt war; und der wußte genug zu erzählen: von Klopstock, von seinen Oden, die er nur Eingeweihten zeigte, von Fanny, die darin besungen wurde – eine dichterische Idealgestalt, aber man wußte, wer dahinter stand: eine Verwandte Klopstocks in Langensalza. Nicht nur er selbst hatte ihr von seiner Liebe gesprochen, sogar der berühmte Bodmer hatte sie für Klopstock zu gewinnen versucht. Aber Fanny blieb kühl; Klopstocks Briefe aus der Schweiz ließ sie unbeantwortet. Auf der Reise gen Norden wagte er es nicht, sie zu besuchen. In seinen Oden wurde Fanny immer idealer, und er kam in die Gefahr einer Überspannung, die ihn zu zerreißen drohte. Doch der 26jährige Dichter, der nun gen Norden reiste, hatte vor, sich auf die geistige Welt seiner großen Messias-Dichtung zu sammeln, und das konnte er nur, wenn er im Leben seinen festen Ort fand. Er fühlte sich zurückgestoßen, ein bisher nicht gekanntes Gefühl der Unsicherheit überkam ihn. Es war ihm nicht bewußt, wie sehr er sich sehnte, auf die Erde zurückgeholt, verstanden und geliebt zu werden. Da begegnete er Meta.

Von Anbeginn hat Klopstock mit Meta über Fanny gesprochen und hat ihr Fanny-Briefe gezeigt. Wie schwer hat er es ihr gemacht, ohne es selbst zu wissen! Einerseits soll sie seine ideale Liebe zu Fanny respektieren, anderseits wirft er ihr selbst zu wenig Liebe vor. Doch Metas sicheres Gefühl half über alles hinweg. Von der Verlobung an ist der Briefwechsel ein Dokument des Glücks. Nun aber tritt ein anderes retardierendes Element hervor: die Eltern. Es gab in ganz Hamburg, ja in ganz Deutschland damals keinen Menschen, der beruflich so lebte wie Klopstock. Ist es verwunderlich, daß der Stiefvater Bedenken hatte? Schließlich aber wurden alle Hindernisse glücklich überwunden.

In den Jahren der Ehe hat Meta in Klopstock Kräfte entwickelt, die bisher geschlummert hatten. Aus den Briefen spricht seine Heiterkeit, seine Lebensfreude, sein Schaffensdrang. Jetzt wurde deutlich, daß er das große Versprechen der „Messias"-Dichtung einhalten könne. Nach Metas Tode aber schrieb er an Professor Meier in Halle, nun ginge alle Arbeit nur mühsam und langsam vorwärts (29. 4. 60).

Durch die Verbindung mit Klopstock wuchs Meta ein ganzer Kreis von Freunden zu, alle jung, alle literarisch tätig, aber alle schon im Amt: Gärtner und Ebert als Professoren in Braunschweig, Giseke als Pastor in Trautenstein (bei Blankenburg), Cramer als Oberhofprediger in Quedlinburg, Johann Adolf Schlegel als Pastor in Zerbst. Dazu kam Gleim, der in Halberstadt als Sekretär des Domkapitels lebte. Gleich nach der Verlobung läßt Klopstock die Freunde an seinem Glück teilnehmen, sie sind um ihn wie der Chor um den Chorführer. Auch Meta hatte einen Kreis von Freundinnen, ihre Namen kommen in den Briefen immer wieder vor. In Kopenhagen trat Meta in einen neuen Menschenkreis ein, der sich um Klopstock gebildet hatte. Da war sein Bruder August Philipp und dessen Geschäftsteilhaber Rahn, der Klopstocks Schwester Johanna Victoria geheiratet hatte. Cramer wurde durch Klopstocks Vermittlung als Oberhofprediger berufen. Von der nahen Ritterakademie Sorö kam gelegentlich Basedow zu Besuch. Im allgemeinen lebten Klopstock und Meta in dem idyllischen Dörfchen Lyngby still für sich. Auch der Verkehr mit adeligen Familien, den Grafen Bernstorff und Stolberg, war zwanglos und freundschaftlich; denn man wollte ein Miteinandersein, das nur auf innerem Wert beruhte.

In ihrer Fähigkeit, Freundschaft zu erleben und zu gestalten, sind Meta und Klopstock ihrem Zeitalter vorangegangen und sind von der Jugend als Vorbilder verehrt worden. Damals war die Welt des Barock mit ihrer Einordnung des einzelnen in ein ständisches System bereits weitgehend versunken. Der Mensch, den die Aufklärung nur als rationales Wesen gedeutet hatte, lernte sich jetzt tiefer begreifen in der Unendlichkeit des Herzens. Die Freundschaft wird erfahren als eines der großen Geschenke des Daseins; die Dichter finden dafür das Wort; zuerst Pyra und Lange mit ihren „Freundschaftlichen Liedern" 1745, Bildern gemeinsamen Lebens und Denkens, dann Gellert in seinem Roman „Die schwedische Gräfin", 1747—48. Beide wirken auf den Kreis der „Beiträger" in Leipzig. Und nun tritt Klopstock in diesen Kreis und gibt dem Erlebnis der Freundschaft eine neue Wendung; sie spricht sich aus in dem großen Gedicht „Auf meine Freunde", das beschwingt-feierlich jeden einzelnen anspricht und alle zum Kreis verbindet. Oden an einzelne Freunde wie Ebert und Giseke schließen sich an.

Klopstock und Meta tragen in den beiderseitigen Freundeskreis eine neue Form des Erlebens, und sie erobern damit für die ganze junge Generation neue Bereiche des Gefühls und eine neue Sprache. Wer solcher Freundschaft fähig war, erschien den anderen als ein höherer und glücklicherer Mensch, dem man nacheifern müsse. Hier beginnt die Entwicklungslinie, welche dann zu Herder führt, der in der Freundschaft ein edelstes Zeichen der Humanität sah, zu Jean

Paul, der in großen Romanen von der inneren Unendlichkeit des liebenden Herzens sprach, und zu Hölderlin, der in feierlichen Gedichten und in seinem „Hyperion" das Fest der Freundschaft verherrlichte.

So erscheinen Freundschaft und Liebe als das, was das Leben hoch macht und reich, und der Ausdruck dafür sind die Briefe. Darum der Kult, den man mit ihnen treibt. Welcher Jubel am „Posttag", wenn die Freunde schreiben! Das hat es noch wenige Jahre davor in Deutschland nicht gegeben. Vom Barock her bestand für Briefe eine feste Tradition; sie hatten „Themen" als Gelehrten-Briefe, Geschäfts-Briefe oder Familien-Briefe; auch in der Familie blieb man bei nüchternen Mitteilungen sachlicher Art, so etwa die Mutter Hagedorns in ihren Briefen aus den Jahren 1731/32, die uns erhalten sind. Dann kam das Vorbild französischer Briefe nach Art derer der Marquise de Sévigné mit ihren anschaulichen Plaudereien und geistvollen Betrachtungen im Gefüge einer gesellschaftlichen Kultur. Aus England kam der Briefroman Richardsons, aus dem man Anregungen empfing, um Gefühle darzustellen. Gellert forderte die Deutschen auf, „natürlich" und „munter" zu schreiben, aber sein Plauderstil ist eine künstliche „Natürlichkeit", die den Bereich dessen, was in den Brief aufgenommen werden darf, sehr eng zieht: alles Drastische und alles Leiden-schaftliche ist verpönt.

Verglichen mit den gleichzeitigen Briefen Gellerts und Bodmers hat Meta Moller den Schritt zur echten Natürlichkeit vollzogen. Ihre Briefe sind nicht mehr „Themen"-Briefe alten Stils, sondern kleine Selbstbildnisse mit dem Hauch des Augenblicks; deswegen ihre Gegenständlichkeit, die in jener Zeit so einzigartig ist. Aber mehr noch: Meta weiß, daß der Brief ein Bild der Seele ist, nicht nur durch das Was, sondern auch durch das Wie. Darin gleicht er dem Gedicht. Das Ich verrät sich schon im Klang der Sprache. Davon hat Gellert noch nichts geahnt. Von seinem Plauderton ging Meta aus, aber ihr Temperament und ihre Ursprünglichkeit führten zu einer Sprache des Herzens, die hinüberweist zu dem jungen Goethe, zu seinen aufgewühlten, lebensvollen Leipziger Briefen von 1769. Sie beherrscht einen weiten Bereich, vom eleganten Geplauder bis zum ergreifenden Ausdruck der Frömmigkeit und des Leids. An die Eltern schreibt sie im alten Stil, an Giseke im Modeton spielerisch-witziger „Tändeleien", an Klopstock mit einer Sprache des Herzens, die in Deutschland um 1750 nicht ihresgleichen hat.

In der Verlobungszeit schreibt sie einmal aus Hamburg an ihn, der nach Braunschweig gereist war: „den 19. Juli, abends um 9 Uhr. Ich weiß nicht, wie das gehen soll, ich muß schon wieder schreiben! Gottlob, daß mir dies nur noch bleibt! Wie unendlich süßer aber würde es sein, wenn Du bei mir wärst. Du fehlst mir niemals mehr als wenn ich abends zu Hause komme, denn ich hole itzt alle die Besuche nach, die ich Deinetwegen versäumt habe. O wie unbeschreiblich süß war das, wenn ich wußte, daß ich Dich in meiner Stube fand! Wie eilte ich aus der Gesellschaft weg ... Wie flog ich (Tintenklecks) zu meinem Zimmer und — ach! wie warf ich mich in Deine Arme! Und Du zärtlichster unter allen Liebhabern, Du warst immer schon lange da gewesen und hattest auf mich gewartet! Und ich hatte doch nicht eher kommen können ... Der Klecks ist daher entstanden, daß ich die Feder wegwarf, wie ich so sehr fühlte, daß Deine Arme mir fehlten ... Den 20sten. Ach, Klopstock, wie geht das zu, daß ich noch keinen Brief aus Braunschweig habe! Dir ist gewiß ein Unglück begegnet. Ach, hätte ich Dich nur nicht reisen lassen! Ich hätte es bedenken müssen, daß die Wege schlimm wären! O Klopstock, Klopstock, ich bin wirklich sehr unruhig, ich kann es nicht helfen, daß ich Dir das merken lasse. Solltest Du nicht gleich an mich geschrieben haben, wie Du ankamst? O ja, das würdest Du nicht unterlassen. O schreib mir ja bald! Wenn ich nicht bald einen Brief kriege ... Ach, wenn er noch heute käme! Schreib mir ja die Wahrheit, ob Du umgeworfen hast, ob Du krank bist oder was Dir fehlt. Reise ja nicht aus Braunschweig, bis die Wege besser sind, und solltest Du auch den ganzen Sommer da bleiben ..." (19. und 20. Juli 1752)

In der Zeit der Ehe, als sie ein Kind erwartet, schreibt sie aus Hamburg an Klopstock, der für kurze Zeit nach Kopenhagen reisen mußte und in Lübeck, um die Fahrt zu beginnen, auf günstigen Wind wartete: „Hamburg, den 4. August. Wenn die Nächte nur nicht so schlimm wären! Ich möchte jede Nacht aufstehn und Dir schreiben, daß Du wieder zurückkommen müßtest. Ach, wenn Du wiederkämst! Glaube aber nur nicht, daß ich diesem Gedanken nachhänge. Höre, ich dächte, wenn der Wind nicht besser wird, so kämest Du auf den Montag, und sähest Gärtnern und reistest den Mittwochen wieder fort. Ach, denn hätte ich Dich doch diese kurze Zeit wieder!" — „Hamburg, den 7. August, an meines Vaters Sterbetage. Ob Du wohl weg bist? Der Wind war diesen Morgen West; aber er ist wieder Ost geworden. Unser Gott sei mit Dir! Das glaube nur, daß ich mich allein auf ihn verlasse und sehr lebhaft glaube, daß der Weg, den er uns führt, für uns der beste sei. Ich halte Dich fest in meinen Armen." (1758)

Anderer Art sind die Briefe an die Schwestern. So sehr auch hier die persönliche Zuneigung spricht, es gibt hier mehr realistische Schilderungen (die für uns eine Quelle kulturhistorischer Tatsachen sind), gelegentlich auch Humor und Drastik. So die Schilderung einer Seefahrt von Lübeck nach Kopenhagen, auf der außer Klopstock alle seekrank werden, vor allem eine Frankfurterin, deren Dialekt Meta, der Hamburgerin, fremd ist: „Wir segelten also. Ich war in meiner Kajüte, allein ... Ob ich gleich keine eigentliche Gefahr fürchtete, so war ich doch sehr ernsthaft und sehr ruhig. Aber mein armer Körper war's nicht, ich war so seekrank, wie man nur sein kann, und wenn Ihr meinen letzten Tag und meine beiden letzten Nächte bedenkt, so könnt Ihr Euch vorstellen, wie matt ich ohnedies war. Klopstock kam einmal in die Kajüte und erschrak

vor mir, denn bei einem immerwährenden Erbrechen strömte mir der dicke kalte Schweiß vom Gesicht, und ich war so matt, daß ich nicht mehr ächzen konnte. Seht, das muß man leiden, wenn man zu Euch will! O, wie gerne leide ich's! So blieb ich bis Mittag, eben so krank, aber auch in einer vortrefflichen christlichen Ruhe. Nun merkte ich, daß Sturm ward, an der Bewegung des Schiffs, an der Gewalt des Windes und am Lärmen der Schiffer. Dieses machte mich noch ernsthafter aber auch noch kränker. Mit einemmal schlug eine große Welle auf's Schiff. Alles fing an zu lärmen, zu laufen, zu schreien, zu lachen und zu brechen. Sieben Personen stürzten einer über dem andern in die Kajüte hinein. Klopstock kam mit einer lächelnden Miene an mein Bett: Es ist ein bißchen Sturm, Meta. Und war ganz naß von der Welle. Meine Frankfurterin warf sich in der Mitte der Kajüte auf eine Kiste: Ach Kott! ach Kott! ich schterpe, ich schterpe! Cha, das ischt kewiss, ich schterpe! Ach Kott! ach Kott! (einige 20 mal mit der größten Geschwindigkeit nach einander.) Ach ich pihn schon todt! ich piehn schon todt! Nur ins Krapp mit mir, nur ins Krapp, nur ins Krapp (wieder 20 mal) ... Ich mußte lachen, so matt ich war. Unterdeß saßen zwei Herren bei ihr und spieen, als wenn sie sich's verabredet hatten, beständig in einem Bogen gegen einander an, so daß es immer über ihren Rock kam. Sie tat böse, wie sie sah, daß sie so ‚bekotzt' war (ein Frankfurter Wort, vermutlich), aber ich glaube nicht, daß sie es wirklich war, denn es gab ihr Gelegenheit, andres zu sagen, daß er die Schlüssel zum Koffer nehmen und einen andern Rock ‚langen' sollte, den roten, nein den Blauen, nein toch, Antreß, den grünen, toch laß esch nur paim gelben bleiben. Der Sturm legte sich etwas, wir kriegten contrairen Wind und legten mit Einbruch des Abends bei Falster Anker ..."
(19. April 1757)

Solche Bilder von Erlebnissen, anschaulich wie holländische Gemälde, waren für die Briefprosa um 1750 etwas ganz Neues. Meta schildert den Schwestern auch ihr Leben mit Klopstock in Dänemark. Sie wohnten in Lyngby bei Kopenhagen, auf dem Lande. Klopstock hatte ein Pferd, mit dem er jeden Tag ausritt. Meta führte den täglichen Haushalt. Sie berichtet den Schwestern: „Meta, ich will eine halbe Stunde ausreiten. Nun setzt er sich aufs Pferd, und ich ans Fenster, das versteht sich. Wo reitest Du hin? Diesen Weg. So geh ich ins Kammerfenster, da können wir uns wieder sehn. Oder jenen Weg. So steig ich auf den Stuhl, dann siehst du mich auf der Brücke wieder, und dann uns gesehn, so lange wir können. Nun trink ich meinen Tee, und nun, kaum ist eine halbe Stunde vorbei, nun ist mein Klopstock wieder da. Ich hör das Pferd, und ans Fenster, er geschwinde herauf, und wir freuen uns, als käme er von einer Reise wieder. Nun kommt Licht. Nun rücke ich dicht an die Klappe und dicht an Klopstock und nähe mit bei seinem Licht, und sehn uns so oft an, und geben uns die Hand und küssen uns und haben uns so lieb und — und ach! Nun zu Tisch. Nach Tische spielen wir Schach (denn ich bin eine ordentliche

Schachspielerin geworden).Und nun zu Bett. Und da ist Klopstock müde und Meta munter, und Klopstock schläft ein, und Meta schläft ihren unterbrochnen Schlaf." (etwa Mai 1755) Zwanzig Jahre später, nachdem Goethe seinen „Werther" veröffentlicht hatte, lernten auch andere es, Szenen aus dem Leben zu schildern.

Und schließlich gelang Meta — ihr selbst unbewußt — noch etwas, womit sie in ihrer Zeit allein steht: Der einzelne Brief — an Richardson, in englischer Sprache — wird zum abgerundeten kleinen Selbstbildnis, er schildert die Geschichte ihrer Seele und die Bereiche ihres inneren Lebens: Familie, Freundschaft, Liebe. Während Meta in den Briefen an Klopstock und an ihre Schwestern mit Menschen zu tun hatte, die sie genau kannten, wußte Richardson sehr wenig und wollte gern die Gattin Klopstocks, die geistvolle Briefschreiberin, näher kennen lernen. Und so schreibt sie nun an den berühmten europäischen Schriftsteller als „an unknown young women, who has no other merit than a heart full of friendship" (6. Mai 58). Sie schildert ihm, wie sie in einem Kreis von Verwandten und Freundinnen lebte, die sie liebte, und wie sie dann Klopstock kennen lernte und dies das große Erlebnis ihres Lebens war. „We married, and I am the happiest wife in the world." (14. März 58) Sie weiß sehr wohl, warum es so ist. Sie schreibt, keine ihrer Freundinnen habe den Mut gehabt, so zu heiraten wie sie — eine Liebesheirat, die sie nur mühsam und langsam gegen die Familie durchsetzen konnte. Darum sei die eheliche Liebe bei den Schwestern und Freundinnen anders als bei ihr. (6. Mai 58) Sie verrät Richardson, daß sie sich immer Kinder gewünscht habe und daß sie jetzt ein Kind erwarte und wie glücklich sie dadurch sei (26. August 58). Zu diesen allgemeinen Zügen ihres Wesens, die sie ihm als „Your Hamburg daughter" (26. August 58) anvertraut, kommen Einzelbilder, wenn sie ihm z. B. schildert, wie Klopstock und sie im gleichen Zimmer arbeiten, er an seinem Epos, sie an einer häuslichen Tätigkeit, wie er ihr dann das Geschriebene vorliest und um ihre Kritik bittet (6. Mai 58). Zusammenfassend sagt sie: „And as happy as I am in love, so happy am I in friendship, in my mother, two elder sisters, and five other women. How rich I am!" (14. März 58)

Allen Briefpartnern gegenüber — ob es der berühmte Schriftsteller in England ist oder bescheidene Bürgerfrauen in Hamburg — ist bei Meta der Brief eine Kunst des Spontanen, Persönlichen und Lebensnahen. Meta wußte, daß nicht nur Schriftsteller wie Gleim und Giseke Verständnis für diese Schreibweise hatten, sondern auch ihre Schwestern. Auch diese schrieben mitunter anschauliche und geistvolle Briefe, z. B. Elisabeth Schmidt über christliche Kindererziehung (20. 12. 56), über Metas schriftstellerische Begabung (24. 12. 56) oder über Klopstocks „Messias" (1. 3. 57). Meta gibt den größten deutschen Briefschreiberinnen nichts nach. Mit der kräftigen, humorvollen Liselotte von der Pfalz und der herzlichen, sprühenden Frau Rat ist sie verbunden durch ihre

Urwüchsigkeit, mit der zarten und vornehmen Caroline v. Humboldt durch die Kultur der Seele.

Klopstock schreibt über Metas Briefe: „Ich habe solche Briefe noch nicht gesehen, worin so viel Natur im eigentlichsten Verstande, und zwar so viel gute Natur gewesen wäre." (an Bodmer 12. 12. 52) Klopstock ist zeit seines Lebens nie ein großer Briefschreiber gewesen; in seinen Freundesbriefen beschränkt er sich meist auf ein paar sachliche Mitteilungen. Nur in den Briefen an Meta gibt er sich selbst. Seine Stärke im Brief liegt auf anderem Gebiet als die Metas; sie liegt da, wo die Briefprosa zu freien Rhythmen wird und der Brief sich der Odensprache nähert. Briefe solcher Art hat er aber nur an Meta geschrieben; die zahlreichen anderen Briefe aus seiner langen Lebenszeit enthalten nichts von diesem Klang.

In Klopstocks Lyrik erscheint Meta unter dem Namen „Cidli". Die Oden an Fanny waren lang und wortreich, die an Cidli werden von Gedicht zu Gedicht knapper und schlichter. Den Übergang bildet die Ode „Der Verwandelte": eine Wahnliebe schwand, jetzt liebt der Dichter Cidli, er fühlt sich verwandelt, und alles davor war ein „Lernen". Die Ode „An Cidli" spricht von dem Glück der erwiderten Liebe — ein Motiv, das der Fanny-Lyrik fremd war. „Furcht der Geliebten" hebt ein Bild aus dem Alltag — die Reise auf dem Sandweg durch Holstein — in die edle Sprache der Oden-Welt. Den künstlerischen Gipfel der Cidli-Gedichte bildet dann die Ode „Das Rosenband", die Klopstock zu Weihnachten 1753 an Meta schickte.

> Im Frühlingsschatten fand ich sie;
> Da band ich sie mit Rosenbändern:
> Sie fühlt' es nicht, und schlummerte.
>
> Ich sah sie an; mein Leben hing
> Mit diesem Blick an ihrem Leben:
> Ich fühlt' es wohl, und wußt' es nicht.
>
> Doch lispelt' ich ihr sprachlos zu,
> Und rauschte mit den Rosenbändern:
> Da wachte sie vom Schlummer auf.
>
> Sie sah mich an; ihr Leben hing
> Mit diesem Blick an meinem Leben,
> Und um uns ward's Elysium.

Zu Beginn das Motiv des Schlafs und das der Rosen. In den Worten „Mein Leben hing / Mit diesem Blick an ihrem Leben" ist die ganze Existenz des Ich. Genau entsprechend in der vierten Strophe: „Ihr Leben hing / Mit diesem Blick an meinem Leben" — da ist die ganze Existenz der Geliebten. Er „wußt' es nicht", und sie kommt aus dem Schlaf. Aus tiefsten geheimen Bereichen also diese Parallelität der Seelen. Das Subjekt ist zu Beginn „ich", später „sie", dann aber „wir": „Und um uns ward's Elysium". Die Verhaltenheit und Ruhe des rhythmischen Flusses entspricht dem tiefen Ruhen in einander. Die Wechselseitigkeit wird nicht durch Worte ausgesagt, sondern symbolisch durch die Form: das Gedicht ist ein Meisterstück der Entsprechungen. In der zweiten Strophe: „Ich sah sie an", dann eine Pause. In der vierten Strophe: „Sie sah mich an", auch hier ein Anhalten des Atems. Dann — und nur an diesen Stellen — geht der Satz über den Rand des Verses hinaus, weil so Großes zu sagen ist. Und zum Schluß der eine knappe Satz des Glücks „Und um uns ward's Elysium".

In den Briefen Klopstocks und Metas hatte sich — beiden unbewußt — ein gemeinsamer Kreis von Motiven herausgebildet, die für Klopstocks dichterische Phantasie zu Symbolen wurden. Das erste Leitmotiv ist das des Findens: „Was für ein Zittern überfällt mich, wenn ich den Gedanken denke, daß ich Dich gefunden habe und so leicht nicht hätte finden können" (26. 7. 52). Es zieht sich durch viele Briefe. Ein zweites Motiv: „Du weißt es und mußt es immer mehr fühlen, daß mein Leben an Deinem Leben hängt." (19. 7. 52) Oder: „Meine ganze Seele hängt an Deiner Seele, mein Leben an Deinem Leben." (26. 7. 52) Als in Klopstock eine Ahnung deutlich wird, wie Meta ihn liebe, taucht das Motiv der Rose auf, die Blume der Vollkommenheit; ein altes literarisches Motiv, hier in neue, individuelle Zusammenhänge hineingeflochten. Klopstock: „Ich wollte lieber mit Rosen nach Ihnen werfen als Ihnen schreiben." (5. 6. 51) Und Metas Antwort: „Da haben Sie meine Rosenblätter, und in jedem Blatte einen Kuß . . ." (11. 6. 51) Und damit verbunden oft das Motiv: Traum, Schlaf und Erwachen, Verbundenheit in tiefsten Bereichen, wo kein Denken und Wollen mehr ist. „Ich habe die Nacht sehr von Dir geträumt . . . Du lagst und schliefst, und ich wollte Dich sanft aufwecken . . ." (31. 10. 52; ähnlich 27. 8. 52) und schließlich: „Elysium", ein Reich des Vollkommenen, zu dem als Sinnbild die Rose gehört: „Ihr ganzer Wert, meine Moller, Ihr Herz, zu dem ich vergebens ein Beiwort suche, alles, was Sie sind, . . . dieses alles hat so viel Elysium um mich herum verbreitet . . ." (24. 5. 52; ähnlich 4. 10. 52 u. ö.) Diese Motive ziehen sich durch viele Briefe. In manchen sind mehrere vereint, so in dem Brief vom 26. Juli 1752 Schlaf, das Einander-Finden und „mein Leben hängt an Deinem Leben". Es zeigt sich also, daß die Ode „Das Rosenband" eine dichterische Konzentration von Motiven des Briefwechsels ist. Meta, die Klopstocks Briefe fast auswendig wußte, sah diese Beziehungen natürlich sofort, als sie die Ode zu Weihnachten 1753 erhielt. Es gibt kaum anderswo in der deutschen Dichtung ein Beispiel, an dem man solche Zusammenhänge so deutlich erkennen kann. Und der Blick auf den Briefwechsel bestätigt, was der Text selbst schon verrät: hinter der liebenswürdigen Leichtigkeit die seelische Tiefe, den großen Ernst und die Symbolik des Ganzen.

So hat Meta für Klopstocks Odendichtung eine neue Epoche gebracht. Die Ode bewegt sich fortan nicht mehr in Phantasieregionen, sondern die Verbindung des Irdischen mit dem Höchsten ist jetzt ihr eigentlicher Inhalt.

4*

Meta hat aber nicht nur das Entstehen der schönsten Liebeslyrik Klopstocks erlebt, sondern auch das Entstehen seiner ersten großen religiösen Gedichte in freien Rhythmen. 1757 entstand „Dem Allgegenwärtigen"; wahrscheinlich geht auch „Die Frühlingsfeier" in diese Zeit zurück. Diese Werke waren in ihrer Epoche ein ganz neuer Gedicht-Typ. Später haben Goethe, Novalis und andere in ihren großen weltanschaulichen Gedichten in freien Rhythmen diese Form fortgesetzt. Die erste literarische Wirkung dieser Gedichte war die auf Meta: Klopstock hat 1759 zwei „Geistliche Gesänge" in freien Rhythmen von ihr veröffentlicht, die von dieser seiner eigenen neuen Form angeregt sind. So hat Meta noch den Beginn der religiösen Lyrik miterlebt, in welcher Klopstocks lyrisches Schaffen seinen Höhepunkt erreichte.

In die Arbeit an dem „Messias"-Epos, dessen Richtung in großen Zügen bereits festlag, wurde durch Meta Stetigkeit und Gleichmaß gebracht. Und die Schaffensfreude dieser Jahre war so groß, daß zugleich noch andere Werke entstanden. Im Frühling 1757 erschien das Drama „Der Tod Adams". Die Patriarchenwelt als Hirtenidyll; Adams Enkel wollen mit „schöner" Seele im „Entzücken" Gott näher kommen. Diese Verbindung des christlichen Weltbildes mit empfindsamen Zügen hat die Zeitgenossen begeistert. Im Herbst 1757 erschien der 1. Teil der „Geistlichen Lieder", welche für den Kirchengesang geschrieben sind. Klopstock hatte an ihnen in den beiden ersten Jahren der Ehe gearbeitet. — Meta, die diese Werke entstehen sah, wußte, daß Klopstock unter den deutschen Dichtern der Zeit an erster Stelle stehe. Und damit wußte sie in aller Bescheidenheit auch, wo sie selbst ihre Stelle hatte.

Es war jedoch nicht nur so, daß Meta durch Klopstock eine neue geistige Welt kennen lernte, sondern auch er lernte durch sie. Daß zwischen dem Bereich des Alltags und dem der Ideale nicht eine Kluft sei, sondern in ihrer Verbindung das eigentliche Leben bestehe, wurde ihm erst durch Meta zum Erlebnis. Sie wies ihn auf die Auffassung der Liebe und der Familie im neuen englischen Roman hin. Klopstock kannte damals nur lateinische, französische und deutsche Dichtung. Die englische wurde ihm erst durch Meta erschlossen. Beide liebten Richardsons „Clarissa", den Roman der empfindsamen weiblichen Seele. Aus ihm stammt der Kosename „Klärchen". Daß ein gemeinsamer Bereich, in dem man einander liebt, eine Dichtung sein könne — das war damals neu; ein vorweggenommenes „Werther"-Motiv! Schließlich ergaben sich zu dem berühmten Engländer persönliche Beziehungen; nicht Klopstock schrieb, sondern Meta. So hat sie die beiden führenden Dichter verknüpft.

Ihre eigene Begabung stellte sie zurück. Dabei war diese nicht gering; das zeigen die „Hinterlaßnen Schriften", welche Klopstock bald nach ihrem Tode herausgab. Da stehen zwei warmherzige religiöse Gedichte, freie Rhythmen wie bei Klopstock, aber ohne dessen eigenwillige Herbheit. — Ein Prosawerk „Briefe von Verstorbnen an Lebendige" vereinigt Metas Gabe, in Briefen das Leben zu erfassen, mit Klopstocks großer Phantasie, die ins Jenseitige führt. Aus dem Himmel schreiben Verstorbene und geben den Zurückgebliebenen Rat und Mahnung; christlicher Geist verbindet sich mit dem neuen empfindsamen Sinn für Liebe und Freundschaft. — Ein lyrisches Drama „Der Tod Abels", stilistisch an Klopstocks „Tod Adams" anknüpfend, gibt ein Bild der Patriarchenwelt mit Frömmigkeit, Sünde, Tod und Erlösungssehnsucht.

Diese Schriften sind durch den Druck von 1759 erhalten. Andere aber sind verloren. Der Klopstock-Nachlaß enthält nichts von ihnen. Meta hat für die Schwestern eine Reisebeschreibung verfaßt, von der ein Teil in einen der Briefe einging (19. 4. 1757): die scharf beobachtete Anschaulichkeit dieser Schilderung ist für die deutsche Literatur um 1750 einzigartig. Sodann berichtet Meta, sie schreibe „eine Art Journal von Klopstock" (26. 4. 1757); wie wir uns dieses vorzustellen haben, zeigt wohl die kleine Schilderung von Klopstocks Ausritt, die den Schwestern im Brief übersandt wurde (etwa Mai 1755): ein Augenblicksbild aus dem Alltag des jungen Ehepaars, Vorklang Goethescher Gegenständlichkeit, von einer Leichtigkeit, die aus der Grazie der Seele kommt.

Diese Seite Metas tritt aber nicht hervor in den „Hinterlaßnen Schriften", welche Klopstock 1759 bei dem gemeinsamen Verleger-Freunde Bohn in Hamburg veröffentlichte; was die Welt hier kennen lernte, ist ihre andere Seite; es sind religiöse Dichtungen von großem Ernst und in feierlicher Sprache.

Die geistige Gemeinschaft der Liebenden erstreckte sich auf alle Gebiete ihres Lebens; dabei war das Literarische nicht das Wichtigste; bei so stark religiösen Naturen, wie sie es waren, mußte sie tiefer gehn: es war vor allem eine Gemeinschaft des Glaubens. Beide stammten aus dem festgefügten Christentum norddeutscher bürgerlicher Häuser. Immer gehörte zu ihrem Leben regelmäßiger Kirchgang, häufige Beichte und das Abendmahl. Gleichzeitig aber trugen sie beide modernes empfindsames Gefühlsleben in das kirchliche Denken hinein; jedoch hatten sie nichts mit pietistischen Konventikeln zu tun. Sie standen in Hamburg wie in Kopenhagen mitten im Leben ihrer Kirche. Und nur ganz am Rande dieser Welt taucht einmal ein „Freigeist" auf.

Wie sehr Meta und Klopstock von christlichem Geiste durchdrungen waren, zeigt ihre Haltung gegenüber dem Tode. Klopstock denkt 1754 nach schwerer Krankheit in der Ode „Die Genesung" an die Sterne und die Engel, zwischen denen er wäre, wenn er gestorben wäre. Meta fragt sich in ihren „Briefen von Verstorbnen", wie sie im Falle von Klopstocks Tode ihr Schicksal christlich hinnehmen müsse. Natürlich hat Meta dann in der Zeit ihrer Schwangerschaft an die Möglichkeit ihres Todes gedacht (10. Sept. 1758). Viele Frauen starben bei der Geburt eines Kindes oder bald danach. Man wußte noch nichts von Bakterien und deren Bekämpfung. In Hamburg gab es außerdem damals keinen Arzt, der einen Kaiserschnitt durchführen konnte. Meta wußte also, daß die Entbindung den Tod bringen könnte. Und als dieser dann im November 1758 in schrecklicher Gewißheit vor ihr stand, haben sie und Klopstock das, was sie oft gedacht hatten, in ihrer Haltung bewährt. Daß Klopstock nach den Jahren einzigartigen Glücks den Verlust dann so trug, wie er es tat, ist nur aus seiner tiefen Christlichkeit zu verstehen.

Deswegen hat er auch, als er — noch in dem Trauerjahr, und in Gedanken an Metas letzte Tage — ihre Schriften herausgab, nur dasjenige gewählt, was religiös von Bedeutung ist. Alles andere ließ er fort; er wollte zeigen, wie sie und er den Tod überwanden — was konnte es Größeres geben? Vor den Abdruck von Metas Schriften setzte er einige Auszüge aus ihren letzten Briefen. Dann ließ er Briefe aus dem Freundeskreise folgen, die er nach Metas Tode erhalten hatte. Man fühlt, von welcher Liebe sie umgeben war.

Die Wirkung dieses Buches war stark. Hamann empfahl es sogleich seinem Freunde Lindner (8. 8. und 9. 8. 1759) und pries in seinen „Sokratischen Denkwürdigkeiten" Meta als Klopstocks „Muse und Schutzengel". Im Jahre darauf erschien in den Zürcher „Freymüthigen Nachrichten" eine anonyme Ode „An Meta", in welcher der Dichter Meta im Himmel wiedersieht. Die Zeitgenossen sahen in diesem Gedicht ein Werk Klopstocks. Es stammt aber von Johann Heinrich Füßli, dem hochbegabten Schweizer Maler, der damals erst 19 Jahre alt war. Es zeigt, wie sehr die Jugend jetzt in Klopstocks geistiger Welt lebte; Meta wurde für sie zu einer Art mythischer Gestalt. — 1767 lobt Herder in seinen „Fragmenten über die neuere deutsche Literatur" (3. Sammlung, Kap. III, 3) den Empfindungsreichtum von Metas Schriften. Drei Jahre später ist er in Darmstadt, wo der Kreis der Empfindsamen sich für Klopstock begeistert; Herder liest aus dessen Gedichten vor; und als er sich hier mit Caroline Flachsland verlobt, leben beide in der Welt der Cidli-Oden. Caroline schreibt: „Glauben Sie, daß ich wie eine Meta Sie liebe? Freylich fehlt mir zu einer Klopstockin noch viel." (25. 8. 1770) Und Herder: „Wäre ich Ihr Klopstock für seine Meta!" (2. 10. 1770) Meta und Klopstock werden zum Urbild der glücklich Liebenden, zu einem Maßstab, an dem man sich mißt, ohne ihn zu erreichen.

1771 gab Klopstock in Hamburg bei Bode seine Oden heraus, jedes Gedicht ist mit einer Jahreszahl versehen. Das 2. Buch bringt die Liebeslyrik, erst ein Gedicht „An Fanny", 1748, dann die so andersartigen Cidli-Oden, die erste von 1751 (dem Jahre, als er Meta kennen lernte), die letzte von 1754. Dann folgt keine Liebeslyrik mehr. Diese Anordnung und die Daten sagen genug; die Zeitgenossen verstanden sie zu deuten. — Ein Beispiel dafür ist Leonhard Meister, der 1789 in seinem Buch „Charakteristik deutscher Dichter" eine erste Klopstock-Biographie gab; er spricht darin ausführlich über Meta und schließt mit einem Blick auf die Gegenwart: „So stark er immer noch den Schmerzen fühlt, so verschließt er ihn ganz in sich selbst." — Im Jahre 1787 kam Gisekes Sohn Otto nach Hamburg zu Metas Schwester Elisabeth Schmidt. Er schrieb auf, was sie ihm von Meta erzählte, und schrieb dazu einige Meta-Briefe ab, die im Nachlaß seines Vaters lagen. Diese Zusammenstellung wurde in Abschriften verbreitet, eine davon besaß später Annette v. Droste-Hülshoff in ihrer Autographen-Sammlung.

Als Goethe 1812 in „Dichtung und Wahrheit" den großen Rückblick auf das 18. Jahrhundert gab, brachte er im 10. Buch ein Porträt Klopstocks und vergaß auch Meta nicht: „Die Gesinnungen, die ihn mit Meta verbanden, diese innige, ruhige Neigung, der kurze, heilige Ehestand ... alles ist von der Art, um sich desselben einst im Kreise der Seligen wohl wieder erinnern zu dürfen."

In solcher Weise hat sich auf Meta die Schätzung des Zeitalters gesammelt — obgleich man nicht einmal viel Lebenszeugnisse von ihr besaß. Der Grund dafür lag nicht allein in ihrem liebenswürdigen Wesen, sondern auch darin, wie sie in ihrem Jahrhundert stand. Sie verkörperte etwas, was man ersehnte und suchte. Vieles in Metas Denken, was uns heute selbstverständlich erscheint, war im 18. Jahrhundert neu. Zumal ihre Auffassung der Liebe war durchaus anders als die geltende Auffassung ihrer Zeitgenossen.

Für ihre Schwestern hatten die Eltern die Ehemänner ausgesucht, welche diese selbst „garnicht kannten" (1. 3. 1757). Metas Heirat als Liebesheirat war etwas ganz Ungewöhnliches. — Wie nüchtern sind Gottscheds Briefe, die er an seine Braut schreibt! In seinen „Ersten Gründen der gesamten Weltweisheit" erklärt er die Ehe als „Vertrag" mit dem Zweck der Kindererzeugung und „gemeinschaftlichen Glückseligkeit". Das große Sammelwerk des Denkens jener Zeit, Zedlers „Universal-Lexicon" bezeichnete die eheliche Liebe als eine Untergruppe der „Nächstenliebe". In der lutherischen und in der calvinistischen Kirche war die Ehe kein Sakrament. Durch die Aufklärung wurde sie zum „Zweck". Meta und Klopstock denken nicht an einen Zweck, sondern an einen Sinn; sie schaffen ihn neu.

Bodmer wollte Klopstock klar machen, daß es zwei Arten der Liebe gäbe, eine geistige und eine sinnenhafte. Das war eine alte Theorie. Es gab sie schon im Minnedienst, als der verheiratete Ritter die Ehefrau eines anderen besang, um zu zeigen, daß er des Ideals, der reinen Seelenliebe, fähig sei. Durch die literarische Strömung des Petrarkismus an die neuere Zeit übermittelt, gewann die Auffassung von den zwei Arten der Liebe neues Leben im Jahrhundert des Barock. Descartes trennte „plasir de l'âme" und „désir"; im Roman der Comtesse de Lafayette, „La Princesse de Clèves", 1678, scheinen Liebe und Ehe einander auszuschließen, und ähnlich noch in Rousseaus „Nouvelle Héloïse", 1761. Bezeichnend für den Geist des 18. Jahrhunderts ist der Philosoph Hemsterhuis: auch er trennt Ehe und Liebe und will die Liebe zur reinen Seelenliebe steigern.

Bei Meta und Klopstock schließen Liebe und Ehe einander nicht aus, sondern die Liebe erhält in der Ehe ihre Vollendung, sie wird im gemeinsamen Leben

noch reicher (9. 11. 54; 11. 6. 55; 28. 12. 55). Zunächst stand auch Meta noch
unter dem Einfluß der Meinungen ihrer Zeit. Sie schreibt: „Ehe ich von Dir
geliebt wurde, fürchtete ich das Glück. Mir war bange, daß es mich von Gott
zerstreuen möchte." (24. 11. 1752) Die Meinung der Zeit war, Liebesglück sei
weltlicher Genuß und solcher führe von Gott weg. Metas Entdeckung — und
zugleich Klopstocks Entdeckung — war nun: Liebesglück führte sie gerade zu
Gott hin. In vielen der Briefe sprechen sie es aus. Klopstock schreibt: „Laß
uns dankbar für die viele, viele Glückseligkeit sein, die uns derjenige gibt, der
uns so zur Liebe gemacht hat." (27. 8. 52) Meta deutet in ihren „Briefen von
Verstorbenen" irdische Liebe und Freundschaft als „Vorschmack" himmli-
scher Liebe. In einem dieser Briefe setzt sie den Fall, Klopstock sei gestorben
und schreibe ihr aus dem Himmel. Er sagt: „Eine Liebe wie unsere Liebe —
sie war Gott wohlgefällig, weil wir ihn nicht dabei vergaßen, weil wir ihm
dankten, daß wir uns gefunden hatten, und ihn zusammen anbeteten ... Gehe
hin, Cidli, und lehre auch das die Welt, die nicht glaubt, daß man zugleich
lieben und beten könne." Dieser letzte Satz richtet sich deutlich und bewußt
gegen die herrschende Auffassung.

Von dieser Beziehung zwischen Liebe und religiöser Existenz sprach später
Schillers Lied „An die Freude", das Beethoven in seine 9. Symphonie aufnahm.
Hölderlin sprach davon im „Hyperion" und Jean Paul in seinen großen
Romanen. Was dort dichterisch ausgeformt wurde, lebte erstmalig schon
Jahrzehnte davor in Metas und Klopstocks Briefen, zu einer Zeit, als niemand
sonst in Deutschland dergleichen aussprach. Eins freilich trennt Metas und
Klopstocks Anschauungen (die im Grunde innere Erlebnisse sind) von denen
der späteren Dichter: In Goethes Marienbader „Elegie" erschauert der Liebende
„enträtselnd sich den ewig Ungenannten"; und bei Schiller leitet die Liebe „zu den
Sternen, wo der Unbekannte thronet". Bei Klopstock ist der Vater der Liebe der
christlich gesehene Gott, der als Liebender den Menschen den Messias schickte.
Meta und Klopstock zeigen, daß die neuzeitliche Auffassung der Liebe mit einer
christlichen Existenz zusammengehen kann. Das hat Goethe gemeint mit seiner
knappen bedeutungsvollen Formulierung: „der kurze heilige Ehestand".

Was hier zwischen zwei Menschen geschah, spielte sich ab in einer seelisch
kargen Zeit. In ihnen erwuchs etwas Neues, und sie waren die Dichter, die das
Wort fanden. Der Briefwechsel beginnt mit leichten spielerischen Klängen und
endet mit ergreifenden feierlichen Akkorden. Er gruppiert sich um Meta, sie
steht als Gestalt in der Mitte, und von ihr strömt Leben aus nach allen Seiten.
Briefe sind Aufzeichnungen des Lebens und zugleich Literatur. Bis ins 18. Jahrhundert waren Leben und Schreiben getrennt. Bei Meta und Klopstock
durchdringen sie einander.

Die großen deutschen Briefwechsel stammen alle aus den letzten 200 Jahren.
Zeitlich steht unter ihnen dieser am Anfang; weil aber der Klopstock-Nachlaß

erst 1950 zugänglich geworden ist, traten diese Briefe erst 1956, etwa 200 Jahre nachdem sie geschrieben sind, ans Licht. Sie schenken uns das Bild Metas gewissermaßen ganz neu. Aber sie schenken uns auch ein neues Bild von Klopstock: den jungen, heiteren Klopstock, der über die Wiesen Dänemarks reitet und der mit Meta Schach spielt (Lyngby, etwa Mai 1755). Wir kannten bisher vor allem den ganz jungen, melancholischen, übersteigerten Klopstock der Fanny-Zeit. Und den späteren, einsamen, strengen, der als Haupt eines Kreises junger Dichter feierlich und gelegentlich etwas pedantisch spricht. Welche ganz anderen Seiten von ihm zeigen seine Briefe an Meta und die Briefe, in denen sie ihn schildert! Von hier aus erkennt man aber auch, was ihm später fehlte und ihn so herb machte.

Seit 1771 lebte Klopstock wieder in Metas einstigem Lebenskreise in Hamburg, nahe ihrem Grab in Ottensen, neben dem er selbst bestattet sein wollte. 1773 erschien der letzte Gesang des „Messias" mit der Szene der Himmelfahrt Jesu. Unter denen, die ihm Lob singen, ist eine aus dem Grabe Erstandene, „die den Herrn liebt". Taktvoll wird der Name verschwiegen. Man kann ihn erraten, und Karl Friedrich Cramer berichtet in seinem Werk über Klopstock, dieser habe ihm gesagt, daß er hier Meta meine. In den Gedichten kommt Metas Name zum ersten mal wieder 1782 in der Ode „Die Verwandelten" vor; Klopstock sieht sich im Geist in die Welt der Sterne versetzt: „Wartest Du, Meta, dort auf mich?" Sonst aber schwieg er; denn kein Wort schien ihm genug. — Erst die Gelöstheit des Alters brachte dem 73jährigen wieder eine Meta-Ode, „Das Wiedersehn", ergreifendes Dokument unwandelbarer Verbundenheit. Es ist der Gipfel seiner Alterslyrik.

Das Wiedersehn

Der Weltraum fernt mich weit von dir,
So fernt mich nicht die Zeit.
Wer überlebt das siebzigste
Schon hat, ist nah bei dir.

Lang sah ich, Meta, schon dein Grab,
Und seine Linde wehn;
Die Linde wehet einst auch mir,
Streut ihre Blum' auch mir,

Nicht mir! Das ist mein Schatten nur,
Worauf die Blüte sinkt;
So wie es nur dein Schatten war,
Worauf sie oft schon sank.

Dann kenn' ich auch die höhre Welt,
In der du lange warst;
Dann sehn wir froh die Linde wehn,
Die unsre Gräber kühlt.

Dann . . . Aber ach ich weiß ja nicht,
Was du schon lange weißt;
Nur daß es, hell von Ahndungen,
Mir um die Seele schwebt!

Mit wonnevollen Hoffnungen
Die Abendröte kommt:
Mit frohem, tiefen Vorgefühl
Die Sonnen auferstehn!

Aus den Papieren, die Klopstock 1803 bei seinem Tode hinterließ, traten erst 1950 die Briefe Metas ans Licht. Es gibt von den Meistern des Briefes viele Briefe der Sehnsucht, der Betrachtung, des Ringens um Erkenntnis, des Dienstes am Werk. Metas Briefe sind ein Buch des Glücks. „Ach mein Klopstock, wie bin ich so sehr glücklich!" (6. 8. 1752) Es ist den Dichtern immer leichter gefallen, die Mühsal und Sehnsucht zu schildern als das Glück. Wie anders bei Meta! Immer wieder neu erklingt ihr Jubel, immer wieder neu zaubert sie uns ihre Bilder des Lebens vor Augen, und wir folgen ihr ohne Ermüden. In ihrem letzten Lebensjahr gibt sie in einem Brief an Richardson ein Selbstbildnis, das alles umfaßt: glücklich durch Klopstock, glücklich durch seine Dichtung, glücklich durch die Liebe zu Mutter und Schwestern, glücklich durch die Freundschaft zu ihren Freundinnen — „wie reich bin ich!" (14. 3. 58)

Erster Druck in: Meta Klopstock, Briefwechsel mit Klopstock, ihren Verwandten und Freunden. Hrsg. von Hermann Tiemann. Bd. 3. Maximilian-Gesellschaft, Hamburg 1956. Bisher nur dort erschienen. Diese Ausgabe war bald nach ihrem Erscheinen vergriffen. Man liest die Briefe Meta Mollers heute am besten in der Ausgabe: Es sind wunderliche Dinger, meine Briefe. Meta Klopstocks Briefwechsel mit Klopstock und mit ihren Freunden. Hrsg. von Franziska und Hermann Tiemann. Verlag C. H. Beck, München 1980.

Die Formen der deutschen Lyrik in der Goethezeit

Jede Epoche der Dichtung hat einen Bereich lyrischer Formen. Im Mittelalter gab es die kunstvollen Formen der Minnelieder und der sogenannten „Leiche", d. h. Lieder, deren Strophen untereinander formal nicht übereinstimmen, ferner die — nur wenig erhaltenen — schlichten Strophenformen des Volkslieds. Im Barock gab es andere Formen: das breite Alexandrinergedicht, das Sonett, das Madrigal und vor allem Liedstrophen, im geistlichen wie im weltlichen Lied. Besonders reich ist der lyrische Formenschatz in der Goethezeit: da gibt es Lied, Ode, Elegie, Sonett, Stanze, das erzählende Gedicht, Freie Rhythmen usw.

Jede einzelne Form hebt sich ab von dem Hintergrund der anderen Formen. Die freien Rhythmen der Goethezeit sind nur „frei", weil alle anderen lyrischen Formen gebunden sind. Am festesten gebunden ist das Sonett: es ist in seiner ganzen Gestalt genau geregelt. Im Barock, als man allen lyrischen Formen höchsten Schliff gab, fiel das Sonett nicht als besonders streng auf, in der Goethezeit aber ist es eine besonders strenge Form. Die Stellung der einzelnen Form im Gesamtbereich der Lyrik ist also nicht zu allen Zeiten die gleiche.

Wenn jede Form ihre Besonderheit im Zusammenhang aller anderen Formen hat, dann erscheint der Versuch eines Querschnitts durch dieses Feld der Formen sinnvoll. Ein solcher Querschnitt muß zeitlich festgelegt sein. Die folgende Betrachtung beschränkt sich auf das Zeitalter Goethes, und zwar etwa die Jahre 1780 — 1815, als alle lyrischen Formen dieser Epoche auf dem Höhepunkt ihrer Entwicklung standen und nebeneinander vorhanden waren. Welche Formen finden wir vor und wie stehen sie zueinander?

Da ist zunächst die Gattung des Liedes. Es hat eine sehr alte und stetige Tradition. Ein Beispiel eines Liedes ist Goethes Gedicht

Jägers Nachtlied

Im Felde schleich ich still und wild,
Lausch mit dem Feuerrohr,
Da schwebt so licht dein liebes Bild,
Dein süßes Bild mir vor.

Du wandelst jetzt wohl still und mild
Durch Feld und liebes Tal,
Und, ach, mein schnell verrauschend Bild
Stellt sich dir's nicht einmal?

Des Menschen, der in aller Welt
Nie findet Ruh noch Rast,
Dem wie zu Hause so im Feld,
Sein Herze schwillt zur Last.

Mir ist es, denk ich nur an dich,
Als säh' den Mond ich an;
Ein stiller Friede kommt auf mich,
Weiß nicht, wie mir getan.

Ein Lied im Ich-Ton; vor dem Singenden steigt das Bild der geliebten Frau auf, er gibt sich ihm hin. Das ganze Lied lebt aus dieser einheitlichen Stimmung und diesem Gedanken. Die 1. Strophe sagt: Er denkt an sie; die 2. Strophe kehrt das Motiv um, doch nur als seinen fragenden Gedanken: denkt sie an ihn? Die 3. Strophe bringt eine Polarität: der Mann mit sich uneins und ruhelos, die Frau harmonisch und in der Ordnung der Welt verwurzelt. Diese Polarität löst sich in der 4. Strophe, die dem Ganzen den Sinn gibt: ein Fließen von ihm zu ihr, von ihr zu ihm; die Spannung kommt zum Ausgleich. Dieser Vorgang des Friede-Findens ist eingebettet in die Natur; es singt jemand, der mit der Natur lebt. Das Sich-Hingeben an das Bild der Geliebten und an die Natur des Abends bringt ein ruhiges Ausschwingen der inneren Bewegung; es äußert sich in der Sprache als ruhiger, gleichmäßiger Rhythmus, Übereinstimmung von Satz und Vers.

> Im Felde schleich ich still und wild,
> Lausch mit dem Feuerrohr,
> Da schwebt so licht dein liebes Bild,
> Dein süßes Bild mir vor.

Wo die Stimme vom Inhalt her eine kleine Pause macht, ist der Versschluß; wo sie eine größere Pause macht, ist der Strophenschluß.

Die Verse sind kurz; Vers und Satz entsprechen einander, auch der Satz ist also kurz. Es ist ja nichts Verwickeltes oder Schwieriges, was auszusagen wäre. Die kurzen Verse reimen, nicht paarig, sondern als Kreuzreim, also als Verbindung des (durch zwei Zeilen) Getrennten. Das Ohr hört beim ersten Mal die Entsprechung, erwartet sie fortan, und sie kommt. Der Reim ist Harmonie. Weil die Verse kurz sind, gibt es verhältnismäßig viel reimende Silben; je mehr Reimsilben, desto mehr Musik der Sprache.

Die Strophen sind kurz, vier Zeilen; dann eine Pause, die dem harmonischen Klang der vier Verse seine Geschlossenheit gibt. Danach wiederholt sich der Klang in einer neuen Strophe. Hebung und Senkung wechseln in gleichmäßigem Fluß. Das Ich gibt sich vertrauensvoll dem Fluß der Welt, einer — trotz der inneren Nöte und Gefährdungen — geordneten Welt. — Die Stimme meidet starke Akzente und ebenfalls starke Höhen und Tiefen der Melodie: sie bleibt in einem begrenzten Intervall.

Wie klingt demgegenüber die Ode[1]? Sie stammt bekanntlich aus dem Altertum. Doch man irrt, wenn man denkt, daß griechische Oden so gesprochen

---

[1] Zum Wortgebrauch: Die deutsche Literaturwissenschaft versteht im allgemeinen unter „Ode" ein Gedicht in antikisierender Strophenform. Meist ist eine der alten Formen, die alkäische oder die asklepiadeische, genau nachgebildet, selten eine neugeschaffene ähnliche Form benutzt. Die „Ode" in diesem Sinne gibt es erst seit Klopstock.

wurden, wie wir sie heute sprechen. Es ist Sache der klassischen Philologen, uns zu sagen, wie die Griechen und Römer ihre Verse sprachen. Der Musikhistoriker Georgiades vergleicht den Vortrag von Versen im Altertum mit dem Psalmodieren in dem Gregorianischen Gesang.[2] Es waren lange und kurze Taktteile, die Kürzeren etwa Viertelnoten, die Längeren punktierte Viertel oder halbe Noten. Der moderne Vortrag einer Ode klingt anders. Was wir dabei als Merkmal vernehmen, sind nicht Länge und Kürze, sondern Hebung und Senkung. Das gilt zumal von deutschen Oden der Goethezeit. Während der antike psalmodierende Vortrag musikalisch einebnet, reißt der moderne akzentuierende Vortrag gewisse Gipfel heraus; er betont das innerlich Wichtige; es ist eine moderne Charakterkunst, auch wenn das strophische Schema aus der Antike stammt; und man muß eigentlich immer wieder staunen, daß das antike Schema, auf germanische Sprachen und neuzeitliches Akzentuieren übertragen, so Schönes ergibt.

Die deutschen Dichter um 1800 haben in ihrer Jugend fast alle gründlich Latein gelernt. Es war selbstverständlich, daß sie Oden von Horaz lasen und sie auswendig lernten. Wie klang es, wenn sie diese Oden sprachen?

> Vidés ut álta stét nive cándidùm
> Sorácte néc iam sústineánt onùs
> silváe labórantés gelùque
> flúmina cónstiterínt acùto…

> (Carm. 1, 9)

So, wie man im Deutschen betonte und unbetonte Silben sprach, pflegte man lateinische Oden zu sprechen. Dieser Klang hatte sich den jungen Dichtern eingeprägt. Und seit Klopstock haben sie häufig selbst nach diesem Strophenschema gedichtet. Ein Beispiel aus dem Bereich des Vollendetsten, eine Ode von Hölderlin:

> An die Parzen

> Nur Einen Sommer gönnt, ihr Gewaltigen!
> Und einen Herbst zu reifem Gesange mir,
> Daß williger mein Herz, vom süßen
> Spiele gesättiget, dann mir sterbe.

Das Wort kommt aber auch in anderer Bedeutung vor. Beethoven z. B. schreibt: „IX. Symphonie mit Schlußchor über Schillers Ode An die Freude". Hier bedeutet „Ode": feierlicher Gesang. Formal ist Schillers „Freude, schöner Götterfunken" ein Lied. Auch im Barock wurde das Wort „Ode" gelegentlich für deutsche Reimstrophen benutzt.
[2] Georgiades, Thrasybulos: Der griechische Rhythmus. Hamburg 1949.

Die Seele, der im Leben ihr göttlich Recht
Nicht ward, sie ruht auch drunten im Orkus nicht;
Doch ist mir einst das Heil'ge, das am
Herzen mir liegt, das Gedicht gelungen,

Willkommen dann, o Stille der Schattenwelt!
Zufrieden bin ich, wenn auch mein Saitenspiel
Mich nicht hinab geleitet; Einmal
Lebt ich, wie Götter, und mehr bedarfs nicht.

Beim Sprechen der Ode sind zwei Extreme zu vermeiden. Erstens: Man darf
nicht nur das Strophenschema herausheben. Das wäre seelenlos und sprach-
fremd. Diese Art des Lesens hört man selten; sie kommt nur vor, wenn
Unerfahrene das gelernte metrische Schema im Ohr haben und an den Inhalt
nicht denken. Die zweite falsche Art hört man häufiger. Da nämlich wird die
Ode so gesprochen, als seien es freie Rhythmen oder rhythmische Prosa. Wer
niemals griechische oder lateinische Oden gelesen hat, kann natürlich leicht zu
der Meinung kommen, diese Verse seien freie Rhythmen, die man ganz vom
Inhalt her beliebig betonen könne. So aber ist es nicht. Man muß das metrische
Schema im Ohr haben. Und man muß beim Sprechen sowohl dieses als auch
den Inhalt berücksichtigen; erst dann kommt das Besondere der Ode zum
Ausdruck.

In der 1. Strophe werden anfangs die beiden Wörter „einen" herausgehoben,
sowohl vom Metrum wie vom Inhalt her betont. In der 3. Zeile steht am Ende
„vom süßen" — der Satz geht weiter; das Metrum aber verlangt eine Pause;
man spricht darum so, daß man das Hauptwort kommen fühlt und doch dessen
Kommen hingehalten wird; dabei werden die Wörter „vom süßen — Spiele"
klanglich angehoben. Und dieser Klang gibt dem, was die Wörter aussagen,
die Nuance. Ähnlich in der 2. Strophe: „ihr göttlich Recht", dann ein Verhalten
der Stimme; das folgende „nicht" ist herausgehoben vom Sinn her; das „ward"
ist herausgehoben durch das Metrum. So ist hier jedes Wort betont, denn jedes
ist wichtig. Die Sprache fließt nicht glatt. Sie wird stockend, nachdenklich,
ernst und feierlich. Das größte Beispiel dieser Art gibt die 3. Strophe. „Mich
nicht hinab geleitet;" danach eine Pause, und zwar durch den Satzschluß.
„Einmal" — danach wieder eine Pause, und zwar durch den Versschluß. Wie
ist dieses Wort dadurch herausgehoben! Satz und Vers sind gegeneinander
verschränkt. Beim Lied fielen sie zusammen. Wie verhält sich diese Sprache
der Ode zu dem Inhalt?

Das Gedicht ist ein Anruf an die Parzen. Es bittet um Erfüllung als
Dichter; um Irdisches also; dadurch eine innere Nähe zur Antike (dazu
passen die Vorstellungen von Parzen und Orkus); doch es ist das Höchste
des Irdischen: „das Heil'ge, das am Herzen mir liegt". Der Bittende weiß,
was er ist, sonst könnte er nicht das stolze Wort von dem „göttlich Recht"

der Seele „im Leben" sprechen. Er möchte „einmal" sein, was er sein kann; noch ist er es nicht. In ihm ist eine Spannung zwischen dem, was er geleistet hat, und dem, was er leisten will. Daraus entsteht ein leidenschaftliches und sehnsuchtsvolles Sprechen. Diese Gespanntheit lebt in dem Klang, dessen Besonderheit ein großer Schwung, starke Akzente und unerwartete Pausen sind. Diese werden nun gerade durch die Odenform herausgebracht, indem sie Satz und Vers in Spannung setzt und nur durch den Rhythmus wirkt.

Wie verhält sich nun die Ode zum Lied? Eins haben sie gemeinsam: Sie haben Strophen, und die Strophen sind untereinander metrisch gleich. Wichtiger aber sind die Unterschiede. Das Lied kommt aus der Haltung eines Singenden, die Ode aus der Haltung eines feierlich Sprechenden. Das Lied hat den Reim. Reim ist Zusammenklang und symbolisiert Beziehung, Harmonie. Die Ode hat nur den Rhythmus. Durch diesen hebt sie das Wichtige heraus; sie hat dadurch ein mehr gedankliches Element und schärfere Pointierung. Das, was nur durch Akzent wirkt, ist herber, geistiger, anspruchsvoller als das, was durch den Einklang der Vokale und Konsonanten wirkt. Es fehlt das Sinnfällige, das Schlicht-Erfreuende, auch das Spielende.

Die Ode setzt Kenntnisse voraus. Sie will in ihrer Form erkannt sein. Die Gesetze ihrer Strophe muß man im Ohr haben, dann erst merkt man, was das einzelne Gedicht innerhalb seiner Form und mit Hilfe dieser Form Besonderes leistet. In der Goethezeit waren diese Kenntnisse in literarischen Kreisen selbstverständlich, dennoch setzte Klopstock — zur Sicherheit — über seine Oden das metrische Schema in der Zeichenschrift von Strichen und Häkchen. Das Lied setzt nichts dieser Art voraus. Mit dem Lied wächst man auf. Die Ode muß man lernen. Erst wenn man ihre Gesetze kennt, arbeitet man im Sprechen die Überschneidung von Vers und Satz richtig heraus. Durch diese Überschneidung hat die deutsche Ode ihre Spannkraft der Form, die einer Gespanntheit der Seele entspricht. Das Lied dagegen hat etwas Gelöstes: Satz und Vers enden gemeinsam und ergeben Ruhepunkte in rhythmischer Wiederholung. Das, was aufeinander wartet, findet einander im Reim. Dadurch wirkt das Lied mehr sinnenhaft, unbewußt; die Ode mehr bewußt, geistig. Im Lied kann ein allgemeines Ich sprechen, in der Ode spricht immer eine Dichterpersönlichkeit. Es gibt Volkslieder, aber keine Volksoden.

Die Ode ist in der Goethezeit natürlich etwas anderes als in der Antike. Dort war sie die lyrische Form schlechthin; hier ist sie eine Form neben anderen, vor allem neben den Reimstrophen, die sehr viel häufiger vorkommen.

In manchen Zügen hat die Ode Beziehung zur Elegie. Auch diese Form stammt aus dem Altertum und wirkt im Deutschen erlesen, aristokratisch und immer so, daß man die antike Herkunft nicht vergißt.

Die deutsche Elegie bei Klopstock, Voß, Goethe, Schiller, Hölderlin und anderen hat Hexameter und Pentameter, reiht also Distichen. (Gedichte in anderen Formen, die wegen des Inhalts als Elegie bezeichnet sind, können hier außerhalb der Betrachtung bleiben.) Ein Beispiel für die Elegie ist Schillers „Nänie". Sie ist verhältnismäßig kurz, die meisten Elegien sind länger.

Nänie

Auch das Schöne muß sterben! Das Menschen und Götter bezwinget,
   Nicht die eherne Brust rührt es des stygischen Zeus.
Einmal nur erweichte die Liebe den Schattenbeherrscher,
   Und an der Schwelle noch, streng, rief er zurück sein Geschenk.
Nicht stillt Aphrodite dem schönen Knaben die Wunde,
   Die in den zierlichen Leib grausam der Eber geritzt.
Nicht errettet den göttlichen Held die unsterbliche Mutter,
   Wann er, am skäischen Tor fallend, sein Schicksal erfüllt.
Aber sie steigt aus dem Meer mit allen Töchtern des Nereus,
   Und die Klage hebt an um den verherrlichten Sohn.
Siehe! Da weinen die Götter, es weinen die Göttinen alle,
   Daß das Schöne vergeht, daß das Vollkommene stirbt.
Auch ein Klagelied zu sein im Mund der Geliebten, ist herrlich,
   Denn das Gemeine geht klanglos zum Orkus hinab.

Wie die Überschrift sagt, ein Trauergesang. Er beginnt mit einer allgemeinen Feststellung; auch das Ende der Elegie spricht Verallgemeinertes aus. Dazwischen aber stehen Beispiele aus dem Mythos, und der Mensch wird dadurch an dieser mythischen Welt gemessen, zu ihr heraufgehoben. Heroen und Halbgötter sind gesteigerte Menschenwelt und der Bereich höchster Schönheit. Es ist von der „ehernen Brust" des Gottes der Unterwelt die Rede, dann von Orpheus und Eurydike, von Aphrodite und Adonis, schließlich von Achilleus und seiner Mutter Thetis, die − im 24. Gesang der „Odyssee" − mit den Nymphen aus dem Meere aufsteigt, den „am skäischen Tor" gefallenen Sohn zu beweinen. Den Gegensatz zum Heldenhaften und Schönen bildet das, was „gemein" ist, d. h. alltäglich, unbedeutend, ohne Größe, ohne persönlichen Einsatz.

Der dreimalige Beginn mit „Nicht" (Vers 2, 5 und 7) ist düster, hart und niederdrückend. Doch dann folgt das „Aber". Der Tod bleibt zwar das unveränderte Weltgesetz; doch er wird nun anders gesehen. Das „Siehe" weist darauf hin. Hier beginnt die Verherrlichung des Schönen durch die Liebenden, das Festhalten der Heldengestalt im rühmenden Gesang, die Überwindung des Alltäglichen. Und indem der Dichter sich selbst letztlich dieser Gemeinschaft der Götter und Menschen in Träne und Gesang anreiht, ist er, der Moderne, hier der Antike nahe, innerlich nahe, nicht nur durch die Nennung von Gestalten altgriechischer Heroen.

Der Hexameter spannt einen weiten Bogen; er ist ein Langvers, der in großer Art ausgreifen kann. Der Pentameter verlangsamt in der Zäsur und bringt Halt am Versende, er ist ein sehr randfester Vers. Dadurch entsteht hier eine feierliche Monumentalität. Während in der Ode jede Hebung und jede Senkung im voraus festgelegt ist, ist im Hexameter nur die Sechstaktigkeit festgelegt. Die Takte sind zweisilbig oder dreisilbig. So ist hier im 1. Hexameter der erste Takt zweisilbig, der zweite Takt dreisilbig; im 2. Hexameter sind beide Anfangstakte zweisilbig, im 5. Hexameter sind beide dreisilbig. Es ergeben sich viele Möglichkeiten. Dadurch der Eindruck wie bei den Wellen des Meeres — zwar ein gewisses Gleichmaß, aber immer wechselnd. Der Hexameter kann in sich Pausen haben, an verschiedenen Stellen; so im 1. Vers hinter „sterben“, im 7. Vers hinter „Held“. Der Pentameter ist in der Mitte pausiert; welche Wirkung diese Pause tun kann, zeigt die 4. Zeile, wo das eine kurze Wort „streng“, von Pausen umgeben, gleichsam den Augenblick zwischen Gehen und Rückkehr bezeichnet.

Mit dieser rhythmisch wechselreichen und ausdrucksstarken Form verbindet die Elegie oft — wie hier — die Betrachtung menschlicher Größe. Während das Lied und die Ode meist vom Augenblick sprechen, neigt die Elegie dazu, weite Überschau zu halten und das Augenblickliche auf das Allgemeine zu beziehen; sie ist ergriffenes Anschauen der Welt, Lobpreis des Schönen, Klage über die Vergänglichkeit des Großen. Dafür bedarf es des langen Verses, der einzelne Motive ausmalen kann. Im Unterschied zum Epos, das ebenfalls Hexameter benutzt, fehlt die Handlung. Nur einzelne Geschehnis-Motive sind hineingenommen in die Betrachtung, in das ernste und feierliche Sprechen. Dieses Sprechen hat sein Gleichmaß durch die feste Taktzahl der Hexameter und Pentameter, stets sich wiederholend, ein geordnetes Gefüge.

Die Elegie ist eine Großform der Lyrik, in allen Fällen größer als das Sonett, fast immer größer als Lied und Ode. Mit der Ode teilt sie die antike Herkunft und die Eigenschaft, anspruchsvoll und erlesen (niemals volkstümlich) zu sein; ihr Unterschied von der Ode: sie ist breiter, fülliger, bild- und stoffreicher.

Neben der Elegie steht in der Goethezeit als eine Großform das Gedicht in Freien Rhythmen. Klopstock spricht in ihm die innere Ergriffenheit der Seele aus und erhebt sich zum Lobpreis des Erlösers. Diese Form wird aufgenommen in den hymnischen Gedichten des jungen Goethe, zu denen „Prometheus“, „Mahomets Gesang“ u. a. gehören, wird fortgeführt bei Novalis in den „Hymnen an die Nacht“ und gipfelt bei Hölderlin in seinen späten Gesängen; es sind Weltanschauungsdichtungen, wie sie in solcher Art erst in dieser Zeit möglich waren; alle mit der Neigung zum Zyklus.

Hölderlin war zum Meister der Elegie geworden. Doch er gab seit dem Ende des Jahres 1799 die Elegie auf und ging über zu freien Rhythmen. Sieht man in jener Form bei ihm die Haltung des Betrachtenden, so hier die des Verkündenden, und so ist der innere Zusammenhang von Form und Gehalt nicht zu verkennen.

Das Gedicht „Der Einzige" hat acht Strophen; es seien von ihnen nur zwei zitiert (in der ersten Fassung), sie mögen als Beispiel genügen, um zu zeigen, wie sehr diese Form sich unterscheidet von Lied, Ode und Elegie.

Hölderlin beginnt das Gedicht mit der Aussage, daß sein Geist an die Gestade des alten Griechenland gefesselt sei, wo die Götter und Halbgötter unter Menschen wandelten. Dann aber wendet sich sein suchender Geist zu Christus, den er von Jugend an liebt und als den „Einzigen" verehrt; und das Gedicht rätselt an der Frage, wie dieser zu den alten Göttern stehe; ist er ihr Bruder, der „letzte ihres Geschlechts"? oder steht er höher und sie „eifern" gegen ihn? Die Wahrheit kann der Dichter nur erfahren, indem er gesammelt einer Stimme im eigenen Innern lauscht; und zugleich weiß er, daß er als schwacher Mensch nie „das Maß" trifft.

Viel hab' ich schönes gesehn,
Und gesungen Gottes Bild,
Hab' ich, das lebet unter
Den Menschen, aber dennoch
Ihr alten Götter und all
Ihr tapfern Söhne der Götter
Noch Einen such ich, den
Ich liebe unter euch,
Wo ihr den letzten eures Geschlechts
Des Hauses Kleinod mir
Dem fremden Gaste verberget.

Mein Meister und Herr!
O du, mein Lehrer!
Was bist du ferne
Geblieben? und da
Ich fragte unter den Alten,
Die Helden und
Die Götter, warum bliebest
Du aus? Und jetzt ist voll
Von Trauern meine Seele
Als eifertet, ihr Himmlischen, selbst
Daß, dien' ich einem, mir
Das andere fehlet.

(Stuttgarter Ausgabe. Bd. 2, S. 153f.)

Die Verse sind verschieden lang, nicht nur in der Zahl der Silben, sondern auch in der Zahl der Hebungen. Der Vers „Die Helden und" hat zwei Hebungen; die nächste Zeile „Die Götter, warum bliebest" hat drei Hebungen; die langsam betonungsreich gesprochene Zeile „Daß, dien' ich einem, mir" hat vier Hebungen. Zwischen den betonten Silben steht meist eine unbetonte, manchmal auch zwei, mitunter aber keine. So wechselt der Rhythmus. Er hebt das gehaltlich Bedeutende heraus. Zu den Betonungen kommen die Pausen. Zeilenschluß bedeutet Langsam-Werden, Ausklingen-Lassen. Wenn man in fortlaufender Prosa schreiben würde: „Und gesungen Gottes Bild hab' ich, das lebet unter den Menschen; aber dennoch, ihr alten Götter und all ihr tapfern Söhne der Götter, noch einen such ich, den ich liebe ...", so würde der Leser schwerlich so sprechen, wie es dem Gedicht gemäß ist, denn er würde nach den Satzzeichen pausieren. Die Versteilung zeigt es anders. Es ist ein stockendes Sprechen, das an unerwarteten Stellen verweilt, denn es sind Dinge, die schwer zu sagen sind. „Noch Einen such ich" — Pause durch Satz-Ende — „den" — wieder eine Pause, durch das Vers-Ende, weil der Dichter nachsinnt und ihm das Wort nicht leicht über die Lippen geht, das jetzt kommt: „Ich liebe unter euch"; ebenso werden die folgenden Aussagen zwischen Pausen gestellt und dadurch herausgehoben: „den letzten eures Geschlechts", „des Hauses Kleinod" und dann „mir". Jede dieser Wendungen ist wichtig. Sie werden stockend und doch verbunden gesprochen, gleichsam als taste der Dichter sich vor. Die Verkündigung erahnter Zusammenhänge wird zu rhythmischer Sprache, die zwar in langen Sätzen weit ausgreift, im einzelnen aber immer wieder neu ansetzt, indem sie die Satzglieder in Pausen einschließt. Diese Rhythmen sind nicht − wie die der Ode und Elegien − an ein äußeres vorgegebenes Schema gebunden, ihr Klang ist nur von innen her bestimmt. Infolge der Versenden mitten im Satz ist es ein „erschüttertes" Sprechen. Geheimnisvolles wird durch den Dichter einem Kreise von Horchenden eröffnet. Seine Sätze klingen verkündend, deutend. Er zielt auf große Zusammenhänge. Dafür braucht er lange Sätze (aber keine regelmäßigen elegischen Verse). Er lauscht in sich hinein, und wie es aus ihm herausbricht, so spricht er, bald lang ausholend, dann wieder für Augenblicke verstummend und suchend.

Die Freien Rhythmen haben ihre Besonderheit durch die einfache Tatsache, daß alle anderen Rhythmen gebunden sind. Das unterscheidet sie auch von der Elegie, mit der sie in anderer Beziehung Gemeinsames haben: Beide sind lyrische Großformen, können viele Verse umfassen und weite Zusammenhänge umgreifen.

Um den Bereich der Formen in seinen Haupterscheinungen weiter zu durchschreiten, gehen wir von der freiesten Form zu der gebundensten. Diese ist das Sonett. Es ist unter allen deutschen Gedichttypen der Goethezeit der einzige, dessen Zeilenzahl festliegt: vierzehn Verse. Im Mittelalter und im Barock gab es noch andere genau geregelte und ähnlich kunstvolle Gedichtformen; in der Goethezeit nicht; hier tritt also das Sonett im Feld der Formen als besonders strenge Form hervor.

Lied, Ode und distichische Elegie sind in Strophen oder Teile gegliedert, die untereinander gleich sind. Einzig im Sonett sind die Teile ungleich: zwei Quartette und zwei Terzette. Die zwei Quartette haben untereinander gleiche Reime. Zeile 1 − 8 gehören also eng zusammen: und ebenso wieder Zeile 9 − 14. Dazwischen ist rein äußerlich ein Knick, eine Wendung der Linie. Wenn dem nicht auch innerlich eine Wendung entspricht, hat die Form keinen tieferen Sinn.

Als Beispiel diene ein Sonett von Goethe „Mächtiges Überraschen". Zum Titel: „Überraschen" ist substantiviertes Verb, das Verb ist transitiv, wie in dem Satz „die Soldaten überraschten den Feind"; „mächtig" heißt machtvoll, gewaltsam. Ein Element, der Berg, das Gestein, personifiziert in der Bergnymphe, überrascht ein anderes Element, das Wasser, den Fluß, und zwingt ihm eine andere Form auf. Das Ganze ist symbolisch gemeint für einen inneren Vorgang.

Mächtiges Überraschen

Ein Strom entrauscht umwölktem Felsensaale,
    Dem Ozean sich eilig zu verbinden;
    Was auch sich spiegeln mag von Grund zu Gründen,
    Er wandelt unaufhaltsam fort zu Tale.
Dämonisch aber stürzt mit einem Male —
    Ihr folgen Berg und Wald in Wirbelwinden —
    Sich Oreas, Behagen dort zu finden,
    Und hemmt den Lauf, begrenzt die weite Schale.
Die Welle sprüht und staunt zurück und weichet
    Und schwillt bergan, sich immer selbst zu trinken;
    Gehemmt ist nun zum Vater hin das Streben.
Sie schwankt und ruht, zum See zurückgedeichet;
    Gestirne, spiegelnd sich, beschaun das Blinken
    Des Wellenschlags am Fels, ein neues Leben.

Wie ist dieses Sonett thematisch durchgeführt? 1. Quartett: Die naturhafte zielstrebige Bewegung. 2. Quartett: Die Gegenkraft, ein Ereignis, der plötzliche Halt. 1. Terzett: Der neue Zustand wird beschrieben. 2. Terzett: Der neue Zustand wird gedeutet. Jede Strophe hat also ihr Thema. Nach den zwei Quartetten eine Wendung, von da an ein neuer Zustand. Was über ihn gesagt ist, wird nochmals unterteilt: die Sinndeutung erfolgt erst im letzten Terzett. — Am Anfang scheint alles sinnvoll durch das „Streben zum Vater"; in der Mitte scheint alles fraglich; am Ende ist es neu sinnvoll durch die Spiegelung des Gestirns (ein Motiv, dessen Bedeutung in der 3. Zeile erst durch die Schlußverse deutlich wird). Ein Kreis rundet sich, und zugleich ist am Ende eine neue Stufe erreicht.

Sonett — das heißt: innerhalb fest gefügter Grenzen muß etwas erreicht werden. Auch der Strom in diesem Gedicht kommt in fest gefügte Grenzen; und in diesen erreicht er etwas Neues, Ungeahntes. Das Thema ist Unruhe und Bändigung. Sonettform ist Bändigung, Sonettinhalt oft Unruhe.

Das Sonett durchschreitet einen Kreis, besser gesagt: eine Spirale. Es bewegt sich wie eine Wendeltreppe: wenn man den Kreis einmal durchschritten hat, ist man zugleich ein Stück höher. Es enthält eine innere Bewegung, die zu einem neuen Standpunkt führt. Es kommt aus der Haltung des Reflektierenden. Oft ist es ein Selbstgespräch, immer ist es ein geistiges Ordnen, und das Symbol dieser Ordnung ist die strenge Form.

Die Aussageweise des Sonetts ist kein „Singen", sondern ein „Sagen"; und als solches ein Ausdrücken von Geschautem und Gedachtem, weniger ein Beschwören von Visionen. Ein Sonett muß nicht nur inspiriert sein, sondern auch „gemacht" werden, sonst stimmt die Form nicht. Der lebendige Urgrund bleibt Gefühl, mitunter sogar Dämonie und Chaos; dieses aber wird zur Form geklärt und im Klar-Werden gebändigt. Aus dieser Spannung lebt das deutsche

Sonett in der Goethezeit. Es ist eine strenge, eine regelreiche Form, etwa Antipode der freien Rhythmen.

Eine andere strenge Form ist die Stanze, sie kommt aber seltener vor. Goethe benutzt sie mehrfach für Gedichte, die einen gesellschaftlichen und zugleich feierlichen Charakter haben, so z. B. in dem „Epilog zu Schillers Glocke". Zehn Jahre nach Schillers Tode wurde das Gedicht „Die Glocke" auf dem Weimarer Theater chorisch-dramatisch dargeboten. Anschließend sprach ein Schauspieler Goethes „Epilog". Von den dreizehn Strophen seien hier nur zwei angeführt.

> Er hatte früh das strenge Wort gelesen,
> Dem Leiden war er, war dem Tod vertraut.
> So schied er nun, wie er so oft genesen;
> Nun schreckt uns das, wofür uns längst gegraut.
> Doch schon erblicket sein verklärtes Wesen
> Sich hier verklärt, wenn es herniederschaut.
> Was Mitwelt sonst an ihm beklagt, getadelt,
> Es hat's der Tod, es hat's die Zeit geadelt.
>
> Auch manche Geister, die mit ihm gerungen,
> Sein groß Verdienst unwillig anerkannt,
> Sie fühlen sich von seiner Kraft durchdrungen,
> In seinem Kreise willig festgebannt:
> Zum Höchsten hat er sich emporgeschwungen,
> Mit allem, was wir schätzen, eng verwandt.
> So feiert ihn! Denn was dem Mann das Leben
> Nur halb erteilt, soll ganz die Nachwelt geben.

(H.A. 1. S. 258)

In gleichmäßigen Schritten bewegen sich die fünftaktigen Verse. Dreimal wird jeder Reim wiederholt, und da die Reime gekreuzt sind, steigt die Stimme also in sechs Zeilen und darf nur kurze Pause einfügen. Dann folgen die zwei Schlußverse, die, untereinander durch Reim verbunden, die Strophe fest abschließen und zur Verallgemeinerung, zur Sentenz neigen. Selten ist in einem Gedicht jede Strophe so in sich geschlossen wie hier. Der doppelte Dreireim bringt etwas Glanzvolles in die Sprache, ein leicht rhetorischer Zug tut sich kund. Das Ernste und Hohe wird mit Würde ausgesprochen, und zwar so, wie man es in öffentlichem Kreise sagt, im Theater, am Hofe, bei einem Feste. Die Sprache ist beschwingt, sich steigernd, und zugleich streng gebunden; die strengste Form ehrt den hohen Gegenstand.

Blicken wir zurück: Lied, Ode, Elegie, Freie Rhythmen, Sonett und Stanze — haben wir alles erfaßt? Es bleibt noch ein Gedichttyp übrig, der zu keiner dieser Formen gehört. Die Dichter und Literaturhistoriker haben bisher kein besonderes Wort dafür gefunden. Man hat diesen Typ immer nur schlechthin als Gedicht bezeichnet. Ein Beispiel aus Goethes „Westöstlichem Divan":

Im Gegenwärtigen Vergangnes

Ros' und Lilie morgentaulich
Blüht im Garten meiner Nähe;
Hinten an, bebuscht und traulich,
Steigt der Felsen in die Höhe.
Und mit hohem Wald umzogen,
Und mit Ritterschloß gekrönet,
Lenkt sich hin des Gipfels Bogen,
Bis er sich dem Tal versöhnet.

Und da duftet's wie vor alters,
Da wir noch von Liebe litten
Und die Saiten meines Psalters
Mit dem Morgenstrahl sich stritten.

Wo das Jagdlied aus den Büschen
Fülle runden Tons enthauchte,
Anzufeuern, zu erfrischen,
Wie's der Busen wollt' und brauchte.

Nun die Wälder ewig sprossen,
So ermutigt euch mit diesen,
Was ihr sonst für euch genossen,
Läßt in andern sich genießen.
Niemand wird uns dann beschreien,
Daß wir's uns alleine gönnen;
Nun in allen Lebensreihen
Müsset ihr genießen können.

Und mit diesem Lied und Wendung
Sind wir wieder bei Hafisen,
Denn es ziemt des Tags Vollendung
Mit Genießern zu genießen.

Der Unterschied zum Lied besteht äußerlich schon darin, daß die Strophen nicht untereinander gleich sind, die letzte ist nur halb so lang wie die anderen; doch wesentlicher ist der Unterschied im Klang: diese Verse sind gesprochen, nicht gesungen; ihre gedrängte Sprache will Wort für Wort gekostet sein. Schon der Beginn zeigt es, die Klang-Phrasierung „Ros' und Lilie", dann „morgentaulich" und so fort. Zu Anfang ein Selbstgespräch: Anschauen des Naturbilds, doch so, daß alles Gegenständliche sinnbildlich wird; dann Erinnerung an Jugendzeiten mit Liebe und Jagd; dann aus dem Geist des Alters die Erkenntnis immer neuen Lebens, ein Sich-Einfügen in das Gesetz, und nun eine Sprache, die sich auch an andere richtet. Am Schluß die Wendung zu Hafis, dem geistig Verwandten; denn das Gedicht steht in einem Zyklus, und Hafis ist in diesem bereits genannt als einer, der die ewigen Lebensgesetze und die Transparenz alles Irdischen kennt und heiter aussagt. In den vier Strophen mischen sich lyrische Zartheit, gedankliche Betrachtung, Anklang ans Lehrhafte, scherzende Leichtigkeit. Das Anschauen, von dem das Gedicht ausgeht, wird zur Erkenntnis. Solche Verallgemeinerung ist Geist, nicht nur Stimmung; von daher hat die Sprache ihren Klang, der sich abhebt vom betrachtend-lehrhaften Spruch wie vom schwingenden, klingenden Lied. Die Ode, das Lied sind auf einen einzigen großen Ton gestimmt. Das darstellende Gedicht dagegen kann den Ton wechseln und kann ein Motiv, das es angeschlagen hat, selbst ironisch kontrapunktieren. Der Dichter spricht als der Betrachtende und Wissende, doch ohne Pathos. Wenn er zu Anfang sagt „Ros' und Lilie . . . blüht" — nicht: Rosen und Lilien blühen — und später „Nun die Wälder ewig sprossen . . .", dann wird das Gesetz nur ganz leise und heiter angedeutet. Ein Gedicht dieser

Art kann die Dinge der Welt ins Auge fassen und sich der Betrachtung widmen; es kommt aus der Haltung des Darstellenden, Mitteilenden. Das Verhältnis zu Natur und Leben, das zu Geist wird, äußert sich in einer gewählten und eigenartigen Sprache, bleibt aber bei einfachen Strophenformen. Man braucht hier nicht wie bei Ode und Sonett Gesetze zu wissen, und man wird nicht wie bei den Freien Rhythmen schon im Klang auf Großes gewiesen. Die Form bleibt locker, sie ist auch nicht kettenartig reihend wie die meisten strophischen Formen. Es ist eine Gestalt, die sich wandeln und in viele Einzelformen auseinanderfalten kann.

Doch genug der Einzelheiten. Da es sich bei unserer Betrachtung nur darum handelt, auf dem großen Felde gleichsam ein paar Pfähle einzuschlagen, um charakteristische Punkte zu bezeichnen, mögen die bisherigen Beispiele genügen. Von vornherein sollten die nicht im engeren Sinne lyrischen Formen wie Ballade, Spruch und Epigramm außerhalb der Betrachtung bleiben.

Die Gedichtformen der Goethezeit zeigen einen verschiedenen Grad von Regelhaftigkeit. Das Sonett ist „fest" in jeder Zeile. Lied, Ode, Elegie, Stanze wiederholen die einmal gewählte Vers- und Strophenform, doch die Zahl der Wiederholungen ist beliebig; sie haben also den Charakter einer Kette. Die Freien Rhythmen und der Typ des „Gedichts" sind auch strophisch nicht festgelegt. Die Länge der Strophen, auch die Art der Verse kann wechseln. Alles ist frei — doch das heißt nur: frei von äußerlicher Regel; denn eben dadurch muß nun jede Kleinigkeit der Form ausdruckshaft und innerlich notwendig sein — der Dichter ist, streng genommen, weniger frei denn je.

Vergleichen wir mit dem Barock. Da gibt es das Lied, gibt es das große Alexandrinergedicht und das Sonett; aber keine Oden, keine hexametrischen Elegien, keine Freien Rhythmen. Es gibt viele strenge Formen, kaum freie.

Vergleichen wir mit der Zeit des Expressionismus. Da gibt es fast nur noch freie Formen. Der Freie Rhythmus herrscht vor, dazu der Typ, den wir einfach „Gedicht" nannten und der sich nun in viele Richtungen entwickelt hat. Die Elegie hat aufgehört, die Ode gilt als Kuriosum. Der lyrische Formenschatz hat nicht so viele Formtypen wie in der Goethezeit.

In der Zeit, als Hölderlin Freie Rhythmen schrieb, waren diese eine seltene Form, denn meist schrieb man damals gleichmäßige Reimstrophen und Oden. In der Zeit des Expressionismus war es umgekehrt. Freie Rhythmen schrieben alle, ebenfalls unregelmäßige Reimstrophen, doch daß ein Dichter wie Trakl bei seinen ganz neuartigen Aussagen den alten Formtyp regelmäßiger Reimstrophen beibehielt, war etwas Seltenes.

Der Bereich der Formen wandelt sich also, und zwar nicht nur in Randzonen, sondern in den Kernbereichen. Wenn man die Geschichte einer Form betrachtet, z. B. die des Sonetts, dann muß man im Auge behalten, daß diese zu verschiedenen Zeiten in einem ganz verschiedenen Bestand von Formen steht und jeweilig verschiedene Funktion hat.[3]

Den besonderen Charakter einer Form erkennt man auf dem Hintergrund des ganzen Bereichs der Formen. Daher unser Versuch eines Querschnitts durch den Formenschatz einer bestimmten Epoche. Dieser Querschnitt zeigt: Die Lyrik der Goethezeit ist reich an verschiedenen Formen; eine gewachsene Vielfalt. Zugleich ist es eine Zeit, die sehr feinfühlig ist in der Wahl der Form; sie hat den Begriff der „inneren Form" geschaffen und zur Bedingung gemacht, daß jede Form ihre innere Notwendigkeit habe.[4] (Es gibt wohl wenige Literaturen und Epochen, die einen ähnlich reichen und organischen Formenschatz aufweisen.) Wenn also Hölderlin von Oden und Elegien zu Freien Rhythmen übergeht, dann bedeutet das, daß sich in ihm ein Wandel vollzogen hat; die Haltung, aus der er spricht, hat sich geändert; es ist die Haltung des Verkündenden geworden.

Man kann den Bereich der Formen gruppieren. Ode, Elegie und Sonett setzen ein literarisches Wissen voraus; Lied, Gedicht, Freie Rhythmen versteht man ohne weiteres. Elegie und Freie Rhythmen sind lyrische Großformen, die den kürzeren Formen gegenüberstehen. Gleichmäßig strophisch gebaut sind Lied, Ode und Stanze, dagegen sind Sonett und Freie Rhythmen es nicht. Welche Formen wirken nur durch den Rhythmus? Ode, Elegie und Freie Rhythmen; die anderen reimen.

---

[3] Ähnlich wie der Formenschatz einer Literatur zu verschiedenen Zeiten nicht der gleiche ist, ist der Formenschatz verschiedener Literaturen zur gleichen Zeit nicht übereinstimmend. Vergleichende Betrachtung zeigt z. B., daß um 1570 der Formenschatz der italienischen, der französischen und der deutschen Dichtung sehr verschieden war. Sofern Formen übernommen werden, treten sie in einen bereits bestehenden Formenbereich ein. Dadurch daß eine neue Form hinzukommt, wandelt sich nun dieser ganze Bereich. Knittelverse um 1630 sind nicht mehr, was Knittelverse um 1570 waren, auch wenn sie genau so gebaut sind; denn inzwischen sind das Sonett, das Alexandrinergedicht (als Ersatz der lateinischen Elegie) und französische neue Liedstrophen eingeführt. Dadurch ist der Knittelvers nun etwas anderes (nämlich Geringeres) als zu der Zeit, in der er zusammen mit alten Volks- und Kirchenliedstrophen allein gebräuchlich war. Das Sonett ist in Deutschland um 1630 etwas anderes als zu gleicher Zeit in Italien. In Deutschland ist es neu, eine Form für Virtuosen, Zeichen eines Strebens nach strenger Gestalt; in Italien ist es alt, eine geläufige Form, in der es bereits viele große Beispiele gibt, und ist nur eine unter anderen Möglichkeiten, strengen Formwillen zu bewähren. Wenn man die Betrachtung des Gleichzeitigen mit der der geschichtlichen Entwicklung verbindet — d. h. den Formenbereich verschiedener Literaturen zu verschiedenen Zeiten erfaßt —, sieht man, wie einzelne Formen aus einer Literatur von einer anderen ergriffen und eingearbeitet werden. So ergibt der Vergleich des gesamten Formenschatzes das Bild einer europäischen Literatur, deren Teile zwar verschiedenartig, aber nie zusammenhanglos sind, und in der es ein immer lebendiges Geben und Nehmen gibt.

[4] HA 12, S. 22 u. 282. Bibliogr. Nachweise bei G. v. Wilpert, Sachwörterbuch der Literatur, Art. „Form".

Es ergibt sich also: Eine Form ist zu einer anderen Form in einem Punkt gegensätzlich, in einem anderen aber wieder mit ihr verbunden. Lied und Ode sind beide strophisch, doch das Lied reimend, die Ode antikisierend-rhythmisch. Ode und Elegie sind beide antikisierend-rhythmisch, aber die Elegie ist Großform mit epischem Einschlag, die Ode knapp, rein lyrisch. Elegie und Freie Rhythmen sind beide lyrische Großformen, doch jene gleichmäßig-gesetzlich, diese frei im Vers- und Strophenbau, usw. So ergibt sich ein Feld der Formen, in welchem jede Form ihre Stelle hat; die eine kann, was die andere nicht kann.

Deswegen sind nicht alle Formen bei allen Dichtern möglich. Eichendorff schrieb Lieder und gelegentlich Sonette, niemals Elegien und Oden, denn diese entsprachen nicht seinem Sprachklang und seiner inneren Haltung. Für Schiller waren die Reimstrophen das Gemäße und außerdem auch antike elegische Verse; er hat keine Oden geschrieben und keine Sonette. Klopstock und Hölderlin, in denen sich der Typ des verkündenden Dichters am stärksten ausprägt, schrieben Oden und Elegien und gingen zu Freien Rhythmen über, sie haben niemals Stanzen oder Sonette versucht. Goethe hat niemals anti-kisierende Oden geschrieben, vermutlich, weil das Spannungsgefüge der Ode nicht seiner Sprache gemäß war (und seine Sprache ist wiederum Ausdruck seines Weltbildes); alle anderen Formen seiner Zeit kommen bei ihm vor: das Lied, Freie Rhythmen, Elegie, Sonett, Stanze; dieser Reichtum entspricht der inneren Weite seiner Persönlichkeit, die zu vielerlei verschiedenen Haltungen fähig war; er konnte naturbegeistert und konnte gemessen-höfisch sein; ihm lag das innige Lied wie die repräsentative Stanze. Die innere Beziehung zwischen den Formen und den Dichterpersönlichkeiten — welch unerschöpfliches Feld der Betrachtung!

Doch nicht nur Dichterindividualitäten haben ihre Sprache, sondern auch Zeitepochen. Darum hören manche Formen auf, wenn die Zeitsprache anders wird: die Ode, die Elegie, die Stanze. Daß von zwei strengen, nah verwandten Formen — Stanze und Sonett — die eine im 19. Jahrhundert aufhörte, die ander im 20. Jahrhundert neu erblühte, liegt wohl daran, daß jene repräsentativ-glanzvoll spricht, diese individuell-reflektierend, und daß der neuen Zeit jener Klang nicht mehr, dieser aber durchaus entsprach.

Es ist also wohl so, daß jede Form einer inneren Haltung entgegenkommt, ähnlich wie sie in ihrem Anfang aus einer solchen entstanden ist. Für die Formen der Goethezeit könnte man vielleicht sagen: Das Lied kommt aus der Haltung des Singenden, hingegeben dem Klang, selbstvergessen, Stimmung ausdrückend. Die Ode kommt aus der Haltung des feierlich Sprechenden, durch Rhythmus wirkend, Ansprechen eines vertrauten Du. Die Freien Rhythmen kommen aus der Haltung des Verkündenden, aus Innerstem schöpfend, gleichsam einem Kreis von Lauschenden eine Botschaft mitteilend. Das Sonett kommt aus der

Haltung des Reflektierenden, ist ein Selbstgespräch, ein geistiges Ordnen. Die Form, die wir einfach „Gedicht" nannten, ist — bewußt — Mitteilung im Symbol, im gedruckten Wort mit höchster Präzision der Aussage als Gestalt.

So kommt man — infolge der Ganzheit jedes Kunstwerks — bei der Frage nach der Form von selbst zur Frage nach dem Gehalt, ähnlich wie man bei der Frage nach dem Gehalt nie die Betrachtung der Form ausschließen kann. In einem Schema zu „Faust" steht der Satz: „Gehalt bringt die Form mit, Form ist nie ohne Gehalt."[5], und in den „Maximen und Reflexionen" heißt es: „Den Stoff sieht jedermann vor sich, den Gehalt findet nur der, der etwas dazu zu tun hat, und die Form ist ein Geheimnis den meisten."[6]

Vortrag in der Universität London, 26. Oktober 1955. — Erster Druck in: Der Deutschunterricht 16, 1964, S. 17—32.

---

[5] HA 3, 13. Aufl., S. 430.
[6] HA 12, S. 471.

Schillers Jugendpessimismus und seine Überwindung

Schiller, in seiner Jugend, als ein geistiger Mensch, stand vor der Frage, nach welchen Richtgedanken er sein Leben einrichten solle. Es ergab sich für ihn daraus die Frage: Wo ist das höchste Gesetz? Ist es im eigenen Gefühl? Im eigenen Denken? In der kirchlichen Lehre? Gibt es überhaupt ein absolut gültiges Gesetz? Sind nicht alle Maßstäbe relativ?

Es sind Fragen, welche die Menschen des 18. Jahrhunderts allgemein bewegten. Unter den Antworten, welche die nachmittelalterliche Welt versucht hat, ist eine der bedeutendsten der deutsche philosophische Idealismus. Und Schiller ist bekanntlich in seiner Reifezeit, etwa seit seinem 33. Lebensjahr, der Dichter dieser geistigen Bewegung geworden. Doch in seiner Jugend ging er ganz andere geistige Wege. Er hatte keinen festen inneren Halt. Er bewegte sich im Relativen. Er fühlte sich nicht im Gefüge eines großen sinnvollen Zusammenhangs. Aus diesem Zustand der Verlassenheit entstand ein Pessimismus.

Schillers Jugendpessimismus reicht von den frühen Jahren auf der Karlsschule bis in die Dresdener Zeit bei Körner hinein. In dieser Zeit wechselten seine weltanschaulichen Gedanken mit seinen Stimmungen, sie wechselten mit freudigen oder schmerzlichen Erlebnissen. Wegen dieses Zusammenhangs von Weltanschauung und Leben seien einige lebensgeschichtliche Tatsachen an den Beginn unserer Betrachtungen gestellt.

Schiller wuchs als Kind eines bürgerlichen Hauses auf, in dem sittliches Bewußtsein und Verantwortungsgefühl selbstverständlich waren; der Vater straff, weltverbunden, kirchengläubig; die Mutter, von weicherer Art, zum schwäbischen Pietismus neigend. Aus überlieferten Briefen und Aufzeichnungen wissen wir, daß Schillers Seelenleben in seiner Jugend zart und selbstkritisch war. Mit dem Übergang auf die Karlsschule setzte für den Dreizehnjährigen eine Zeit seelischer Kämpfe und innerer Spannungen ein. Die inneren Schwierigkeiten, welche männliche Jugendliche zwischen 14 und 20 Jahren ohnehin meist haben, kamen hier zusammen mit den Nöten, die sich durch Zwang und Unnatur der Erziehung ergaben.

Das eine große Erlebnis dieser Jahre war Zwang und Freiheitssehnsucht. Nicht die Schule an sich war der große Gegner. Sie war eine straff durchorganisierte Gruppe mit Über- und Unterordnung, stufenweisem Fortschritt des einzelnen, übersichtlichem Bereich des Zwanges und kleinem Freiraum eigener Entfaltung. Das ließ sich ertragen, zum Teil sogar als notwendig einsehen. Das Schlimme war, daß diese Schule die Jugendlichen seelisch unfrei machte. Sie durften ihre Eltern fast niemals besuchen, die Akademie nicht verlassen; alle Freundschaften wurden beobachtet, alle Briefe gelesen, der Lesestoff vorgeschrieben und kontrolliert. Es empörte den jungen Schiller, daß man über Wahrhaftigkeit moralisierte, zugleich aber die begabten Schüler zwang, Festreden zum Lobe des Herzogs und seiner Geliebten zu verfassen, voll von Unwahrheit, indem z. B. seine „Leutseligkeit" gepriesen wurde, während man ihn gräßlich fand. Es machte den jungen Schiller verzweifelt, daß die, welche Autorität sein wollten und die Führung in der Hand hatten, logen und belogen sein wollten. Einige der Lehrer — wie Abel — waren nicht schlecht. Der allgemeine Geist war der einer kühlen Aufklärungsphilosophie. Der Herzog war katholisch, fast alle Schüler waren lutherisch, wie die ganze Bevölkerung Württembergs in seiner damaligen Ausdehnung. Da machten die Leitenden es sich bequem und berührten religiöse Fragen so wenig wie möglich; das Nützlichkeitsdenken des Rationalismus genügte ihnen.

Von dieser Welt, die den jungen Schiller umgab, trennte er eine innere Welt, die in ihm erblühte: die Dichtung. Er las mit Leidenschaft Klopstock. Er fing früh an, selbst zu dichten. Uns ist viel davon erhalten. Als Achtzehnjähriger begann er sein Drama „Die Räuber". Als Zweiundzwanzigjähriger druckte er eine Sammlung seiner Jugendlyrik unter dem Titel „Anthologie auf das Jahr 1782". Sie enthält das, was er zwischen dem 17. und 21. Jahre an Gedichten verfaßt hatte.

Aber die Dichtung genügte ihm nicht, um sich innerlich erfüllt zu fühlen. Er brauchte einen Menschen, in dem ihm der Adel des Menschseins lebendig wurde. Ein junger Mensch sehnt sich nicht nach Lehrsätzen und Gedankengängen, sondern nach einem Menschen, einem Vorbild. Bei Schiller war diese Sehnsucht gesteigert durch die Abgeschlossenheit in der Karlsschule. Die Eltern sah er nicht, die Lehrer liebte er nicht. Zwang zur Heimlichkeit stärkte die Innigkeit freundschaftlicher Bindungen. Dazu kam, daß Schiller an der kirchlichen Frömmigkeit seines Elternhauses und seiner Knabenjahre jetzt keinen festen Halt mehr hatte. Was zurückgeblieben war, war ein unruhiges Fragen oder eine schmerzliche Leere, die in keiner Weise ausgefüllt wurde durch die kühle Nützlichkeitsphilosophie der Aufklärung, welche an der Schule unterrichtet wurde. So hatte er das Bedürfnis, sich an Menschen zu halten. Zudem war er immer, sein Leben lang, zur Freundschaft geschaffen.

Fünfzehnjährig gründete er mit Georg Friedrich Scharffenstein und Johann Wilhelm Petersen einen Dichterbund, der drei Jahre Bestand hatte. Er wollte vom Herzen aus ein Verhältnis zur Welt gewinnen. Er wollte am Freunde wachsen, wollte in ihm die Verkörperung göttlicher Werte finden. Aber nun erlebte er, siebzehnjährig, eine bittere Enttäuschung. Scharffenstein, von ihm geliebt und bewundert, war im Grunde ein mittelmäßiger Junge wie die meisten Schüler; er entschied sich eines Tages gegen den Freundschaftsbund und für das Mitmachen mit der Masse der anderen und erklärte Schillers Freundschaftsworte für leere Phrasen, aus Klopstock entlehnt. Erschreckend wurde dem siebzehnjährigen Schiller der Zwiespalt klar zwischen seinem Innern und der wirklichen Welt. Mit den Farben seines inneren Empfindens hatte er geschmückt, was um ihn war. Er schrieb an Scharffenstein einen Abschiedsbrief: „Der Sangir, den ich so liebe, war nur in meinem Herzen . . . und ich betete ihn an in Dir, seinem ungleichen Abbilde . . . ich war stolz auf Deine Freundschaft . . . im Aug' einer höheren Welt, nach der mein Herz mir so glühte, welche mir zuzurufen schien: das ist der einzige, den Du lieben kannst . . . da tat ich auch Wünsch' an Gott, mich Dir gleich zu machen . . . Du hättest Achtung vor mir haben müssen wie ich vor Dir . . . Aber Du hast nichts auf mich gehalten . . . Du hast Dich darüber lustig gemacht . . .“ (NA 23, S. 2ff.) Schiller sprach drei Jahre lang kein Wort mehr mit Scharffenstein. Dieser Bruch, dieses Zurückgeworfensein in eine innere Einsamkeit war das große Erlebnis des Achtzehnjährigen.

Den Zwanzigjährigen reißt dann ein neuer Erlebniskreis zeitweilig völlig in seine Bahn: es ist das Erlebnis des Todes. 1780 starb Schillers Freund August v. Hoven, jünger als er selbst. Als angehender Mediziner stand er am Krankenbett und dann vor der Leiche. Was in ihm vorging, mußte er irgendwie aussprechen. Aber keine mitfühlende Seele war da. Und so wandte er sich an den Vater des Verstorbenen, einen biederen Offizier, dem dieser Brief aus gequältem Herzen gewiß verwunderlich kam, denn es ist kein Beileidsbrief, sondern ein Bekenntnis. „Tausendmal beneidete ich Ihren Sohn, wie er mit dem Tode rang . . . Ich bin noch nicht 21 Jahre alt, aber ich darf es Ihnen frei sagen, die Welt hat keinen Reiz für mich mehr . . . Mit jedem Schritt, den ich an Jahren gewinne, verlier ich immer mehr von meiner Zufriedenheit . . .“. Er fährt fort, daß er gern Selbstmord beginge, wenn er nicht das Gefühl hätte, damit seinen Eltern und Geschwistern unverantwortlichen Kummer zu bereiten. Wieder sah er die anderen musischer als sie waren; welch seltsamer Brief, den dieser Hauptmann von einem Kadetten empfing! Einige Tage später muß er an seine Schwester schreiben wegen Wäsche und Schuhen. Und unversehens schreibt er von Hovens Tod. „Mit Freuden wär ich für ihn gestorben . . . Das Leben war und ist mir eine Last worden . . . Es kann vielleicht noch sein, daß Ihr die Freude nicht mehr erlebt, mich aus der Akademie treten zu sehn . . . Ich freue mich nicht mehr auf die Welt, und ich gewinne alles, wenn ich sie vor der Zeit verlassen darf . . .?“ Er nennt wie ein Abschied Nehmender, was ihm das Leben Schönes gab, Eltern, Geschwister, Freunde. Aber dieser

Überblick zeigt auch das, was sein Schuldgefühl belastet, womit er innerlich ringt, ohne damit fertig zu werden. „Du weißt nicht, wie ich so sehr im Innern verändert, zerstört bin. Auch sollst Du's gewiß niemals erfahren, was die Kräfte meines Geistes untergräbt." Er möchte sich aussprechen und darf es doch nicht. Wieder findet er nicht den rechten Menschen dazu. Eine tiefe Sehnsucht nach Beichte und Befreiung ist in ihm. Das Todeserlebnis wird gesteigert durch Unzufriedenheit mit sich selbst und innere Kämpfe.

In diesen Stimmungen gingen die Juniwochen 1780 hin. Da erhielt Schiller als Mediziner den Befehl, die Überwachung des erkrankten Schülers Joseph Friedrich Grammont zu übernehmen und Berichte darüber zu schreiben. Grammont hatte von Schiller, der als Sanitäter arbeitete, eine größere Menge Schlafmittel verlangt. Schiller hatte sie verweigert, weil er sofort ahnte, daß es sich um einen Selbstmordplan handle. Es folgte ein nervöser Zusammenbruch Grammonts. Jetzt legte man beide auf ein Zimmer; und Schiller sollte Berichte schreiben. Sie sind erhalten, acht Berichte, Meisterstücke psychologischer Darstellung. Freilich, über dieses Leiden konnte der Zwanzigjährige mit letzter Eindringlichkeit berichten: war es doch das einzige, das er innerlich selbst ganz und gar kannte. Er sollte als Mediziner beschreiben, und erkannte mit Schaudern sich selbst in dem Kranken, nur daß er sich eben noch äußerlich aufrecht erhielt. Er schildert den Charakter des Kranken: Tiefes Empfindungsleben. Dann seine geistige Entwicklung: „Pietistische Schwärmerei", dann aber das Studium der Aufklärungsphilosophie: „Sie machte ihm zuletzt alle Wahrheit verdächtig und riß ihn zum andern Extrem über, so daß er, der die Religion vorher übertrieben hatte, durch skeptische Grübeleien nicht selten dahin gebracht wurde, an ihren Grundpfeilern zu zweifeln . . ." (NA 22 S. 19ff.). Und er schreibt ferner: „Er gestand mir, daß er nach reifer Überlegung nunmehr entschlossen sei, diese Welt zu verlassen. Mit Gründen einer vernünftigen Philosophie war nun nichts mehr auszurichten. Nur die Künste der Freundschaft waren uns erlaubt . . ." Schiller sah in Grammont einen im Grunde tüchtigen Menschen, der nur durch augenblickliche Not außer Fassung geraten sei. Er wollte, er solle leben. Grammont richtete sich, als er Schiller innerlich in diesen Wochen nah kennen lernte, wieder auf. In späteren Jahren hat er gestanden, Schillers Existenz habe ihm das Leben gerettet. Aber Schiller wußte, daß damit nicht alles getan war: Er mußte auch noch erwirken, daß Grammont von der Karlsschule freikam, und er hat zu diesem Zweck geschickte und mutige Verhandlungen mit dem Herzog und dessen Vertretern geführt. (NA 22, S. 26–30)

Diese Verhandlungen zeigen, wie sehr er mit 20 Jahren die Spielregeln der herzoglichen Akademie kannte. Schiller wußte: Was Grammont krank gemacht hatte, war die Karlsschule. Er schreibt aber: Grammont dankt für die Gnade, daß er auf der Karlsschule sein durfte. Schiller sollte auf Grammont günstig einwirken und tat es mit Erfolg. Die Folge: Er wurde selbst überwacht. Innerlich war er darüber empört, er schreibt aber an den Intendanten der Akademie: „Euer Hochwohlgeboren hatten ... die Gnade, mir den Unterfeldscher Mauchardt als Zeuge nachzuschicken." Denn das war so üblich: Wenn man überwacht wurde, erwartete der Herzog, daß man seinen Dank für so viel Aufmerksamkeit und Pflege aussprach. Schiller hat auf diese Weise Grammont von der Karlsschule frei bekommen. In späteren Jahren, in seinen Dramen, hat er die Spielregeln eines Zwangssystems und der dort herrschenden doppelten Sprache souverän dargestellt. Er hatte sie in seiner Jugend als bittere Erfahrung kennengelernt. Unter solchen Bedingungen rein zu bleiben und Gutes zu tun, war schwer.

Indem Schiller auf Grammont Lebenszuversicht ausströmte, indem er eine Aufgabe hatte, kam ihm selbst Zuversicht. Aber als diese Aufgabe vorüber war, ließ die Spannkraft nach. Denn es war nur die Kraft einer instinktiven Vitalität gewesen, nicht die einer weltanschaulichen Überzeugung. Und Schiller war nie mit sich im Reinen, sofern nicht alles in ihm zu Gedanken geworden war und philosophisch begründet wurde. Er hatte zu Grammont gesagt: Ich will, Du sollst leben. Aber philosophisch begründen konnte er diesen Willen zum Leben nicht. Kurz darauf starb der ihm nahestehende Hauptmann Wiltmeister, dann sein Kamerad Weckerlin. Eine ganze Reihe von Todesfällen scheint über den Zwanzigjährigen hereingebrochen. Seine Gedichte spiegeln es wider: „Elegie auf den Tod eines Jünglings", „Eine Leichenfantasie", „Trauerode auf den Tod Wiltmeisters" u. a. m. Immer wieder tauchen in seiner Phantasie Bilder des Todes auf und quälen ihn. Aller Frohsinn scheint nur ein Betäuben einer im Wesen der Welt begründeten Schwermut.

Im Dezember 1780 trat der nun Einundzwanzigjährige aus der Akademie. Der Herzog teilte ihn als Arzt einem Stuttgarter Regiment zu. Auch hier gab es Vorgesetzte und gab es Dienst; doch daneben auch mancherlei ungewohnte Freiheit: Er durfte seine Eltern besuchen, durfte durch die Straßen schlendern, in ein Wirtshaus gehen. Schiller holt nun vieles nach. Es ist ein Sturm und Drang des gelebten Lebens mit stürmischen Freunden und einer unbürgerlichen Frau, die er Laura nannte. Aber wahre Freiheit war hier noch nicht. Der Herzog hatte ihm verboten zu dichten und hielt ihn unter Aufsicht. Es folgte die Flucht nach Mannheim. „Die Räuber" werden aufgeführt, „Fiesco" und „Kabale und Liebe" folgen. Aber sein Alltag ist Kampf ums tägliche Brot, Schulden und zeitweilig auch Krankheit. Dem Verzweifelten wollen Unbekannte aus Leipzig — es waren Körner und die Seinen — einen Lebensweg zeigen. Er schreibt an sie und gibt ihnen, die ihn noch nie gesehen haben, ein Selbstbildnis: „Ein Mensch, der große Dinge im Herzen herumgetragen und kleine getan hat; der bis jetzt nur aus seinen Torheiten schließen kann, daß die Natur ein eigenes Projekt mit ihm vorhatte; der in seiner Liebe schrecklich viel fordert und bisher noch nicht einmal weiß, wieviel er leisten kann; der aber etwas anderes mehr

lieben kann als sich selbst und keinen nagenderen Kummer hat, als daß er das
so wenig ist, was er so gern sein möchte . . .“ (10. 2. 85) — Der Verfasser dreier
Dramen, von dem die Welt dachte, daß er ein selbstbewußtes Kraftgenie sei,
enthüllt sich hier als ein schwermütiger selbstkritischer Pessimist, der alles
Geleistete für nichts achtet, alles Wertvolle von der Zukunft erhofft. Warum?
Er war im Weltanschaulichen und im Religiösen noch völlig ohne Klarheit.
Hatte er nicht leichtsinnig seine dichterischen Werke in einer Schicht gebaut,
unter der kein festes Fundament stand? Ein anderer Dichter würde schwerlich
so fragen. Aber Schillers Grundschicht seiner geistigen Welt war der Gedanke.
Er brauchte philosophische Klarheit. Und die fehlte ihm noch.

Der erste entscheidende Vorgang in seiner Geistesentwicklung war die
Zerstörung oder Schwächung des schlicht-kirchlichen Glaubens gewesen. Sie
geschah unter der Einwirkung der Philosophie der Aufklärung, vor allem jener
Formen, welche Schiller als Mediziner kennen lernte; es war der Nachweis von
Wirkungen des Körpers auf die Seele. Wenn der Körper auf die Seele wirkt —
und daß es so ist, läßt sich nicht leugnen — wo bleibt dann die innere Freiheit?
Ein Leben ohne diese Freiheit scheint ihm aber verzweiflungsvoll. Rückschauend
beschreibt er damals seine innere Entwicklung. Den Vertreter der Aufklärungsphilosophie nennt er Raffael, sich selbst Julius. Er beginnt einen Zyklus
„Philosophische Briefe“ und schreibt „Selige paradiesische Zeit, da ich noch
vor einem Teufel bebte und desto herzlicher an der Gottheit hing. Ich empfand
und war glücklich. Raffael hat mich denken gelehrt, und ich bin auf dem Wege,
meine Erschaffung zu beweinen . . . Du hast mir den Glauben gestohlen, der
mir Frieden gab. Ersetzt mir Deine Weisheit, was sie mir genommen hat?“ (NA
20, S. 109 ff.)

Er wollte einen Sinn finden, wollte selbst im Zusammenhange eines Kosmos
stehen. Er wollte — und das war gerade sein Vorrecht als junger Mensch —
den ganzen Menschen einsetzen, nicht nur die Vernunft. Er hatte nun aber
nicht nur den aufklärerischen Materialismus kennengelernt, sondern auch den
Neuplatonismus in den Formen, die er im 18. Jahrhundert erhalten hatte bei
dem schottischen Philosophen Ferguson und seinem deutschen Bearbeiter
Garve; beider Werk war ihm seit etwa seinem 16. Lebensjahr dauernd zur
Hand. Hier fand er den Gedanken eines gottgeordneten Alls, in welchem
stufenförmig um die göttliche Zentralsonne alle Geister und Elemente in einer
bewegten Ordnung verbunden sind. Um dieses schöne Bild lebendig zu
empfinden, mußte er einmal das Gefühl haben, über sich selbst hinausgehoben
zu sein, aus dieser materiellen Gegenwart in eine unendliche Bewegung der
Geister hineingerissen zu sein. Und diese Empfindung hatte er gehabt. Er hatte
sie gehabt in der Freundschaft und in der Liebe. Und so wuchs aus diesen
Elementen ein großer Entwurf eines kosmischen Weltbildes empor; er ist
schwungvoll-hymnisch niedergeschrieben in der Schrift „Theosophie des Julius“,

welche in die „Philosophischen Briefe" eingeschoben ist. Ein Werk des Zwanzigjährigen, ungefähr gleichzeitig mit den „Räubern". Es ist mehr aus einer Sehnsucht geboren als aus einem Besitz. Wir fühlen: So sollte es sein. Und nicht: Dies habe ich.

Die „Theosophie" beginnt mit dem Satz „Das Universum ist ein Gedanke Gottes". Gott spaltet sich auf und wird zur Welt. „Die Natur ist ein unendlich geteilter Gott. Wie sich im prismatischen Glase ein weißer Lichtstreif in sieben dunklere Strahlen spaltet, hat sich das göttliche Ich in zahllose empfindende Substanzen gebrochen . . ." Diese „empfindenden Substanzen" sind die Geister, die Lebewesen, die Menschen. Und so, wie die Zusammenfügung der Strahlen wieder den einen hellen Lichtstrahl hervorbringt, so müßte „die Anziehung der Geister ins Unendliche fortgesetzt . . . Gott hervorbringen." Zwischen Gott und Welt besteht also kein Unterschied des Wesens, sondern nur des Grades, und dieser läßt sich durch den Sturmlauf der Sehnsucht verringern. Die Körperwelt wird bewegt durch das Gravitationsgesetz, das Newton formuliert hat. Es hat darüber hinaus symbolische Bedeutung. Denn es gibt eine Geisterwelt, die ebenfalls um eine Zentralsonne geordnet ist. Und die Kraft, die hier gilt, ist die Liebe. Als Liebende stehen die einzelnen Geister in Beziehung zu einander und darüber hinaus zu Gott, denn wenn sie alle sich vereinigen, wird Göttliches hervorgebracht, wie die Farbstrahlen vereinigt das Licht ergeben. — Diese Vorstellungen spricht Schiller dichterisch — begeistert aus: Die Parallele von Sonnensystem und dem Kreisen der Geister um Gott; die Liebe als das Verbindende; das Stufenreich der Geister vom Barbaren bis zum griechischen Seher:

> Geisterreich und Körperweltgewühle
> Wälzet eines Rades Schwung zum Ziele,
>   Hier sah es mein Newton gehn . . .
> Geister in umarmenden Systemen
> Nach der großen Geistersonne strömen,
>   Wie zum Meere Bäche fliehn . . .
>
> Tote Gruppen sind wir, wenn wir hassen,
> Götter, wenn wir liebend uns umfassen,
>   Lechzen nach dem süßen Fesselzwang.
> Aufwärts durch die tausendfachen Stufen
> Zahlenloser Geister, die nicht schufen,
>   Waltet göttlich dieser Drang.
>
> Arm in Arme, höher stets und höher,
> Vom Mongolen bis zum griech'schen Seher,
>   Der sich an den letzten Seraph reiht,
> Wallen wir, einmüt'gen Ringeltanzes,
> Bis sich dort im Meer des ewgen Glanzes
>   Sterbend untertauchen Maß und Zeit.

Damit ist dann auch für den Dichter selbst seine Einreihung in das All gefunden; durch die Liebe zum Freunde gehört auch er in den großen Kreis der Liebenden:

> Raffael, an Deinem Arm — o Wonne!
> Wag auch ich zur großen Geistersonne
> Freudig den Vollendungsgang.

Hier sind Ich, Welt und Gott einheitlich zusammengeschlossen, das Ich empfindet sich als Teil des göttlichen Alls, und das Gedicht endet mit dem Bilde des Weltenschöpfers, der sich in die Welt ausströmte:

> Freundlos war der große Weltenmeister,
> Fühlte Mangel — darum schuf er Geister,
> Selge Spiegel seiner Seligkeit.
> Fand das höchste Wesen schon kein Gleiches,
> Aus dem Kelch des ganzen Seelenreiches
> Schäumt ihm die Unendlichkeit.
>   (Aus: „Die Freundschaft", in der „Anthologie auf das Jahr 1782")

In diesen Jugendgedichten lebt schon Schillers ganze kühne Sprache, seine gewagten Bilder, seine leidenschaftlichen Übersteigerungen. Man darf kaum bei dem einzelnen Wort verweilen, es ist nur wie ein Pfeil, hinausgeschleudert in Richtung auf ein unnennbar Hohes. Es war ein Vorstellungskreis, der Schiller sehr entsprach und den er auch später noch festhielt. Nur wenn man die „Theosophie des Julius" kennt mit dem Bilde des Gottes, der sich in die Seelen der Lebewesen aufgespalten hat, und dem Bilde der Liebe, welche den einen Liebenden mit der ganzen Kette der Liebenden vereinigt, versteht man in dem Lied „An die Freude", 1785, die Worte „Diesen Kuß der ganzen Welt". — Eine Philosophie des Herzens, die vom All und von Gott spricht — aber wo liegt der Beweis, daß sie wahr sei? War dies alles nicht nur der Rausch erfüllter Stunden? Denn es gab bald danach Stunden, in denen das Ich ganz anders empfand —, und diese anderen Stunden waren in der Überzahl. Was war denn Wirklichkeit? Der Körper, die Vergänglichkeit, der Tod — gewiß. Aber jener Geisterreigen — war er nicht Traum, Hoffnung? Durfte man überhaupt sich so der Phantasie überlassen und das Denken überspringen?

Schiller schreibt: „Mein Herz suchte sich eine Philosophie und die Phantasie unterschob ihre Träume . . . Ich forsche nach den Gesetzen der Geister, schwinge mich bis zu dem Unendlichen, aber ich vergesse zu erweisen, daß sie wirklich vorhanden sind. Ein kühner Angriff des Materialismus stürzt meine Schöpfung ein." (NA 20, S. 115). Die zwei Stimmen im Innern teilt er schreibend in die Freunde Julius und Raffael. Julius hat jene glücklichen Phantasien verlassen. Er schreibt: „Glaube niemand als deiner Vernunft, sagtest du . . . Es gibt nichts Heiliges als die Wahrheit. Was die Vernunft erkennt, ist die Wahrheit. Ich habe dir gehorcht, habe alle Meinungen aufgeopfert, habe gleich jenem verzweifelten Eroberer alle meine Schiffe in Brand gesteckt, da ich an dieser Insel landete, und alle Hoffnung zur Rückkehr vernichtet ... Meine Vernunft ist mir jetzt alles ... Wie beschränkt ist der Mensch! ... Wecke ihn nicht! Er war so glücklich, bis er anfing zu fragen, wohin er gehen müsse und woher er gekommen sei. Die Vernunft ist eine Fackel in einem Kerker ... Mein Mut ist dahin, ich verzweifle an meinen eigenen Kräften ... dieser freie emporstrebende Geist ist in das starre unwandelbare Uhrwerk eines sterblichen Körpers geflochten, an seine kleinen Schicksale angejocht — dieser Gott ist in eine Welt von Würmern verwiesen." Hier sind Schillers große Probleme: Wo ist gesicherte Erkenntnis? Jene Theosophie war Traum. Wo gibt es eine wirkliche Brücke zum Absoluten? Alle früheren Träume und Hoffnungen sind abgetan, er kann nicht zurück, sondern nur vorwärts. Er traut jetzt nur der Vernunft. Und was zeigt sie? Daß der Geist gebunden ist an den Körper, an Vergänglichkeit und Tod. Er ist also nicht frei. — Die Gedichte, die nun folgen, sind elegische Klage oder bittere Selbstverspottung. Und das Drama, das aus dieser Stimmung heraus entstand, „Die Räuber", zeigt eine „verirrte große Seele" mit „zügellosem Feuer" (NA 22, S. 88). Karl Moor an der Donau sagt: „Wer mir Bürge wäre? Es ist alles so finster — verworrene Labyrinthe, kein Ausweg, kein leitendes Gestirn. Wenn es aus wäre mit diesem letzten Odemzug — aus wie ein schales Marionettenspiel ..." Er fühlt sich also ohne Zugang zum Absoluten. Und aus diesem Gefühl der Verlassenheit heraus folgt sein Handeln: Er will Gutes, aber verirrt sich ins Schuldhafte, und selbst seine Umkehr ganz am Schluß läßt die Frage offen, ob sie der Erkenntnis einer sittlichen Weltordnung entspricht oder nur ein stimmungsmäßiger Wandel in ihm selbst ist.

Dieses Irren im Ungewissen ist in den „Räubern" verbunden mit langen Gesprächen über Tod, Unsterblichkeit und Gott. Das Stärkste an der Gestalt des Franz Moor ist sein Materialismus. Die Erschaffung dieser Gestalt war ein Sich-Wehren gegen etwas Furchtbares. Franz Moor ist ein kalter Zyniker. Er spricht: „Ich weiß wohl, daß derjenige auf Ewigkeit hofft, der hier zu kurz gekommen ist; aber er wird garstig betrogen. Ich hab's immer gelesen, daß unser Wesen nichts ist als Sprung des Geblüts, und mit dem letzten Blutstropfen zerrinnt auch Geist und Gedanke ... Laß einen Wassertropfen in deinem Gehirne verirren, und dein Leben macht eine plötzliche Pause und ihre Fortdauer ist der Tod ... Das ist eure unsterbliche Seele ..." (5. Akt, 1. Szene). Wer spricht in dem Drama dagegen? Der Pastor Moser. Aber seine Gestalt wirkt wenig. Schiller war an ihr innerlich nicht so beteiligt wie an den Brüdern Moor; er war aber schon so sehr Dramatiker, daß er diese Gegenstimme einbaute.

Er selbst aber hatte religiös und philosophisch keine Hilfe gegen den Materialismus. Infolgedessen war er auch wehrlos gegenüber dem Todesproblem. Alles Dasein ist Vergänglichkeit und wird verschlungen vom Tode. Wenn er philosophisch der Frage nicht Herr werden konnte, so sollte die Dichtung helfen. Vielleicht half es, sein Leiden herauszuschreien, seine Verzweiflung auszusprechen. Aus dieser tiefen Wehrlosigkeit entstehen die Todesgedichte des Zwanzigjährigen, wie das Gedicht „Die Pest":

> Gräßlich preisen Gottes Kraft
>   Pestilenzen, würgende Seuchen,
> Die mit der grausen Brüderschaft
>   Durchs öde Tal der Grabnacht schleichen.
>
> Bang ergreifts das klopfende Herz,
> Gichtisch zuckt die starre Sehne,
> Gräßlich lacht der Wahnsinn in das Angstgestöhne,
>   In heulende Triller ergeußt sich der Schmerz.
>
> Raserei wälzt tobend sich im Bette.
> Giftger Nebel wallt um ausgestorbene Städte,
>   Menschen hager, hohl und bleich,
>   Wimmeln in das finstre Reich.
> Brütend liegt der Tod auf dumpfen Lüften,
> Häuft sich Schätze in gestopften Grüften —
>   Pestilenz sein Jubelfest.
> Leichenschweigen — Kirchhofsstille —
> Wechseln mit dem Lustgebrülle —
>   Schrecklich preiset Gott die Pest.

In den Liebesgedichten dieser Zeit, insbesondere in dem Gedicht „Melancholie, an Laura", sieht der Dichter die Geliebte vor sich, und plötzlich, wie eine Vision, schiebt sich zwischen sie und ihn ein anderes Bild: er sieht sie im Augenblick ihres Todes. Der Kelch der Freude erscheint ihm vergiftet durch die Vergänglichkeit.

> Eine schönre Wangenröte
> Ist doch nur des Todes schönrer Thron,
>   Hinter dieser blumigten Tapete
>   Spannt den Bogen der Verderber schon ...
> Aus einander bläst der Tod geschwind
> Dieses Lächeln, wie der Wind
> Regenbogenfarbigtes Geschäume.
>   Ewig fruchtlos suchst du seine Spur.
>   Aus dem Frühling der Natur
> Aus dem Leben, wie aus seinem Keime,
>   Wächst der ew'ge Würger nur.
> Weh! Entblättert seh ich deine Rosen liegen,
>   Bleich erstorben deinen süßen Mund ...

Vergleichbare Gedichte hat es im Barock gegeben und im Expressionismus, jedesmal ein qualvolles Sich-Wehren gegen Grauen und Sinnlosigkeit.

Das Gedicht „Resignation" spricht davon, daß man entweder die Freuden des Lebens genießen könne oder streng gegen sich selbst sein müsse in der Hoffnung auf ein besseres Jenseits; doch diese Hoffnung wird niemals erfüllt. Es gibt kein Gericht nach dem Tode. Es gibt nur das Diesseits, da hat der eine seinen Sinnengenuß, der andere seine Hoffnung. Vorsorgen für das, was danach kommt, kann man nicht. Der Sittenstrenge erfährt nach dem Tode nicht einmal, ob er richtig gehandelt habe. Er erfährt nur, daß alles nicht gilt. — Hier ist der Nihilismus so konsequent zu Ende gedacht, wie vorher der optimistische Aufstieg zu Gott in der „Theosophie". Jahrelang hat Schiller sich in seiner Jugend mit dem Problem des Todes gequält. Er hat es später, in seinem Idealismus gelöst — davon soll noch die Rede sein —, aber was diese Lösung für ihn bedeutete, ermißt man nur, wenn man weiß, wie ratlos er lange Zeit ihm gegenüberstand, als aller Sinn, alle Schönheit durch den Tod und die Vergänglichkeit weggefressen wurde und der Mensch völlig hilflos diesen Mächten hingeworfen war.

Der junge Dichter fühlte: So könne es nicht weitergehn. Er versuchte, sowohl den Optimismus wie den Pessimismus etwas in Abstand zu rücken, sich objektiv zu machen. Er stellte beide Standpunkte zugleich dar, indem er im Alter von 22 Jahren einen Dialog erfand zwischen Wollmar, dem Pessimisten, und Edwin, dem Optimisten. Er heißt „Der Spaziergang unter den Linden". Wollmar sagt: „Auf jeden Punkt im ewigen Universum hat der Tod sein monarchisches Siegel gedrückt . . . Die Natur ist ein unflätiges Ungeheuer, das von seinem eigenen Kot sich mästet . . ." Edwin kann Wollmar nicht widerlegen, sondern nur sagen, daß ihm, aus anderem Lebensgefühl heraus, der gleiche Vorgang anders erscheine: „Jeder kommende Frühling — widerlegt meine ängstliche Besorgnis eines ewigen Schlafes . . ." Der eine glaubt an Unsterblichkeit, der andere nicht — beweisen kann es keiner. Aber nun nimmt das Gespräch eine andere Wendung. Wollmar ist Materialist. Er sagt: „Das Schicksal der Seele ist in die Materie geschrieben", und von hier aus bestreitet er jede Möglichkeit einer Freiheit und Aufwärtsentwicklung des Geistes. Er sagt: „Tausend und abertausend Segel fliegen ausgespannt, die glückliche Insel zu suchen im gestaltlosen Meere . . . Ich sehe hier eine Flotte im ewigen Ring des Bedürfnisses herumgewirbelt, ewig von diesem Ufer stoßend, um ewig wieder daran zu landen . . ." Und hier greift nun Edwin ein. Er sagt: „Wenn sie auch die Insel verfehlt, so ist doch die Fahrt nicht verloren . . ." Hier kündigt sich eine neue Wendung an: Nicht das Ziel, sondern die Richtung ist das Wesentliche. Nicht vom Absoluten aus wird geurteilt, sondern vom Menschen aus. Hier befindet sich der zweiundzwanzigjährige Schiller bereits auf dem Wege zu dem Standpunkt, den der sechsunddreißigjährige später als durchgebildeter Kantianer in den „Briefen über

die ästhetische Erziehung des Menschen" folgendermaßen formulierte: „Vor
einer Vernunft ohne Schranken ist die Richtung zugleich die Vollendung, und
der Weg ist zurückgelegt, sobald er eingeschlagen ist." (9. Brief)

Schiller will sich jetzt zurückziehen von allen Spekulationen über Jenseits
und Unsterblichkeit. Er will neu anfangen vom Menschen aus, vom Hier und
Jetzt. Jeder gelebte Augenblick verlangt Tätigkeit und bringt seine Forderungen.
Ließ sich nicht von hier aus neu aufbauen? Das Gedicht „Die Ideale" stellt
diese Entwicklung rückblickend dar.

> Erloschen sind die heitern Sonnen,
> Die meiner Jugend Pfad erhellt,
> Die Ideale sind zerronnen,
> Die einst das trunkne Herz geschwellt . . .
> Er ist dahin, der süße Glaube,
> An Wesen, die mein Traum gebar,
> Der feindlichen Vernunft zum Raube,
> Was einst so schön, so göttlich war . . .

Er fragt dann: Was bleibt? Geblieben ist ihm zweierlei: Er hat im Freunde —
er denkt an Körner — den Adel des Menschen erlebt, er ist nicht enttäuscht
worden; und er hat Aufgaben gefunden, die Arbeit, die eine Forderung des
Tages ist, er denkt dabei an sein Studium der Geschichte und seine Lehrtätigkeit:

> Von all dem rauschenden Geleite,
> Wer harrte liebend bei mir aus?
> Wer steht mir tröstend noch zur Seite
> Und folgt mir bis zum finstern Haus?
> Du, die du alle Wunden heilest,
> Der Freundschaft leise zarte Hand,
> Des Lebens Bürden liebend teilest,
> Du, die ich frühe sucht' und fand,
> Und du, die gern sich mit ihr gattet,
> Wie sie der Seele Sturm beschwört,
> Beschäftigung, die nie ermattet,
> Die langsam schafft, doch nie zerstört . . .

Diese Änderung der Blickrichtung zeigt sich nun überall. In den „Räubern"
tappte Karl Moor im Dunkel, es gab für ihn „kein leitendes Gestirn". In „Don
Carlos" ist es bereits anders. Das Drama ist gewissermaßen die positive
Ergänzung der „Räuber", die Schiller damals für notwendig hielt. In der
konkreten Situation, in der praktischen Politik, sucht Posa das Gute zu
verwirklichen, und er führt auch Carlos zu diesem Wege hin. Daß Betrug und
Mord böse sei und daß Guttat und Hilfe und Reinheit gut sei — muß das noch
philosophisch bewiesen werden? Vom Hier und Jetzt aus will Schiller neu
aufbauen. Aber er ist nun einmal der Dichter, dessen Element der Gedanke

ist. Und so ergibt sich ihm die Frage: Wenn der Mensch von allen Träumen über das Absolute und Unsterblichkeit und All absieht, so bleibt ihm doch sein Ich und in diesem Ich ein sittliches Bewußtsein. Was hat es mit diesem auf sich? Wohin zielt es? Wie weit ist es eine religiöse Grundlage?

Schiller schrieb damals — 1788/89 — an seinem Roman „Der Geisterseher", der, in eine spannende Handlung verwickelt, die Geschichte eines entwurzelten Geistes darstellt. Von eigenen weltanschaulichen Fragen bewegt, schob Schiller in diesen Roman ein langes philosophisches Gespräch ein, das zu dem Gesamtwerk gar nicht paßte und das er beim zweiten Druck größtenteils wieder herausnahm. Aber für Schillers eigene Geistesentwicklung ist dieses Gespräch überaus aufschlußreich. Der Prinz, der hier seine Philosophie entwickelt, sagt: „Nehmen wir hinweg, was der Mensch . . . seiner eingebildeten Gottheit als Zweck . . . untergeschoben hat — was bleibt uns dann übrig? Was mir vorherging und was mir folgen wird, sehe ich als zwei schwarze undurchdringliche Decken an, die an beiden Grenzen des menschlichen Lebens herunterhangen und welche noch kein Lebender aufgezogen hat . . . Eine tiefe Stille herrscht hinter dieser Decke. Alles was man hörte, war ein hohler Widerhall der Frage, als ob man in eine Gruft gerufen hätte . . . Ich bescheide mich gern, nicht hinter diese Decke blicken zu wollen. Aber indem ich mein ganzes Sein in die Schranken der Gegenwart einschließe, wird mir dieser kleine Fleck desto wichtiger . . . Ich bin einem Boten gleich, der einen versiegelten Brief an den Ort seiner Bestimmung trägt . . ." (4. Brief. NA 16, S. 124f, 161ff) Hier zieht sich das Denken zurück von Spekulationen über Gott, Unsterblichkeit und Freiheit und geht aus vom Hier und Jetzt. Und was bleibt hier? Moralität. Der Prinz sagt: „Moralität ist eine Beziehung, die nur innerhalb der Seele, außer ihr nie gedacht werden kann." Das Gespräch bringt eine Anzahl von Beispielen aus dem Leben und versucht, eine auf sich selbst beruhende Moralität zu formulieren. Es kommt zu den Worten: „Erinnern Sie sich nun, daß wir diese ganze Untersuchung im geschlossenen Bezirk der menschlichen Seele angestellt haben und innerhalb dieses Kreises den ganzen Bau der Moralität aufgeführt haben . . ." (NA 16, S. 178)

Schiller schrieb an Körner (9. 3. 89), daß ihm dies Gespräch wichtig sei und daß er ihm viel eigene Gedanken gegeben habe. Der Prinz sei noch zu keiner festen Weltanschauung gelangt, und daraus sei die innere „Verlassenheit seines Wesens" entstanden. Und am Ende des Briefes schreibt er: „Ich habe auf dieser Welt keine wichtigere Angelegenheit, als die Beruhigung meines Geistes, aus der alle meine edleren Freuden fließen."

Aber diese „Beruhigung" war noch nicht gefunden. Blicken wir noch einmal zurück: Die erste Stufe war eine kindliche Gläubigkeit. Dann ein Zweifel an allem. Zeitweilig, aus der Seligkeit der Freundschaft und Liebe heraus ein Gefühl, mit dem All verbunden zu sein, und daraus entstehend der optimistische

Weltmythos in der „Theosophie des Julius". Meist aber tiefer Pessimismus, wie
Karl Moor sagt: „Es ist alles so finster, kein leitendes Gestirn . . ." Schon die
Tatsache, daß solches Schwanken möglich war, bewies, wie wenig Wahrheit all
diesen Gedanken innewohnte, und das stimmte bitter. Schiller zog sich bewußt
von allen Gedanken dieser Art zurück und wollte neu aufbauen vom Menschen,
vom Hier und Jetzt aus.

Was er hier vollzog, geschah zwar ganz selbständig, aber er war nicht der
einzige, dem es so ging. Es ist der Geistesweg vieler Menschen der nachmittelalterlichen Zeit, zumal des 18. Jahrhunderts. Die Philosophie des Barock dachte
an das All, an die Weltordnung, an Gott. Aber seit der Aufklärung wurde das
alles fraglich. Und man begann nach dem erkennenden Menschen zu fragen.
Man rief deswegen so gern die antike Philosophie des Sokrates zu Hilfe, denn
er hatte, wie man sagte, „die Philosophie vom Himmel auf die Erde gerufen",
er hatte angefangen, vom Menschen aus zu fragen. Diese Fragestellung des
18. Jahrhunderts hat nun ein einziger konsequent zu Ende gedacht: Immanuel
Kant.

Als Schiller 1788 das philosophische Gespräch im „Geisterseher" schrieb,
hatte er Kants Werke noch nicht kennengelernt. Ganz aus sich selbst heraus
hatte er den Gedanken entwickelt, rein vom Menschen her die Moralität
vernunftgemäß zu erkennen. Das war der Ansatz, den auch Kant hatte. Aber
Schiller fragte sich noch vergeblich, was diese Moralität nun sei. Und hier hatte
Kant die Antwort gefunden. Jetzt, in diesem Zeitpunkt, seit 1790, lernte Schiller
Kants Werke kennen. Äußerlich gesehen erscheint dieser Vorgang sehr natürlich, denn es lag ja nahe, daß ihm, dem philosophisch Interessierten, sein Freund
Körner diesen großen zeitgenössischen Denker nahe brachte. Aber hier scheint
noch mehr vorzugehen: Dem innersten Bedürfnis kommt ein äußeres Ereignis
entgegen. Schillers Genius mangelt bei dem Riesenbau seiner geistigen Welt ein
bestimmter Stein. Und eben den schiebt ihm das Schicksal in diesem Augenblick
hin. Und damit vollendet sich Schillers Gestalt, aber auch die Gestalt des ganzen
Zeitalters.

Schiller fand die Fragen, die ihn bewegt und gequält hatten, bei Kant
behandelt und gelöst. Schiller hatte sich gefragt, ob er von seinen Träumen der
„Theosophie" irgend etwas aufrechterhalten könne. Kant sagte, Gott, Freiheit
und Unsterblichkeit könnten wir theoretisch nicht beweisen; aber sie seien aus
praktischen Motiven geforderte Annahmen, Postulate; sie seien widerspruchslos
denkbar und nicht zu widerlegen. Alles, was Schiller in seiner Jugend an
Philosophie gehört oder selbst erdacht hatte, ging über das Erfahrbare hinaus,
es war Metaphysik. Kant zeigte nun, Metaphysik sei eine nur vermeintliche
Wissenschaft vom Übersinnlichen; ihr Dasein verdanke sie dem Umstand, daß
es Vernunftbegriffe gibt, Begriffe wie das Absolute, Gott, die Welt; diese Begriffe
oder Ideen weisen über die Erfahrung hinaus; man kann und darf zwar

annehmen, daß sie auf Objekte zurückgehen, aber man kann es wissenschaftlich weder beweisen noch widerlegen. Die theosophisch-phantastische Metaphysik ist also nicht beweisbar; ebensowenig ist aber auch eine materialistisch-nihilistische Metaphysik beweisbar. So sah Schiller sich also auch befreit von diesem Wege, den er vielfach hatte gehen müssen und den er zugleich als falsch empfunden hatte. Kant wies nun darauf hin, daß es darauf ankäme, einmal die Vernunft selbst, die uns all diese Begriffe gibt, zu untersuchen. Und wir sind nicht nur erkennende, sondern auch wollende und handelnde Wesen, und die praktische Vernunft gibt sich selbst das Gesetz. Zu dieser Frage war auch Schiller gekommen in dem „Geisterseher"-Gespräch. Dieses Gespräch fragte nach der Moralität des Handelns, es leitete sie aus Beispielen ab, es erläuterte sie psychologisch. Aber es war noch das Problem geblieben: Ist Moralität von der Erfahrung abhängig? Hat sie objektive Geltung? Kann man sie bis ins einzelne inhaltlich festlegen? Steht sie zu dem Jenseitigen in Beziehung oder gehört sie der Vergänglichkeit an? Ist sie vielleicht nur eine Art höherer Naturtrieb? Auf dies alles wußte Kant zu antworten. Das Sittengesetz ist von Erfahrung unabhängig. Es stammt aus der Vernunft. Es gilt absolut, gleichviel ob es befolgt wird oder nicht, ob es Menschen gibt oder keine. Es besagt: „Gib der Welt die Richtung zum Guten" (NA 20, 335). Handle gut; habe einen guten Willen. Wir sind vernünftige Wesen, und also ist das Sittengesetz in uns. Wir sind unbedingt zu ihm verpflichtet. Aber es bestimmt nur die Form unseres Handelns, gibt den allgemeinen Hinweis auf das Gute; es sagt nicht im einzelnen Falle, wie das Individuum sich zu verhalten habe. Da Kant dies alles im Wesen des Denkens selbst begründete, leuchtete die Überzeugungskraft Schiller sofort ein.

Für einen anders veranlagten oder zu einer anderen Zeit lebenden Menschen hätte Kants Philosophie nicht soviel bedeuten können wie für ihn. Ihm brachte sie Beantwortung seiner wichtigsten Fragen. Für Kant ist das Sittengesetz das Fundament der Religion. Wir müssen es ansehen, als wäre es göttliches Gebot. Die Gesetze der Sittlichkeit gelten oder verpflichten nicht, weil Gott sie gegeben, sondern sie dürfen als göttlich betrachtet werden, weil sie notwendige Vernunft-gesetze sind. Auch dies war Schillers Denkweise völlig gemäß. Im Menschen ist die Idee, das Sittliche. Dieses aber gehört dem Absoluten an. Der Mensch ist dessen also teilhaft. Freilich nicht so, daß er etwas hat, sondern nur so, daß ihm etwas aufgegeben ist. Das Herz, das sich nach Geborgenheit sehnt, erhält nur einen Befehl: Du sollst; einen Befehl, der unbedingt gilt! Freilich, es ist Seligkeit, eine Verbindung zum Absoluten zu haben. Doch — ist es nicht eine Last, nur einen Befehl, nur eine Aufgabe zu erhalten? In diesem Befehl sich frei und groß zu fühlen, ist Heroismus. Eben dies aber war es, was Schillers Geist entsprach. Hier also hatte nun das Ich die bisher immer vergeblich gesuchte Verankerung im Absoluten gefunden. Es war nur ein einziger Punkt, nur ein

Befehl, aber er genügte, um eine Weltanschauung darauf aufzubauen; diese nun schwebte nicht mehr im Leeren. Damit war der Relativismus und also der Jugendpessimismus überwunden.

Schiller schreibt, als er in das Studium der Kantischen Philosophie sich vertieft: „Zwar wird uns dieser transzendentale Weg eine Zeitlang aus der lebendigen Gegenwart der Dinge entfernen und auf dem nackten Gefild abgezogener Begriffe verweilen — aber wir streben ja nach einem festen Grund der Erkenntnis, den nichts mehr erschüttern soll, und wer sich über die Wirklichkeit nicht hinauswagt, der wird nie die Wahrheit erobern." (Über die ästhet. Erziehung, Schluß des 10. Briefs.) Schiller war von nun an ein idealistischer Philosoph im Sinne der Kantischen Weltanschauung. Er hat in manchen Einzelzügen Kant widersprochen, er hat an wichtigen Punkten Kant ergänzt und weitergeführt, aber er ist im Grundsätzlichen ihm immer treu geblieben und hat sich immer dazu bekannt. An Körner schreibt er am 18. Februar 1793: „Es ist gewiß von einem sterblichen Menschen kein größeres Wort noch gesprochen worden als dies Kantische, was zugleich der Inhalt seiner ganzen Philosophie ist: Bestimme dich aus dir selbst; sowie das in der theoretischen Philosophie: die Natur steht unter dem Verstandesgesetze . . ." Noch kurz vor seinem Tode (2. 4. 1805) schrieb Schiller ein Bekenntnis dieser Art an Humboldt, und es klingt wie eine abschließende Zusammenschau, wenn er da nochmals auf die philosophischen Träume seiner Jugend blickt und dann auf die Wendung zum Idealismus: „Die spekulative Philosophie, wenn sie mich je gehabt hat, hat mich durch ihre hohlen Formeln verscheucht, ich habe auf diesem . . . Gefilde keine Nahrung für mich gefunden; aber die tiefen Grundideen der Idealphilosophie bleiben ein ewiger Schatz, und schon allein um ihretwillen muß man sich glücklich preisen, in dieser Zeit gelebt zu haben."

Der Kantische Idealismus bedeutete für Schiller aber nicht nur, daß er Antworten erhielt auf Fragen, die er gestellt hatte, sondern er griff nun selbst tätig in die philosophische Bewegung seiner Zeit ein und entwickelte den Idealismus weiter. Kant sprach immer wieder von Moralität und Pflicht. Goethe sprach von Natur. Schiller nimmt eine Zwischenstellung ein und bringt die Verbindung. Sein Begriff der „Schönen Seele" vereinigt Pflicht und Neigung: die Natur will von sich aus das, was das Sittengesetz fordert. Kant hatte seine Weltanschauung nur als Philosoph ausgesprochen, ja in einer durchaus fach-wissenschaftlichen Art. Schiller erst zeigte, daß hier eine Weltschau sei, die allgemein tragend für ein Leben sein könne: er sprach sie in dichterischer Weise aus in seinen philosophischen Gedichten und in seinen Dramen. Erst damit erhielt der deutsche Idealismus seine volle Mächtigkeit.

Diese Weltanschauung, welche Kant gegründet und Schiller weiterentwickelt hat, hat als Mittelpunkt den Gedanken, daß es eine Idee gibt. Der Mensch hat an der Idee Anteil. Er findet sie in seiner eigenen Brust; aber die Idee selbst ist nicht etwas Menschliches, denn sie gilt auch ohne den Menschen, sie gilt als Weltordnung, sie hat göttlichen Ursprung. Der Mensch hat also Zugang zum Absoluten. Aber die Freude, die er darüber empfindet, wird wieder gedämpft; denn er hat diesen Zugang nur halb. Die Idee erscheint nur als Imperativ: Sei gut. Was aber bei jedem einzelnen Menschen im konkreten Falle das Gute sei, das sagt sie nicht. Dadurch, daß die Idee dem Absoluten angehört, hat sie religiöse Bedeutung. Bei Kant besteht der Gottesdienst vor allem in der sittlichen Gesinnung und ihrer Betätigung; er besteht darin, daß der einzelne Mensch sich jederzeit in Beziehung sieht zu dem absoluten Gesetz.

Indem Schiller das, was bei Kant Philosophie und allgemeine Regel war, als Dramatiker ins Leben trug, ging er vom Abstrakten ins Konkrete. Das Sittengesetz, von dem der Philosoph spricht, betrifft nur die Form des Wollens. Hier aber in der Dichtung handelt es sich um die jeweiligen konkreten Inhalte. Und da zeigt sich dann die Unzulänglichkeit und Brüchigkeit, die im Wesen des Menschen schlechthin begründet ist. Es zeigt sich die menschliche Tragik. Diese Seite der idealistischen Weltanschauung darzustellen, wurde nun Schillers besondere Aufgabe.

Schiller war, seitdem er weltanschaulich festen Grund hatte, gewandelt. Das wirkte sich nicht nur in seiner Dichtung aus, sondern auch in seiner Persönlichkeit. Die Wandlung zum Idealismus fällt bei ihm zusammen mit der Wandlung vom Jüngling zum Mann — aber dieses Älterwerden war nicht das Entscheidende. Bei ihm, dem das Gedankliche das Grundlegende war, war es das Finden der Idee. — Die Themen und Lebensbezüge, die ihn in seiner Jugend bewegt hatten, bewegten ihn auch weiterhin, aber nun alle unter anderen Vorzeichen.

Freundschaft und Liebe waren einst der einzige Halt gewesen, leidenschaftlich und verzweifelt ergriffen im Dunkel des Relativen, eine Rettung aus der Sinnlosigkeit des Daseins. Jetzt ist der Sinn gegeben durch die Idee, und unter ihr steht der andere Mensch genau wie das Ich. Schiller tritt mit der Sicherheit des fest in sich selbst Ruhenden, weil fest in der Idee Ruhenden, nun Goethe und Humboldt entgegen, und es werden neue Freundschaften daraus, diesmal als ein gemeinsames Wohnen im Reiche des Geistes. Und die Liebe — in den jugendlichen Gedichten an Laura etwas Ersehntes, im Lied „An die Freude" etwas bei anderen (Körner und seiner jungen Frau) Gesehenes — wird nun ein Bestandteil seines eigenen Lebens in der Ehe mit Charlotte v. Lengefeld. Der Briefwechsel, meist in verhaltener Form, ist ein ergreifendes Zeugnis von Gemeinsamkeit und Innigkeit. — Schiller empfindet sich nicht mehr als einsam im All, wie in seiner Jugend, sondern als Glied in einer Kette.

Besonders deutlich zeigt sich die Wandlung gegenüber dem Problem des Todes. Es begleitet Schiller auch jetzt noch und bis an sein Ende. Aber jetzt findet er eine Lösung; und er bringt sie außer in seinen Dramen vor allem in den Schriften „Vom Erhabenen" (1793) und „Über das Erhabene" (1801). In seiner Jugend war der Tod das alles Entwertende, weil alles Vernichtende. Schönheit und Glück wollen Ewigkeit, der Tod aber vernichtet sie. Und weil das einzige, was dem Leben Sinn zu geben schien, zerstört wurde, haderte das Ich mit der Weltordnung. — Jetzt sieht Schiller die Frage anders. Der Mensch ist ein irdisches, unvollkommenes, fehlerhaftes Wesen. Aber er hat zugleich Teil an dem Absoluten. Nun verwirklicht sich dieses Absolute in unserem Leben niemals rein. Der Mensch kann, um der Idee zum Siege zu helfen und um zu zeigen, daß er das Irdische, Bedingende abstreifen will, nicht anders entscheiden, als den Tod auf sich zu nehmen. Er nimmt ihn in seinen Willen auf. Der Mensch als ein bedingtes, fehlerhaftes Wesen darf gar nicht ewig sein. Der Tod ist die einzige Lösung, um das Bedingte aufzuheben und dadurch das Unbedingte anzuerkennen. Es kommt nicht darauf an, ob man weiß, man lebe nach dem Tode weiter, sondern darauf, daß man weiß, es gibt eine moralische Weltordnung und man habe zu ihr hingestrebt. Die Idee der Unsterblichkeit beruhigt nur die „Sinnlichkeit" im Menschen; das Wissen um das Sittengesetz beruhigt unseren Geist, unsre „Vernunft". Der Tod hat also nicht — wie Schiller in seiner Jugend fürchtete — die Fähigkeit, alles zu vernichten und alles sinnlos zu machen. Die Idee bleibt; und gerade um der Idee willen ist es gut, daß das unvollkommene Individuum sterblich ist. Hier nimmt der Mensch die physische Ordnung in seinen Willen auf, er wünscht sie von sich aus. Das nennt Schiller „erhaben". Wie wird das Erhabene verwirklicht? Wenn unsere physische Natur ihre Bedingtheit zeigt, erweist zugleich unsere moralische Natur ihre Freiheit, indem sie das, was physischer Zwang ist, von sich aus als erwünscht bezeichnet. Vier Jahre vor seinem Tode, schon als Schwerkranker, schreibt Schiller in der Schrift „Über das Erhabene": „Gegen alles, sagt das Sprichwort, gibt es ein Mittel, nur nicht gegen den Tod ... Dieses einzige Schreckliche, welches er (der Mensch) nur muß und nicht will, wird wie ein Gespenst ihn begleiten und ihn — wie auch wirklich bei den mehrsten Menschen der Fall ist — den blinden Schrecknissen der Phantasie zur Beute überliefern ... Die Kultur soll den Menschen in Freiheit setzen ... Kann er also den physischen Kräften keine verhältnismäßige physische Kraft mehr entgegensetzen, so bleibt ihm, um keine Gewalt zu erleiden, nichts anderes übrig als ein Verhältnis, welches ihm so nachteilig ist, ganz und gar aufzuheben, und eine Gewalt, die er der Tat nach erleiden muß, dem Begriff nach zu vernichten. Eine Gewalt dem Begriffe nach vernichten, heißt aber nichts anderes als sich derselben freiwillig unterwerfen. Die Kultur, die ihn dazu geschickt macht, heißt die moralische. Der moralisch gebildete Mensch, und nur dieser, ist ganz frei. Entweder ist er der Natur als Macht überlegen oder er ist einstimmig mit derselben. Nichts, was sie an ihm ausübt, ist Gewalt: denn eh' es bis zu ihm kommt, ist es schon seine eigene Handlung geworden." (NA 21, S. 38f.) — Der Mensch erklärt sich also einverstanden mit dem Tode als dem notwendigen Ende eines beschränkten

Daseins. Indem er ihn in seinen Willen aufnimmt, erhebt er sich moralisch über ihn. So löst Schiller jetzt die Frage, die ihn in seiner Jugend bis ins Tiefste gequält hatte.

In seiner Jugend gab es entweder Gottnähe und Optimismus oder ein Tappen im Dunkel und Pessimismus. Jetzt ist beides vereinigt. Schiller schreibt: „Das Gefühl des Erhabenen ist . . . eine Zusammensetzung von Wehsein, das sich in seinem höchsten Grad als ein Schauer äußert, und von Frohsein, das bis zum Entzücken steigen kann . . . Diese Verbindung zweier widersprechender Empfindungen in einem einzigen Gefühl beweist unsere moralische Selbständigkeit . . .“ (Über das Erhabene. NA 21, S. 42) Zum Wesen des Menschen gehört, daß er einerseits ein Wissen hat vom absoluten Gesetz, anderseits es aber nie rein realisieren kann, sondern immer begrenzt bleibt im irdischen Dunkel des Geschehens.

Dieses Bild des Menschen, das im Erhabenen gipfelt, diese Mischung von Wehsein und Frohsein, von Dunkel und Licht, von Leben und Idee zeigen nun die philosophischen Gedichte und die Dramen der Klassik. — An Kants Philosophie anknüpfend heißt es in dem Gedicht „Das Ideal und das Leben“:

> Nehmt die Gottheit auf in euren Willen,
> Und sie steigt von ihrem Weltenthron.

Das Gedicht „Die Worte des Glaubens“ spricht von dem Sittengesetz, das als etwas Göttliches in die Menschenwelt hineinragt, vom Denkenden durch Selbsterziehung erstrebt, von der „Schönen Seele“ aus naiver Güte befolgt. Das Gedicht folgert daraus: „Und ein Gott ist, ein heiliger Wille lebt“. Das ist in klarer Sprache eine große religiöse Aussage, ein Bekenntnis.

> Und die Tugend, sie ist kein leerer Schall,
>   Der Mensch kann sie üben im Leben,
> Und sollt' er auch straucheln überall,
>   Er kann nach der göttlichen streben,
> Und was kein Verstand der Verständigen sieht,
> Das übet in Einfalt ein kindlich Gemüt.
>
> Und ein Gott ist, ein heiliger Wille lebt,
>   Wie auch der menschliche wanke,
> Hoch über der Zeit und dem Raume webt
>   Lebendig der höchste Gedanke;
> Und ob alles in ewigem Wechsel kreist,
> Es beharret im Wechsel ein ruhiger Geist.

Freilich, der Mensch berührt das Absolute nur — der Funke springt über —, aber er besitzt es nicht. Das neue Lebensgefühl ist „eine Zusammensetzung von Wehsein und Frohsein“. Die „Worte des Glaubens“ nennen, wenn sie das

„Frohsein" über die sittliche Idee verkünden, zugleich auch die andere Seite: „Und sollt' er auch straucheln im Leben". Und entsprechend gibt es in anderen Gedichten auch das „Wehsein". Aus dem Jahre 1803 stammt das Gedicht „Der Pilgrim". Entspricht dem Willen zum Absoluten das rhetorische Pathos, so dem Schicksal im Dunkel die lyrische Klage; und dieser Ton ist es, den wir hier vernehmen:

> Abend ward's und wurde Morgen,
>   Nimmer, nimmer stand ich still,
> Aber immer blieb's verborgen,
>   Was ich suche, was ich will ...
>
> Und zu eines Stroms Gestaden
>   Kam ich, der nach Morgen floß,
> Froh vertrauend seinem Faden
>   Werf' ich mich in seinen Schoß.
>
> Hin zu einem großen Meere
>   Trieb mich seiner Wellen Spiel,
> Vor mir liegt's in weiter Leere,
>   Näher bin ich nicht dem Ziel.
>
> Ach, kein Steg will dahin führen,
>   Ach, der Himmel über mir
> Will die Erde nie berühren,
>   Und das Dort ist niemals Hier!

Auch die Dramen der Klassik zeigen immer die Polarität und das Ineinander-Geschoben-Sein des Absoluten und Relativen, des Frohen und Wehen, und bringen Ereignisse, an denen diese Verbindung besonders deutlich wird. Der Mensch lebt in der geschichtlich-politischen Welt, die ihre Machtgesetze des Lebens hat, aber in ihr kann er seine moralische Freiheit geltend machen wie Max Piccolomini oder die Jungfrau von Orleans. Freilich, sofern er das Moralische allein beachtet, kommt meist das Leben zu kurz und scheitert. So zeigt sich die Freiheit oft gerade im Untergang. In die Staatshandlung kommt hier das Moralisch-Religiöse hinein.

Maria Stuart lernt es, sich selbst als sündig, als fehlerhaft zu begreifen. Es kommt ihr nun nicht darauf an, in dieser Form möglichst lange weiterzuleben, sondern einmal rein und erhaben zu sein. Das aber ist nur möglich, indem sie in den Tod geht. Als er von außen an sie herankommt, hat sie ihn innerlich schon bejaht, und durch diese innere Entscheidung gelangt die Verstrickte zur Entsühnung. In ihrem irdischen, bedingten Dasein erreicht sie damit einmal den Punkt, wo sie ins Absolute, in die Freiheit hinübergreift.

Die Weltordnung will, daß ein gebrechliches, schuldhaftes, immer wieder neu sich verstrickendes Leben ein Ende finde. Derjenige Mensch, der zu „moralischer

Kultur" gelangt ist, erkennt das selbst. In einem Akt der Freiheit bekennt er sich rückhaltlos zu der moralischen Weltordnung und macht sie sichtbar. Oft, wie bei Maria Stuart und Johanna von Orleans, wird diese Entscheidung erst im Untergang wirklich. — Immer ist die Geschichte mit ihrem Machtkampf der Raum, in dem dann plötzlich der Bereich der Freiheit, der Idee, der moralischen Kultur sichtbar wird. „Wilhelm Tell" zeigt — als einziges Drama — die Verwirklichung des Rechts, das auf eine göttliche Weltordnung zurückgeht, ohne viel Tragik mit sich zu bringen. Im Gegensatz dazu ist „Demetrius" ganz und gar geschichtlich-lebendige Bedingtheit, und hier ist das tragische Dunkel desto stärker. Doch „Demetrius" ist ein Fragment, wir wissen nicht genau, was der Schluß noch bringen sollte. Und dem Gedicht „Der Pilgrim" stehen andere Worte gegenüber wie das energische Bekenntnis zum Idealismus in dem letzten Brief an Humboldt. Liegt hier ein Bruch vor? Nein, aber eine Spannung, eine unaufhörliche Bewegung, eine Dynamik. Nur weil ein Licht ist, weiß der Mensch, daß er im Dunkel sucht. Und weil er im Dunkel sucht, strebt er ins Licht.

Das Drama der Klassik zeigt also den Menschen einerseits in allen irdischen Bedingtheiten, andererseits aber teilhaft eines Funkens des Weltgeistes. So sind die Dramen wie die Gedichte dieser Zeit eine Antwort auf jene Fragen, welche Schiller in seiner Jugend gestellt hatte. Auf allen Gebieten ist der Wandel offenbar; und er war bei Schiller fast allein auf dem Wege über die Philosophie, über den Gedanken gekommen, freilich eine Philosophie, die eine religiöse Bindung schafft.

In Schillers Jugend, bis in die Leipziger Zeit bei Körner hinein ergaben sich die Stimmungen seiner Dichtungen aus den Stimmungen seines Lebens. Später aber erhält das Leben seinen Ton vom Denken her. Um die Werke dieser Periode zu verstehen, braucht man des Dichters Lebensgeschichte nicht daneben zu halten. Tut man es aber, so sieht man, wie dieser todkranke, leidende, arbeitsreiche Mensch unentwegt durch geistige Einsichten erquickt und durchstrahlt wird. Kurz vor seinem Tode, in dem letzten Brief an Humboldt, schreibt er: „Und am Ende sind wir ja beide Idealisten und würden uns schämen, uns nachsagen zu lassen, daß die Dinge uns formen und nicht wir die Dinge." — In seiner Jugend, als Schiller die düsteren Todesgedichte wie „Die Pest" schrieb und als er in dem brieflichen Selbstbildnis an Körner (10. Febr. 1785) so pessimistisch über sich berichtete, war er körperlich gesund, es ging mit seinen Arbeiten voran, und seine Werke hatten Erfolg. Dennoch dieser tiefe Pessimismus aus dem Gefühl der Sinnlosigkeit heraus. In den Jahren seit der schweren Erkrankung im Januar 1791 war Schiller ein kranker Mann. Er litt sehr, und oft konnte er nicht arbeiten, so sehr er sich danach sehnte. Er wußte, wie krank er sei, in den Briefen an Körner sagt er es immer wieder; er rechnete damit, höchstens 50 Jahre alt zu werden (an Körner 25. April 1805). Wir wissen heute, daß es noch schlimmer mit ihm stand, als er ahnte, denn nach seinem Tode wurde eine Sektion durchgeführt, und dieser Bericht zeigt schreckliche innere Zerstörungen. (Abgedruckt in: Max Hecker, Schillers Tod und Bestattung. Leipzig 1935. S. 33–35.)

In einer solchen Leidenszeit wäre ein anderer leicht zum Pessimisten geworden. Schiller wurde es nicht, dank seiner Weltanschauung, letzten Endes dank des Kantischen moralischen Gottesbeweises. Aus dieser Weltanschauung heraus ergab sich ihm auch der Stil seines Lebens mit seiner Diszipliniertheit und Güte. Selbst schwer leidend war er noch rücksichtsvoll gegen andere. Der junge Heinrich Voß, der bei Schillers Krankheit mitunter die Nachtwache übernahm, berichtete darüber in einem Brief an seinen Freund Niemeyer. Schillers Krankenzimmer war im 2. Stock des Hauses, Lottes Schlafzimmer war im 1. Stock. Voß schreibt: „Wie litt der Mann, als ich zum erstenmal bei ihm wachte, und wie männlich und heiter ertrug er es! Nur einen Zug von seiner liebenswürdigen Selbstvergessenheit und Teilnahme will ich Dir erzählen. Bis um 12 Uhr blieb die Frau auf. Da wurde Schiller unruhig und bat sie, hinunterzugehen, um sich Ruhe zu gestatten. Als sie noch etwas zögerte, bat er noch dringender und — was mich anfangs bei ihm befremdete — mit heftigem Ungestüm. Kaum war die Frau die Treppe hinunter, da sank Schiller mir bewußtlos in die Arme und blieb darauf wohl einige Minuten in Ohnmacht liegen . . .Aus Schonung für seine Frau hatte er sich Gewalt angetan und die Ohnmacht verzögert, die nun desto gewaltiger hereinbrach . . .“ (NA 42, S. 417) Diese kleine Geschichte ist sehr bezeichnend. So war Schiller, aus dem Geiste lebend, gütig, rücksichtsvoll bis an den Rand seiner Kraft.

Blicken wir noch einmal zurück auf die besondere Architektonik dieser geistigen Entwicklung: Jugendchristentum, dann Relativismus (der gelegentlich zu optimistischer Theosophie, meist zu materialistischem Pessimismus wurde) und danach ein Versuch, neu zu beginnen vom Menschen aus; in diesem Augenblick die Begegnung mit Kant und dadurch wesentliche Förderung. Jahrelanges Studium der Philosophie. Hier erarbeitete sich Schiller ein Bild des Menschen und klärte die Frage nach der Stellung der Kunst in der geistigen Welt. Das Studium der Philosophie zeigt die Idee, aber diese hat ihren Sinn nur im Leben. Das Leben als Gewoge vitaler Kräfte zeigt sich am deutlichsten als Geschichte, und so tritt neben das Studium der Philosophie das der Geschichte, der Schiller dann seine großen Stoffe entnimmt, die er wiederum vom Gesichtspunkt der Philosophie aus durchgeistet. Nach 10 Jahren solcher Arbeit kehrt er zur Dichtung zurück als ein Gewandelter.

Schillers Jugendpessimismus endete mit dessen Überwindung durch den Idealismus. Dieser Entwicklungsgang zeigt einerseits Schillers persönliche Eigenart, anderseits aber auch Züge, die allgemein für den nachmittelalterlichen und nachaufklärerischen Menschen gelten. Auch die anderen Großen der

Goethezeit sind durch schwere Krisen des Relativismus und Pessimismus hindurchgegangen: Goethe in der „Werther"-Zeit, Jean Paul in der Epoche seiner Jugend-Satiren, Tieck und Brentano in Zeiten tiefer jugendlicher Verzweiflung. Sie alle fanden die Aufklärung mit ihrem Materialismus und die Brüchigkeit der traditionellen kirchlichen Welt vor. Schiller ist nicht der einzige, der sich seinen Weg suchen mußte; aber er ist unter den Schriftstellern der einzige, der es mit so viel fachgerechtem philosophischem Denken tat, und der einzige, der den großen Philosophen aus Königsberg so gut verstand.

Keiner dieser Dichter ist bei dem flachen Materialismus und Atheismus geblieben, wie ihn Lamettrie und Holbach ausgesprochen hatten. Das Besondere der großen deutschen Dichter der Goethezeit ist: Sie können nicht nur mit Worten Menschen und Situationen hinstellen, sondern sie haben so viel Tiefe, daß sie die Welt in wesentlichen Zügen deuten, auch in religiöser Beziehung. Das ist durchaus etwas Besonderes, spätere Dichter haben es nicht so vermocht.

Wenn Schiller in dem Gedicht „Die Worte des Glaubens" an das Sittengesetz denkend sagt: „Und ein Gott ist, ein heiliger Wille lebt", so war das seine Überzeugung, aus der er lebte. Und so, in allgemeinsten Zügen, gibt es eine solche Überzeugung auch bei Goethe und bei Hölderlin. Das Göttliche ist eine Wirklichkeit. Es ist dem Menschen nicht verschlossen. Der menschliche Geist ist imstande, es in begrenzter Weise zu erfahren. Aber eben weil jeder begrenzt ist, erfährt jeder es von seinem Standpunkt aus. Für Hölderlin gibt es die Anwesenheit des Göttlichen als Natur (Erde, Licht und Äther) und als Liebe, aber der Mensch erfährt die Götter nur, soweit er sie zu nennen, sie anzusprechen versteht. Goethe formt sein Weltbild des Symbols: alles, was wir erleben, ist Gleichnis, Abglanz, Widerschein des Absoluten, wir erfahren diesen Abglanz in Urphänomenen wie Natur, Idee, Tätigkeit und Liebe. Da ist Natur und Liebe wie bei Hölderlin und da ist Idee und Tätigkeit wie bei Schiller.

Das Gemeinsame ist, daß sie alle drei aussprechen: Der Mensch, in die Welt hineingestellt, erfährt kraft seiner Organe, daß in der Welt etwas ist, was über sie hinausweist. Das Verhältnis zum Absoluten ist immer zugleich ein Haben und Nicht-Haben. Man hat es als Befehl, aber nicht als Besitz; als Abglanz, aber nicht als Licht; man hat es nur soweit, wie man selbst die greifenden Kräfte hat. – Sie sprachen dies aus als Dichter. Sie blieben damit in einer großen abendländischen Tradition und bildeten zugleich in ihr eine neue eigene Epoche.

Die geistige Haltung der Großen der Goethezeit, die man aus ihren Werken der Reife herausliest, ist nicht so mühelos dagewesen, wie es vielleicht aussieht, wenn wir nur auf die Mannesjahre dieser Menschen und auf ihre Meisterwerke blicken. Das vermag gerade der Blick auf Schillers Entwicklung zu zeigen. Wie immer man zu dem Inhalt des Schillerschen Denkens stehen mag, es bleibt das menschliche Phänomen, daß ein geistiger Mensch der Neuzeit eine Entwicklung dieser Art durchgemacht hat. Hier zeigt sich, welche Entwicklungsmöglichkeiten ein Mensch hat und wie er das geistige Prinzip in sich immer mehr zur erleuchtenden inneren Sonne machen kann. Die historische Betrachtung zeigt uns die Persönlichkeit und ihren geistigen Weg. Aus einer Fülle von Quellen läßt sich das Bild erschließen. Dahinter bleibt aber das allgemeine Phänomen, daß ein Mensch zu dem Wesentlichen gelangt, das er für sich selbst finden muß, von seinem eigenen Innern aus und zugleich in Verarbeitung der ihm zugeflossenen Tradition.

Vorlesung bei Antritt des Lektorats für deutsche Sprache und Literatur an der Universität Amsterdam, 1933. — In überarbeiteter Form gedruckt in: Jahrbuch des Wiener Goethe-Vereins Bd. 84/85, 1980/81. — Die Herkunftsnachweise der Zitate sind so gehalten, daß man möglichst in jeder Ausgabe von Schillers Schriften und Briefen die Stellen nachlesen kann. Die Seitenzahlen beziehen sich auf: Schillers Werke. Nationalausgabe. Weimar 1943ff. Abgekürzt: NA.

Schillers Lied „An die Freude" und Beethovens IX. Symphonie

Dadurch daß Beethoven den Schlußsatz seiner IX. Symphonie oratorienartig gestaltete und als Text Strophen aus Schillers Lied „An die Freude" wählte, wurden die große symphonische Musik und die große weltanschauliche Dichtung dieser Epoche in einem Werk zusammengeschlossen. Beide haben eine innere Verwandtschaft. Die Ordnung der Welt wird erfahren durch das erlebende begeisterte Subjekt. Die Musik und auch die Dichtung können jede mit ihren Mitteln sowohl die objektive Ordnung als auch die Innerlichkeit des Subjekts darstellen und darüber hinaus den Zusammenhang beider im menschlichen Erleben.

Die ersten beiden Sätze der IX. Symphonie geben den Eindruck eines vielgestaltigen Weltgeschehens, eingefangen durch einen menschlichen Geist, der dieses Weltdrama zu erfassen versteht in seinen Spannungen, seinen Dissonanzen und auch in seinem Zusammenklang. Der 3. Satz wirkt dagegen wie die Darstellung einer Einzelseele, die voll Sehnsucht sich dem Höchsten zuwendet. Das Ende des Satzes ist die Aufforderung an die Seele, sich zu sammeln zu einem inneren Aufschwung.

Im 4. Satz ordnet sich die Seele ein in einen großen gottgewollten Zusammenhang, und hier kommt nun zu der Musik das Wort hinzu. Beethoven hat aus dem Schatz neuerer dichterischer Werke Schillers Gedicht „An die Freude" ausgewählt. Er hat aber nicht einfach den Text übernommen, sondern hat ihn umgestaltet, und bei näherer Betrachtung zeigt sich, welch geniale Leistung diese Umgestaltung ist.

Beethoven hat das Lied „An die Freude" schon in seiner Jugend kennengelernt, als er in Bonn Werke von Klopstock, Goethe, Schiller und anderen las und den jungen Professor Bartholomäus Ludwig Fischenich kennenlernte, der bei Schiller in Jena studiert hatte und dort zu Schillers Freundeskreis gehört hatte. Fischenich schrieb am 26. Januar 1793 an Charlotte Schiller über Beethoven: „Er wird auch Schillers ‚Freude', und zwar jede Strophe, bearbeiten. Ich erwarte etwas Vollkommenes, denn . . . er ist ganz für das Große und Erhabene." Damals lag das Gedicht in der Fassung vor, die Schiller in seiner „Thalia" 1786 veröffentlicht hatte. Beethoven hat dann aber in seiner Jugend den Plan der Vertonung nicht durchgeführt. Indes blieb Schillers Werk weiterhin in seinem Geiste lebendig.

Als 1822 – 1824 die IX. Symphonie entstand, griff Beethoven nun zu Schillers Text. Dieser hatte 1803 das Gedicht in leicht veränderter Form gedruckt.

Beethoven benutzte diese 2. Fassung, aber nicht immer. Bei ihm heißt es: „Laufet, Brüder, eure Bahn." Schiller aber hatte verändert in „Wandelt, Brüder ..." Beethoven wußte vermutlich von seiner Jugend her diesen Text auswendig und hatte, als er zu komponieren begann, den neueren Text noch nicht zur Hand.

Um zu erkennen, was Beethoven aus Schillers Text gemacht hat, muß man diesen zunächst als Ganzes vor sich sehn, und zwar in der Fassung, wie der 26jährige Dichter ihn geschrieben und 1786 gedruckt hatte. Es sind Strophen zu je 12 Zeilen. Vor dem 9. Vers steht jedesmal „Chor". Schiller dachte also an Einzelgesang und Chor.

1. Freude, schöner Götterfunken,
   Tochter aus Elisium,
   Wir betreten feuertrunken,
   Himmlische, dein Heiligtum.
   Deine Zauber binden wieder,
   Was der Mode Schwert geteilt;
   Bettler werden Fürstenbrüder,
   Wo dein sanfter Flügel weilt.
Chor: Seid umschlungen, Millionen!
   Diesen Kuß der ganzen Welt!
   Brüder — überm Sternenzelt
   Muß ein lieber Vater wohnen.

2. Wem der große Wurf gelungen,
   Eines Freundes Freund zu sein,
   Wer ein holdes Weib errungen,
   Mische seinen Jubel ein!
   Ja — wer auch nur eine Seele
   Sein nennt auf dem Erdenrund!
   Und wer's nie gekonnt, der stehle
   Weinend sich aus diesem Bund!
Chor: Was den großen Ring bewohnet,
   Huldige der Sympathie!
   Zu den Sternen leitet sie,
   Wo der Unbekannte thronet.

3. Freude trinken alle Wesen
   An den Brüsten der Natur,
   Alle Guten, alle Bösen
   Folgen ihrer Rosenspur.
   Küsse gab sie uns und Reben,
   Einen Freund, geprüft im Tod.
   Wollust ward dem Wurm gegeben,
   Und der Cherub steht vor Gott.
Chor: Ihr stürzt nieder, Millionen?
   Ahndest du den Schöpfer, Welt?
   Such ihn überm Sternenzelt,
   Über Sternen muß er wohnen.

4. Freude heißt die starke Feder
   In der ewigen Natur.
   Freude, Freude treibt die Räder
   In der großen Weltenuhr.
   Blumen lockt sie aus den Keimen,
   Sonnen aus dem Firmament,
   Sphären rollt sie in den Räumen,
   Die des Sehers Rohr nicht kennt.
   Chor: Froh, wie seine Sonnen fliegen
   Durch des Himmels prächtgen Plan,
   Laufet, Brüder, eure Bahn,
   Freudig wie ein Held zum Siegen.

5. Aus der Wahrheit Feuerspiegel
   Lächelt sie den Forscher an.
   Zu der Tugend steilem Hügel
   Leitet sie des Dulders Bahn.
   Auf des Glaubens Sonnenberge
   Sieht man ihre Fahnen wehn,
   Durch den Riß gesprengter Särge
   Sie im Chor der Engel stehn.
   Chor: Duldet mutig, Millionen!
   Duldet für die bessre Welt!
   Droben überm Sternenzelt
   Wird ein großer Gott belohnen.

6. Göttern kann man nicht vergelten,
   Schön ist's, ihnen gleich zu sein.
   Gram und Armut soll sich melden,
   Mit den Frohen sich erfreun.
   Groll und Rache sei vergessen,
   Unserm Todfeind sei verziehn,
   Keine Träne soll ihn pressen,
   Keine Reue nage ihn.
   Chor: Unser Schuldbuch sei vernichtet,
   Ausgesöhnt die ganze Welt!
   Brüder — überm Sternenzelt
   Richtet Gott, wie wir gerichtet.

7. Freude sprudelt in Pokalen,
   In der Traube goldnem Blut
   Trinken Sanftmut Kannibalen,
   Die Verzweiflung Heldenmut.
   Brüder, fliegt von euren Sitzen,
   Wenn der volle Römer kreist,
   Laßt den Schaum zum Himmel spritzen:
   Dieses Glas dem guten Geist!

Chor: Den der Sterne Wirbel loben,
      Den des Seraphs Hymne preist,
      Dieses Glas dem guten Geist,
      Überm Sternenzelt dort oben!

8. Festen Mut in schweren Leiden,
   Hilfe, wo die Unschuld weint,
   Ewigkeit geschwornen Eiden,
   Wahrheit gegen Freund und Feind,
   Männerstolz vor Königsthronen,
   Brüder, gält es Gut und Blut.
   Dem Verdienste seine Kronen,
   Untergang der Lügenbrut!
Chor: Schließt den heilgen Zirkel dichter,
      Schwört bei diesem goldnen Wein,
      Dem Gelübde treu zu sein,
      Schwört es bei dem Sternenrichter.

9. Rettung von Tyrannenketten,
   Großmut auch dem Bösewicht,
   Hoffnung auf den Sterbebetten,
   Gnade auf dem Hochgericht!
   Auch die Toten sollen leben!
   Brüder, trinkt und stimmet ein,
   Allen Sündern soll vergeben
   Und die Hölle nicht mehr sein.
Chor: Eine heitre Abschiedsstunde,
      Süßen Schlaf im Leichentuch!
      Brüder — einen sanften Spruch
      Aus des Totenrichters Munde!

Als Schiller seine Gedichte, die zunächst in Almanachen und Zeitschriften und dann in einem Frankfurter Raubdruck erschienen waren, in einer Sammlung zusammenstellte, ließ er in deren 1. Band, 1800, das Lied „An die Freude" weg. Daraufhin schrieb sein Freund Körner ihm am 10. September 1800: „Daß Du aber auch „Die Künstler" und „Die Freude" nicht aufgenommen hast, werden Dir viele nicht verzeihen." Schiller antwortete am 21. Oktober: „Die ‚Freude' ist nach meinem jetzigen Gefühl durchaus fehlerhaft, und ob sie sich gleich durch ein gewisses Feuer der Empfindung empfiehlt, so ist sie doch ein schlechtes Gedicht und bezeichnet eine Stufe der Bildung, die ich durchaus hinter mir lassen mußte, um etwas Ordentliches hervorzubringen. Weil sie aber einem fehlerhaften Geschmack der Zeit entgegenkam, so hat sie die Ehre erhalten, gewissermaßen ein Volksgedicht zu werden."

Das ist ein scharfes Urteil. Warum sagt Schiller jetzt „ein schlechtes Gedicht"? Bei näherer Betrachtung kommt man wohl dahinter. Das im Beginn deutlich ausgesprochene Motiv ist die Beziehung des Menschen zu der göttlichen Region und die daraus erwachsene Freude. Sie wird erfahren in diesseitigen Erlebnissen, zumal in dem, was Schiller in der Sprache seiner Zeit „Sympathie" nennt, in den zwischenmenschlichen Beziehungen, die über sich hinausweisen. Dieses Motiv wird nun aber in den folgenden Strophen undeutlich, zumal da, wo von „Pokalen" die Rede ist und von „Kannibalen", die hier Wein trinken und dadurch weniger menschenfresserisch werden. Die dem Anfangsmotiv folgenden Motive machen das Hauptmotiv nicht klarer und auch nicht reicher, sondern sie leiten davon fort, auch wenn Hilfe für Unschuld, Treue zum Wort, „Männerstolz vor Königsthron" usw. sich gedanklich mit dem Hauptthema verknüpfen lassen. Dem jungen Dichter fällt vieles ein, aber er hat noch nicht gelernt, auszuwählen und zu begrenzen. In der späteren Fassung hat er nur die Schlußstrophe gestrichen. Mit dieser Reihung vieler Motive hängt noch etwas anderes zusammen: der Aufbau. Das Gedicht hat seinen Höhepunkt in der 1. Strophe. Auch die 2. und 3. Strophe sind noch bedeutend, dann aber wird es immer schwächer. Schiller hat in seinen späteren Gedichten auf einen anderen Aufbau geachtet, etwa in „Die Worte des Glaubens" oder „Das Ideal und das Leben": da hält die Kraft durch und steigert sich zum Schluß. Doch als er im Jahre 1803 das Lied „An die Freude" neu zum Druck gab, strich er nur wenig und änderte am Aufbau nichts.

Beethoven war in einer ganz anderen Lage. Bei einem großen Chorwerk waren Umstellungen und Wiederholungen möglich. Wie hat Beethoven Schillers Text benutzt? Beethoven läßt 36 Verse singen. Schillers Gedicht hat in der 1. Fassung 108 Verse, in der 2. Fassung 96 Verse. Beethoven kürzt also auf ein Drittel, aber dieses enthält alles Wesentliche.

Der Beethovensche Text sieht folgendermaßen aus:

> Freude, schöner Götterfunken,
> Tochter aus Elysium,
> Wir betreten feuertrunken,
> Himmlische, dein Heiligtum.
> Deine Zauber binden wieder,
> Was die Mode streng geteilt;
> Alle Menschen werden Brüder,
> Wo dein sanfter Flügel weilt.
>
> Wem der große Wurf gelungen,
> Eines Freundes Freund zu sein,
> Wer ein holdes Weib errungen,
> Mische seinen Jubel ein!
> Ja — wer auch nur Eine Seele
> Sein nennt auf dem Erdenrund!
> Und wer's nie gekonnt, der stehle
> Weinend sich aus diesem Bund!

Freude trinken alle Wesen
An den Brüsten der Natur,
Alle Guten, alle Bösen
Folgen ihrer Rosenspur.
Küsse gab sie uns und Reben,
Einen Freund, geprüft im Tod,
Wollust ward dem Wurm gegeben,
Und der Cherub steht vor Gott.

Froh, wie seine Sonnen fliegen
Durch des Himmels prächtgen Plan,
Laufet, Brüder, eure Bahn,
Freudig wie ein Held zum Siegen.

Seid umschlungen, Millionen!
Diesen Kuß der ganzen Welt!
Brüder — überm Sternenzelt
Muß ein lieber Vater wohnen.

Ihr stürzt nieder, Millionen?
Ahndest du den Schöpfer, Welt?
Such ihn überm Sternenzelt,
Über Sternen muß er wohnen.
(Wiederholungen.)

Durch diese Verkürzung und Umstellung wird der Kern der Schillerschen Aussage herausgehoben. Da das Gedicht als Ganzes dastand, war es keineswegs naheliegend, so vorzugehn. Es ist eine sachgerechte Leistung des Komponisten. Er hat damit das Beiwerk, das für das 18. Jahrhundert und für Schillers Jugend typisch war, fortgelassen und hat die große Aussage, die für seine Zeit ein Bekenntnis war, dargeboten.

Beethoven vermeidet durch seine Bearbeitung den ersten Fehler des jungen Schillers, das zu viele und Unklare. Und wie macht er es mit dem zweiten Problem des Gedichts, mit dem Aufbau? Er läßt von der 1. Strophe nur 8 Verse singen, den Höhepunkt mit dem religiösen Motiv „Brüder, überm Sternenzelt muß ein lieber Vater wohnen" bewahrt er sich noch auf. Dann läßt er die 2. Strophe singen, und auch hier läßt er die letzten 4 Zeilen mit dem Hinweis auf den „Unbekannten" weg. Jetzt folgt die 3. Strophe. Auch hier bewahrt Beethoven sich den Strophenschluß noch auf, die Worte über den „Schöpfer". Die 3. Strophe spricht aber schon in der 8. Zeile den religiösen Bereich an: „Und der Cherub steht vor Gott". Hier schließt Beethoven nun weitere religiöse Verse an, sich steigernd, zunächst den Schluß der 4. Strophe „Froh wie seine Sonnen fliegen". Bei Schiller muß man nachdenken, ob das Wort „seine" sich auf „Seher" bezieht in der Zeile davor oder auf „Gott" 13 Zeilen davor. Bei Beethoven ist die Beziehung sofort eindeutig. Weitere Strophen bringt er nicht. Und nun hat er noch die Schlüsse der 1. und der 3. Strophe übrig, jetzt erst folgen also die

Sätze „Brüder, überm Sternenzelt/Muß ein lieber Vater wohnen" und „Ahndest du den Schöpfer, Welt?" So setzt er am Ende seines Textes diese Höhepunkte ein, bis zu „Über Sternen muß er wohnen". Alles andere sind Wiederholungen. Die strophische Ordnung des Gedichts ist aufgegeben; aber eine einzigartige Konzentration auf das Wesentliche ist gewonnen und zugleich eine allmähliche Steigerung auf den Höhepunkt hin. Aus dem Erlebnis der „Sympathie" in allen ihren Formen folgt der Schluß auf ihren Schöpfer, das steht jetzt am Ende und nicht am Anfang des Gedichts.

In Schillers wie in Beethovens Fassung ist die zentrale Aussage die Beziehung des Menschen zu einer göttlichen Ordnung und die aus ihr hervorgehende Lebensfreude. Das Religiöse klingt schon in der ersten Zeile auf in dem Wort „Götterfunken". Es erreicht einen Höhepunkt in den Worten „Brüder, überm Sternenzelt/Muß ein lieber Vater wohnen". Dieser Ausblick entwickelt sich aus dem Erlebnis der Liebe im menschlichen Bereich: Freundesliebe − „Wem der große Wurf gelungen,/Eines Freundes Freund zu sein" −, Gattenliebe − „Wer ein holdes Weib errungen", − Menschenliebe − „Alle Menschen werden Brüder ...". Dahinter stehen persönliche Erlebnisse des jungen Schiller wie seine Freundschaft mit Körner, und zugleich die allgemeine empfindsame seelische Kultur des 18. Jahrhunderts, die damalige Auffassung von Freundschaft und Liebe. Schiller hat die Worte „Brüder, überm Sternenzelt/Muß ein lieber Vater wohnen" in einer Zeit geschrieben, als er von Kant noch nichts wußte. Später, als er seine Gedichte gesammelt veröffentlichte, kannte er Kants Werke, und man konnte diese Worte auch Kantisch deuten: Aus dem Sittengesetz im Innern des Menschen muß man auf einen Schöpfer dieses Gesetzes schließen. Auch Beethoven hat Kant gelesen. Im Februar 1820 notiert er in seinem Konversationsheft Kants Worte von dem „bestirnten Himmel über mir und dem moralischen Gesetz in mir". Ganz allgemein gilt für die bedeutenderen Geister der Zeit der Schluß von dem Irdischen auf eine höhere Welt, darum sprach Goethe von dem „Vergänglichen" als „Gleichnis". In dieser geistigen Bewegung stand auch Beethoven. Er hatte kurz vor der IX. Symphonie die „Missa solemnis" komponiert, einen christlichen Text. Man betonte damals das Verbindende, nicht das Trennende. Herders Humanitätsphilosophie ging von christlichem Denken aus, Goethe benutzte in „Faust" für den Prolog im Himmel und vor allem für den Schluß Bilder aus der Tradition christlicher Vorstellungen und Kunst. Alle hatten dort etwas gelernt, es war ihr entwicklungsgeschichtlicher Hintergrund. Doch der Gehalt der von Beethoven vertonten Verse ist eine freie Religiosität. Darum kann dieser Schlußchor auch in anderen Ländern als Ganzes verstanden und gesungen werden, nicht nur als große Musik.

Der Gedankenkreis des Gedichts hängt eng mit dem zusammen, was Schiller damals an Körner schrieb. So im Februar 1785: „Solche Augenblicke, wo meine

Seele aus ihrer Hülle schwebt und mit freierem Fluge durch ihre Heimat Elysium wandert, sollen den Freunden meines Herzens geheiligt sein ... Gewissen Menschen hat die Natur die langweilige Umzäunung der Mode niedergerissen ... Der kleinste Umstand wird mir oft ein Samenkorn von etwas Unendlichem. Dieses nämliche fängt mir an mit Ihrer Freundschaft zu begegnen ... Meine Seele dürstet nach Freundschaft, Anhänglichkeit und Liebe ... Innige Freundschaft, Zusammenschmelzung aller Gefühle, gegenseitige Verehrung und Liebe ... sollen unser Beieinandersein zu einem Eingriff in Elysium machen ..." In diesem Brief sind die Motive Elysium, Niederreißen der „Mode"-Grenzen, Freundschaft, Liebe und Freude zusammengefaßt wie in dem Gedicht. Nehmen wir den Brief vom 3. Juli 1785 hinzu, so haben wir auch den religiösen Bereich: „Wie schön und wie göttlich ist die Berührung zweier Seelen, die sich auf dem Wege zur Gottheit begegnen ... O mein Freund, nur unserer innigen Verkettung, ich muß sie noch einmal so nennen, unserer heiligen Freundschaft allein war es vorbehalten, uns groß und glücklich zu machen ... Wie fange ich jetzt an, mich meines Lebens zu freuen ..."

Zu den Einzelheiten sei vermerkt: Das Wort „Elysium" war im 18. Jahrhundert bekannt als Bezeichnung für einen Ort des Glücks. „Mode" ist im Sinne von lateinisch „modus" und französisch „mode" benutzt: Maß, Sitte, Regel. Gedacht ist hier an Sitten, die sinnlos und tyrannisch sind. In „Kabale und Liebe" sagt Ferdinand, als das bürgerliche Mädchen den Adligen nicht heiraten darf: „Wir wollen sehen, ob die Mode oder die Menschheit auf dem Platze bleiben wird." (2. Akt, 3. Szene). „Mode" ist hier der Gegensatz zu Humanität („Menschheit").

Bezeichnend für das ganze Gedicht — in Schillers und in Beethovens Fassung — ist der Wechsel von Aussagesätzen und Anredeformen oder Imperativen. „Wir betreten feuertrunken ...", und dann „Seid umschlungen, Millionen", ähnlich an anderen Stellen: „Such ihn überm Sternenzelt." Der Text enthält kein „Ich", sondern immer nur ein „Wir", und er schildert nicht nur, sondern weist Wege, fordert auf, ermutigt. Darin liegt das Begeisterte und Begeisternde des Gedichts, das ihm so rasch die Zuneigung der Zeitgenossen verschaffte.

Schillers Lied „An die Freude" steht, indem es das Erlebnis der Liebe gestaltet, durch welche sich das Ich in die Weltordnung eingefügt sieht, im Zusammenhang der weltanschaulichen Dichtung der Zeit, die es auch bei Goethe, Jean Paul und Hölderlin gibt. Bezeichnend für den Geist sind die Worte „Brüder, überm Sternenzelt/Muß ein lieber Vater wohnen." Wenn Musik diesen Gehalt herausarbeitet, hat sie eine ähnliche Funktion wie die kirchliche Musik der früheren Jahrhunderte, bei welcher der Text von Gottes Weltordnung und dem Verhältnis des Menschen zu ihr sprach und die Musik das gab, was nur sie vermag. Beethoven komponierte aus der Religiosität der Goethezeit für Hörer, die diesen

Geist teilten. Auch Schiller hatte aus diesem Geiste heraus geschrieben. Vielen Menschen jener Epoche waren Liebe, Freundschaft, allgemeine Menschenliebe, sittliches Denken und geistige Erkenntnis das Element ihres Daseins. Was sie erlebten, sprachen die Dichter für sie aus. Und in Beethovens Chor-Finale wurde es nun darüber hinaus zum Gesang, dem Höchsten zugesungen, ein Gesang, der Singende und Hörende vereint.

Erster Druck: Programm zur Aufführung der IX. Symphonie in Münster/Westf., 7. Mai 1955. — Wiederholt zur Aufführung durch die Wiener Symphoniker, veranstaltet von der Gesellschaft der Musikfreunde in Wien, 1. Juni 1988. — Genehmigung zum Abdruck in Konzertprogrammen erteilt der Verlag Hermann Böhlaus Nachfolger Weimar.

Zwischen Atheismus und Gottesglauben

Religiöse Motive in Jean Pauls großen Romanen

Jean Paul gehört zu denjenigen deutschen Schriftstellern der Zeit um 1800, die in ihren Werken religiöse Motive bringen und diesen in der Fülle des Dargestellten einen wichtigen Platz anweisen. Die religiösen Motive sind bei Jean Paul nicht häufig, aber sie sind bedeutend. Zwischen der Fülle von erzählerischen Einzelheiten, von Sozialkritik, Humoristischem, Aphoristischem, Phantastischem, kommt er bei der Schilderung wertvoller Menschen, zumal derer, die er „hohe Menschen" nennt, auch auf das Religiöse und zeigt, wie von da das Leben seinen Sinn erhält.

Um Jean Pauls Hauptideen auf diesem Gebiet zu zeigen, seien im folgenden die Romane „Hesperus" und „Titan" auf die religiösen Motive hin betrachtet. In den übrigen Werken von der „Unsichtbaren Loge" bis zu „Selina" sind die Aussagen über die Beziehungen des Menschen zu einer höheren Welt im Grundsätzlichen dieselben. Der Ausblick auf die anderen Werke kann deswegen kurz bleiben.

Die durchgehenden Vorstellungen sind die, daß der Mensch in seinem Innern eine Gottes-Vorstellung entdeckt, die er nicht selbst geschaffen haben kann, sondern die von Gott in ihn gelegt ist. Er erkennt ferner die Welt als großen geordneten Kosmos und ahnt dahinter die ordnende Kraft. In der Liebe erfährt er, daß er über sein Ich hinausgehoben wird und daß der andere Mensch nicht einfach naturnotwendig da ist, sondern eine Schöpfung Gottes ist. Während das Erleben in dieser Weise immer wieder auf den Schöpfer hinweist, bricht im Innern zugleich eine Frage auf, ob das alles Einbildung sei, ob es vielleicht keinen Gott gäbe und der Mensch inmitten einer naturhaft-materiellen Welt in ein sinnloses Dasein eingesperrt sei. Jean Paul bringt in seinen Romanen Gläubigkeit und Skepsis, und aufs Ganze gesehen ist der neuzeitliche Mensch für ihn ein religiös bewegter Mensch auf dem Untergrunde der Skepsis, er muß sich religiös immer wieder bewähren, ähnlich wie er sich auch sittlich bewähren muß.

Jean Paul lernte in einer protestantischen Umgebung das Christentum der Zeit kennen, er war Pastorensohn und begann in Leipzig das Studium der Theologie, gab es aber bald wieder auf. Er studierte nun hauptsächlich Philosophie. Es ist für einen jungen Mann, der zur Universität kommt, wichtig,

was für Lehrer er findet. Als Novalis zum Studium nach Jena ging, fand er
Schiller vor, dessen Persönlichkeit und dessen Vorlesungen, hinter denen ein
geisterfülltes Bild des Menschen stand, ihm einen tiefen und bleibenden Eindruck
machten. Jean Paul, der 1781 im Alter von 18 Jahren nach Leipzig zog, fand
Platner vor, einen Lehrer anderer Art. Ernst Platner (1744—1818) war
Mediziner, der über Physiologie und Psychologie zur Philosophie gekommen
war. Er hatte Beobachtungen gemacht über die Wirkung des Körpers auf Seele
und Geist. Er war ein vielbelesener Eklektiker. Die Bestimmung des Menschen
ist nach seiner Meinung „Glückseligkeit" für den einzelnen wie für die
Allgemeinheit. Es gibt bei Platner also nicht das reine Moralgesetz, wie Kant
es bald darauf formulierte. In späteren Jahren hat er manches von Kant gelernt.
Doch in den Jahren 1781—1783, als Jean Paul ihn hörte, war er ein auf-
klärerischer Skeptiker, meinte aber, daß man eine höchste Kraft, also Gott,
annehmen müsse. In seinem Dialog „Über den Atheismus" (Neue Ausgabe
1783) sagt er zwar im Vorwort, er hoffe, eine Widerlegung des Atheismus zu
geben. Doch spricht hier der Vertreter des Atheismus so gut und der Theist
hat so wenig Überzeugendes, daß der Dialog keineswegs das bringt, was das
Vorwort verspricht. Durch solche Gedankengänge konnte ein junger Mensch,
der noch keine geistigen Hilfsmittel zur Hand hatte, nur in Probleme gestürzt
werden. Der junge Jean Paul, der bisher nur in Hof seine Gesprächspartner
gehabt hatte, war von den kenntnisreichen und vielseitigen Vorlesungen Platners
zunächst sehr angetan (Briefe an Pfarrer Vogel 17. Sept. 81 und Nov. 81). Er
las in dieser Zeit Schriften der Aufklärung, die zu Platners Gedankengängen
paßten, von Bayle, Voltaire, Swift und anderen.

Als 1781 Kants „Kritik der reinen Vernunft" erschien, las Jean Paul sie
sofort, und es ist die Frage, was er aus diesem schwierigen Werk herausgelesen
hat. Kant zeigte, daß alles, was jenseits der Erfahrung liegt, unserem Wissen
unzugänglich sei, daß jedoch die Vernunft ihre Begriffe entwickeln und
verfeinern könne, denn die Ideen sind regulative Prinzipien. Kant erörtert also
hier die Grundsätze des Verstandes und der Vernunft. Zu dieser Zeit gab es
noch nicht die beiden späteren „Kritiken", welche die Fragen behandeln, was
wir tun sollen und was wir hoffen dürfen. Die „Kritik der reinen Vernunft"
versucht zu beweisen, daß die vorhandene Metaphysik philosophisch nicht
haltbar sei. Jean Paul kam aus einer christlich-kirchlichen Umwelt, es lag für
ihn nahe, Kants Darlegungen sogleich auf das Christentum anzuwenden. Wir
wissen nicht, ob er damals erkannte, daß für Kant auch der Materialismus und
der Atheismus Metaphysik sind und also unerweislich blieben. Die „Kritik der
reinen Vernunft" mit ihrer Frage, was wir wissen können, war also geeignet,
die weltanschauliche Unsicherheit des jungen Jean Paul zunächst noch zu
bestärken. In dieser Periode bezeichnet er seine Haltung selbst als „Skeptizismus". An Pfarrer Vogel schreibt er am 1. Mai 1783: „Ich bin kein Theolog

mehr . . . Und selbst die Philosophie ist mir gleichgültig, seitdem ich an allem zweifle. Aber mein Herz ist mir hier so voll, so voll, daß ich schweige. In künftigen Briefen will ich Ihnen viel vom Skeptizismus . . . schreiben." Dieser Skeptizismus lebte in ihm in den nächsten Jahren.

Fünf Jahre später schreibt der nun 25jährige an Pfarrer Vogel: „Wenn Sie wert sein wollen, daß Sie die Sonne des Stoizismus bescheinet, so kaufen Sie sich um Himmels willen zwei Bücher: 1.) Kants Grundlegung zu einer Metaphysik der Sitten, und 2.) Kants Kritik der praktischen Vernunft, 1788. Kant ist kein Licht der Welt, sondern ein ganzes strahlendes Sonnensystem auf einmal." (13. Juli 88) Hier fand er die Lehre von der Reinheit des sittlichen Gesetzes in der Philosophie, d. h. abgetrennt von allem Nützlichkeitsdenken. Hier sah er auch, daß „ein Wesen, das durch Verstand und Willen die Ursache der Natur ist, das ist Gott" durch das Denken gefordert wird, und daß es also „moralisch notwendig ist, das Dasein Gottes anzunehmen" (Krit. d. prakt. Vernunft II, 5). Durch die Art, wie Kant seine Gedanken durchführt, sah Jean Paul sich nun weit über die skeptischen Gedankengänge Platners erhoben, die ihm zunächst so großen Eindruck gemacht hatten. Aber er wurde kein Kant-Anhänger, denn das nüchterne rationale Denken Kants genügte ihm nicht, er dachte immer an den Menschen als ganzen mit Seele und Gefühl. In „Hesperus" läßt er den weisen Emanuel sagen: „Gott — das ganze Herz fasset ihn, aber kein Gedanke." (25. Hp. I, S. 891) Die Ausdrucksform für den Bereich der Seele ist aber vor allem die Dichtung. Etwa 1790 begann Jean Paul, der bisher Satiren und theoretische Aufsätze geschrieben hatte, mit dichterischer Prosa wie dem Roman „Die unsichtbare Loge". Und nun spricht sich in der Dichtung auch die Nachwirkung seines Skeptizismus aus.

Im Sommer 1790 entstand seine Traum-Dichtung „Des toten Shakespeares Klage unter den toten Zuhörern in der Kirche, daß kein Gott sei". (Abt. 2, Bd. 2, S. 589—592.) Die Schatten der Toten fliegen in die Kirche. An dem Kirchengewölbe sieht man „das Zifferblatt der Ewigkeit", das um sich selbst kreist. Eine „entsetzliche Stimme" am Altar spricht. „Kein Gott und keine Zeit ist. Die Ewigkeit wiederkäuet sich und zernagt das Chaos . . . Wo ziehst du hin, Sonne, mit deinen Erden? Auf deinem langen Wege findest du keinen Gott und nur vielleicht auf Einer Erde einen eingebildeten . . ." Die Lebenden glauben an ihn, die Toten wissen, daß es ihn nicht gibt. Auch Jesus Christus ist nur ein „Aschenhäufchen". Der Traum endet, und nun heißt es: „Ich erwachte und war froh, daß ich Gott anbeten konnte . . ." Die ganze Erzählung hat den Charakter eines Angsttraums, sie hat die Gesetzlichkeit einer dichterischen Vision, es macht also nichts aus, daß die Natur zwar als „Selbstmörderin" bezeichnet wird, daß die Toten und ihre Umgebung dann aber weiterbestehen.

Diese Traumdichtung steigerte Jean Paul in einer späteren Fassung, die er 1796 seinem Roman „Siebenkäs" einfügte (Bd. 2, S. 266—271). Jetzt ist es der

tote Christus, der verkündet, „daß kein Gott sei", und die Kirche wandelt sich
zum „Weltgebäude", von dem herab er spricht. Die Toten fragen ihn: „Christus,
ist kein Gott?", und er antwortet „Es ist keiner." Die Vision der „Riesenschlange
der Ewigkeit, die sich um das Welten-All gelagert hatte" und die Welt
zermalmend zerquetscht, ist noch eine Steigerung der vorigen Fassung. Auch
hier darf man nicht nach begrifflicher Logik fragen, denn das „Weltgebäude"
wird gleichzeitig als „Nichts" bezeichnet, in welchem „ewige Notwendigkeit"
und „wahnsinniger Zufall" regiert. Es herrscht die Schlüssigkeit des Traums
und des visionären Kunstwerks. Das Ende ist ähnlich wie in der ersten Fassung:
„Meine Seele weinte vor Freude, daß sie wieder Gott anbeten konnte." Jean
Paul fügt diesmal aber noch eine Einleitung hinzu. Er schreibt: „Wenn einmal
mein Herz so unglücklich und ausgestorben wäre, daß in ihm alle Gefühle, die
das Dasein Gottes bejahen, zerstöret wären, so würd' ich mich mit diesem
meinem Aufsatz erschüttern und — er würde mich heilen und mir meine Gefühle
wiedergeben." Und er sagt: „Das ganze geistige Universum wird durch die
Hand des Atheismus zersprengt." Der Angsttraum sieht den Verfall und die
Sterblichkeit und im Zusammenhang damit eine Welt ohne Gott. In dem, was
Jean Paul einleitend und abschließend dagegen setzt, spricht er als Dichter, der
seine Erkenntnisse auf andere Weise erhält als der Philosoph.

Es gab für Jean Paul seit seiner Studentenzeit Skeptizismus und Nihilismus
als überlieferte Lehren, vor allem aber auch als Erlebnis, wie es sich in diesem
Angsttraum ausspricht. In ihm sprechen die Toten von ihrem einstigen Glauben,
dem kirchlichen Christentum, sie sprechen von ihrem Wissen nach dem Tode,
das dem Nihilismus und Atheismus entspricht, und das Erwachen deutet einen
neuen Zustand einer freien Religiosität an. Das Besondere ist nun, daß Jean
Paul den Skeptizismus nicht in einem einmaligen Vorgang überwindet und dann
gläubig weiterlebt, sondern daß er sein Leben lang weiß, daß aller Glaube an
einen Sinn sich über diesem düsteren Untergrund erhebt und immer wieder neu
errungen werden muß. Das gibt den weltanschaulichen Partien in seinen
Romanen die innere Spannung.

In dem Roman „Hesperus" sehen wir Freunde, die ihre Freundschaft
genießen, Liebende, die an einander denken und einander finden, eine Familie,
die ihr Zusammenleben glücklich erlebt. Eine besondere Form der Bindung ist
die der jungen Menschen an den verehrten alten Lehrer, es ist der Inder Dahore,
der auch Emanuel genannt wird. Die Gespräche mit Emanuel wenden sich
immer zu religiösen Fragen, Emanuel lehrt die jungen Menschen, Gott in der
Natur und im Menschen erkennen, zumal im eigenen Innern. Eine Gegensatzge-
stalt ist Lord Horion, der Skeptiker. Er sagt: „Das Leben ist ein leeres kleines
Spiel . . . Darum gibt es weder in noch außer uns etwas Bewundernswertes."
(41. Hp. I, S. 1179) Der Lord endet durch Selbstmord. Emanuel lehrt: „Gott

ist die Ewigkeit, Gott ist die Wahrheit, Gott ist die Heiligkeit — er hat nichts, er ist alles — das ganze Herz fasset ihn, aber kein Gedanke; und Er denkt nur uns, wenn wir ihn denken. Alles Unendliche und Unbegreifliche im Menschen ist sein Widerschein." (25. Hp. I, S. 891)

Jean Paul geht von der Natur des Menschen aus und von der Veranlagung des einzelnen. „Wer erklärt es, wenn es Menschen gibt, die von Jugend auf eine gewisse Sehnsucht nach dem Überirdischen, nach der Religion, nach dem Edleren im Menschen (und nach Systemen, die dieses Edlere besiegeln und nicht bestreiten) entweder empfinden oder ewig entraten? . . . Der Mensch wird nicht gut (obwohl besser), weil er sich bekehrt, sondern er bekehrt sich, weil er gut ist." (29. Hp. I, 970)

Der Held des Romans, Viktor, erlebt die Natur religiös, und ähnlich ist es bei seinem Lehrer Emanuel und der von ihm geliebten Klothilde. Viktor geht nach Maienthal: „Auch die Erde, nicht nur der Himmel, macht die Menschen groß . . . Viktor war in Träume gesunken . . . Da war der Mond ungesehen gestiegen, und alle Quellen glommen, und die Maiblumen traten weißblühend aus dem Grün . . . Da hob sich sein wonneschwerer Blick, um zu Gott zu kommen, von der Erde auf . . . aber als der heilige Blick in dem Sternenhimmel war und zu Gott aufsehen wollte, der die Nacht und den Frühling und die Seele geschaffen hat, so fiel er mit zurücksinkendem Flügel und weinend und fromm und demütig und selig zurück. Seine schwere Seele konnte nur sagen: Er ist!" (31. Hp. I, 998f.) Die Natur wird der „erste Tempel des andächtigen Menschen" genannt. (7. Hp. I, 577) Oft ist die Naturreligiosität vereint mit dem Gedanken an geliebte Menschen: „Endlich stieg er den breiten Berg hinauf, der sich vor das zu dessen Füßen grünende Maienthal mit seinen zerstreuten Baumsäulen und grauen Quadern stellt. Da klang die vom Ewigen gestimmte Erde mit tausend Saiten . . . Emanuels kleines Haus stand am Ende des Dorfes in einem Gestrick von Jelängerjelieber und in der Umarmung eines Lindenbaums . . . Sein Herz quoll auf: Sei gesegnet, stiller Hafen, den eine Seele heiligt, die hier gen Himmel sieht und wartet, um ins Meer der Ewigkeit zu gehen! Plötzlich warfen die Fenster der Abtei, wo sich Klothilde erzogen hatte, die Flammen des Abendrots auf ihn . . . Da kniete er einsam auf dem Gebirge, auf dieser Thronstufe, nieder und sah in den glühenden Westen und über die ganze stille Erde und in den Himmel und machte seinen Geist groß, um an Gott zu denken." (13. Hp. I, 673f.)

Auch die zwischenmenschlichen Beziehungen führen zu dem religiösen Bereich. Viktor spricht von seiner „Lieblingswahrheit, daß es um einen Gott zu glauben, nicht mehr bedürfe als zweier Menschen". (8. Hp. I, 589) Er schreibt darüber ausführlich an Emanuel. (19. Hp. I, 786f.) Klothilde schreibt, sie sehe eine Gabe Gottes darin, daß sie Emanuel als Lehrer und Viktor als Freund gefunden habe. (31. Hp. I, 992) Der Erzähler sagt:

„Klothilde und Viktor standen unschuldig vor Gott, und Gott sagte: Weint und liebt wie in der zweiten Welt bei mir!" (35. Hp. I, 1072) Ähnlich wie die Liebe wird die Freundschaft empfunden. „Auf diese Erde sind Menschen gelegt und an den Fußboden befestigt, die sich nie aufrichten zum Anblick einer Freundschaft, welche um zwei Seelen nicht erdige, metallene und schmutzige Bande legt, sondern die geistigen, die selber diese Welt mit einer andern und den Menschen mit Gott verweben." Wir achten in der Freundschaft „die Verkörperung und den Widerschein der Tugend". (3. Hp. I, 535) Am vollkommensten zeigt sich diese Empfindung bei Viktor gegenüber seinem alten Lehrer Emanuel (Dahore): „Es gab für ihn nur eine Seele, an der jene Erhöhtritte wie an Pedalharfen geschaffen waren, die jedem Gedanken einen höhern Sphärenton erteilen, dem Leben einen heiligen Wert und dem Herzen ein Echo aus Eden; diese Seele war sein Lehrer Dahore." (4. Hp. I, 546) Viktor schreibt ihm: „Glaubst du nicht an Gott und suchst seine Gedanken auf in den Lineamenten der Natur und seine ewige Liebe in deiner Brust? . . . Du bist besser als ich, und meine Seele will sich heben an einem höhern Freund." (7. Hp. I, 582)

Emanuel ist der verehrte große Lehrer, der auch eine religiöse Funktion hat. Das Wiedersehen mit Viktor wird folgendermaßen geschildert: „Emanuel legte die Hand auf das Haupt des knienden Schülers und wendete sein verklärtes Auge gegen den schimmernden Himmel und sagte mit feierlicher Stimme: Dieses Haupt, du Ewiger, weiht sich heute dir in dieser großen Nacht. Nur deine zweite Welt fülle dieses Haupt und dieses Herz aus . . . O mein Horion, bei allen großen Gedanken, womit dir jetzt der Ewige in dir erscheint, beschwör' ich dich, daß du gut bleibst, auch wenn ich lange gestorben bin." (13. Hp. I, 679) Am nächsten Morgen gehen Emanuel und Viktor durch die Landschaft. „Wie verschieden ist ein Spaziergang mit einem frommen Menschen und einer mit einer gemeinen Weltseele! Die Erde kam ihm heilig vor, erst aus den Händen des Schöpfers entfallen . . . Emanuel zeigte ihm Gott und die Liebe überall abgespiegelt, aber überall verändert, im Lichte, in den Farben, in den Tonleitern der lebendigen Wesen, in der Blüte und in der Menschenschönheit — denn entweder ist alles oder nichts sein Schattenbild." Viktor erfährt: „Dahore hielt die zwei großen Wahrheiten, Gott und die Unsterblichkeit, die wie zwei Säulen das Universum tragen, fest an seinem Herzen." (14. Hp. I, 682—684) An dieser Stelle wird nicht auch das Sittliche genannt, aber vorher in Emanuels Bitte für Viktor hieß es ausdrücklich, „daß du gut bleibst". Und später, als Emanuels Tod naht, spricht der Erzähler von der „Höhe, wo um den großen Menschen wie Sternbilder nichts als Gott, Ewigkeit und Tugend liegen" und von dem „stillen großen Herzen, das seine Pflichten vermehrt, indem es sie erfüllt, und das sich beim Wachstum seines Gewissens täglich bloß mit größern Verdiensten befriedigt." (38. Hp. I, 1125)

Neben den Gedanken an Gott gibt es in „Hesperus" aber auch das Thema des Skeptizismus und Nihilismus, und das Besondere ist, daß die Skepsis nicht nur bei oberflächlichen Geistern wie Matthieu auftritt, sondern auch bei der religiösesten Gestalt des Romans, bei Emanuel. Er schreibt an Viktor: „Im Menschen steht ein schwarzes Totenmeer, aus dem sich erst, wenn es zittert, die glückliche Insel der zweiten Welt mit ihren Nebeln vorhebt. Aber meine Lippen werden schon unter dem Erdenkloß liegen, wenn die kalte Stunde zu dir kommt, wo du keinen Gott mehr sehen wirst, wo auf seinem Thron der Tod liegt und um sich mäht und bis ans Nichts seine Frostschatten und seine Sensen-Blitze wirft ... Wo ist die Ewigkeit, die Maske der Zeit? Wo der Unendliche? Das verhüllte Ich greift nach sich selber umher und stößet an seine kalte Gestalt ... Aber darfst du die Erde, diesen Vorhimmel, verachten ... Das Große, das Göttliche, das du in deiner Seele hast und in der fremden liebst, such auf keinem Sonnenkrater, auf keinem Planetenboden — die ganze zweite Welt, das ganze Elysium, Gott selbst erscheinen dir an keinem andern Ort als mitten in dir." (8. Hp. I, 604f.) Vor Emanuels Tode heißt es: „Die Stille ist die Sprache der Geisterwelt, der Sternenhimmel ihr Sprachgitter — aber hinter dem Sternengitter erschien jetzt kein Geist, und Gott nicht. Es kam die Minute, wo der Mensch seinen Körper ansieht und dann sein Ich und dann schaudert ... Emanuel schaute hinein in die Ewigkeit, sie sah wie eine lange Nacht aus ... Wir blicken alle zum Himmel auf und bitten um Trost; aber droben im unendlichen Blau ist keine Stimme für unser Herz — nichts erscheint, nichts tröstet uns, nichts antwortet uns." Der Erzähler sagt: „Der arme Emanuel kämpfte in der stillen Finsternis mit grimmigen Gedanken, die er so lange nicht gesehen hatte." Doch dann kommt eine Wende beim Gedanken an geliebte Menschen und an die Natur: „Habe Dank, Ewiger, für mein erstes Leben, für alle meine Freuden, für diese schöne Erde." (38. Hp. I, 1135) Das „erste Leben" ist das irdische Leben; es wird ein zweites in einer höheren Welt folgen. Das Besondere ist, daß Emanuels Gottesglauben nicht einfach da ist, sondern aus dieser Skepsis sich erhebt. Bei ihm sind die Skepsis und der Glaube an Gott innere Erlebnisse, und sehr deutlich wird dagegen abgesetzt, daß manche Menschen sich aus Büchern eine Skepsis angelesen haben. In solchen Fällen empfindet Viktor einen „Haß gegen die gallischen Enzyklopädisten". (8. Hp. I, 609) Und Jean Paul sagt: „Der Skeptizismus, der uns statt hartgläubig (d. h. schwergläubig) ungläubig macht und statt der Augen das Licht reinigen will, wird zum Unsinn und zur fürchterlichsten philosophischen Kraft- und Tonlosigkeit". (6. Schalttag. I, 870)

Es gibt in „Hesperus" nicht nur Gott im Gefühl des Menschen, sondern auch Gott in der Geschichte. Ein ganzes Kapitel handelt davon. Der Blick auf die Weltgeschichte zeigt: „So legt das Schicksal Nacht um uns und reicht uns nur Fackeln für den nächsten Weg, damit wir uns nicht betrüben über die Klüfte der Zukunft und über die Entfernung des Ziels. Es gab Jahrhunderte, wo die

Menschheit mit verbundenen Augen geführt wurde, von einem Gefängnis ins
andere ... Was tröstet uns? Ein verschleiertes Auge hinter der Zeit, ein
unendliches Herz jenseits der Welt. Es gibt eine höhere Ordnung der Dinge,
als wir erweisen können, es gibt eine Vorsehung in der Weltgeschichte und in
eines jeden Leben, welche die Vernunft aus Kühnheit leugnet, und die das Herz
aus Kühnheit glaubt — es muß eine Vorsehung geben, die nach andern Regeln,
als wir bisher zum Grunde legten, diese verwirrte Erde verknüpft als Tochterland
mit einer höheren Stadt Gottes — es muß einen Gott, eine Tugend und eine
Ewigkeit geben." (6. Schalttag. I, 874f.)

Der religiöse Lehrer der „hohen Menschen" in „Hesperus", Emanuel, faßt
seine Lehre in die Worte zusammen: „Fasse den größten Gedanken des
Menschen! Da wo die Ewigkeit ist, da wo die Unermeßlichkeit ist und wo die
Nacht anfängt, da breitet ein unendlicher Geist seine Arme aus und legt sie um
das große fallende Welten-All und trägt es und wärmt es ... Gott ist die Ewigkeit,
Gott ist die Wahrheit, Gott ist die Heiligkeit, er hat nichts, er ist alles, das
ganze Herz fasset ihn, aber kein Gedanke; und er denkt nur uns, wenn wir ihn
denken. Alles Unendliche und Unbegreifliche im Menschen ist sein Widerschein;
aber weiter denke dein Schauder nicht." (25. Hp. I, 891) An vielen Stellen des
Romans sind in solcher Weise Emanuel und seine religiösen Lehren geschildert,
und der Erzähler fügt hinzu: „Du, der du mich hier liesest, leugne Gott nicht,
wenn du in den Morgen trittst oder unter den Sternenhimmel, oder wenn du
gut oder wenn du glücklich bist." (38. Hp. I, 1141)

Ähnlich wie die religiösen Motive in „Hesperus" sind die in dem Roman
„Titan". Der Held des Romans ist Albano, der Sohn eines Kleinstaat-Fürsten.
Er wird in einem Bürgerhaus erzogen, unter anderem Namen, um ihn den
Nachstellungen eines Nachbarstaats, der den Thron erben will, zu entziehen.
Er selbst hält Gaspard de Cesara für seinen Vater, einen düsteren, kalten Spanier,
der einen Bruder hat, welcher Intrigen und Gaukeleien in Szene setzt. Nachdem
Albano in dem Hause des Landschaftsdirektors v. Wehrfritz mit dessen Frau
und dessen Tochter Rabette einen schlicht-bürgerlichen und zugleich herzlichen
Lebensstil kennengelernt hat, kommt er in der Hauptstadt Pestiz in den
Hofkreis. Der Minister v. Froulay ist geschäftstüchtig, kalt und berechnend.
Seine Tochter Liane ist zart, empfindsam und lebensfern. Sie nimmt an, daß
sie bald sterben werde, und sie stirbt in der Tat ein Jahr, nachdem sie diese
Meinung geäußert hat. Ihr Bruder Roquairol ist ganz anders als sie. Zwar fähig
zu Gefühlen, doch er wandelt sie sofort ins Theatralische. Er gibt allen
Leidenschaften nach, auch wenn er andere ins Unglück bringt. Albano erkennt
Roquairols Wesen anfangs nicht, wendet sich dann aber von ihm ab. Die
Gestalten, an denen Albano reift, sind Dian und Schoppe. Dian ist ein Grieche,
der als Baumeister und Künstler an den Hof gekommen ist. Er sieht die Welt
von der ästhetischen Seite. Schoppe sieht sie von der philosophischen. Er ist

der vielbelesene Skeptiker, der im Leben immer konsequent moralisch handelt. Die für Albano am höchsten stehende Gestalt ist der alte Spener, der einst Hofprediger war, er ist der zurückgezogen lebende Fromme. An ihnen allen wächst Albano, doch das Wesentliche sind dabei die Eigenschaften, die in ihm sind und zur Entfaltung kommen.

Von Albano wird gesagt: „Er hatte auf dem stillen Lande den Altar der Religion in seiner Seele hoch und fest gebauet." (22. Z. III, S. 119) Er denkt in wichtigen Lebensentscheidungen an Gott. Zu dem Grafen Cesara sagt er: „Das Schicksal werfe einen Grabstein auf diese Brust und zermalme sie, wenn sie die Tugend und die Gottheit und ihr Herz verloren hat." (5. Z. III, S. 43) Als die Gräfin Linda ihn fragt, worin denn „die Flügel der Seele" bestünden, antwortet er: „Daß ich nicht auf Menschen baue, sondern auf den Gott in mir und über mir." (133. Z. III S. 772) Da Albano eine gewisse philosophische Bildung hat, denkt er das Göttliche meist im Zusammenhang des sittlichen Gesetzes.

Anderer Art ist Lianes Religiosität. Sie ist fast ganz gefühlsmäßig. Sie denkt viel an den Tod und das Jenseits. Sie schreibt einer Freundin: „Da war mir, als sage eine Stimme: das ist das Irdische, und du bist noch nicht geheiligt für das andere." (43. Z. III, S. 211) Auf die Welt blickend sagt sie: „Diese Schöpfung ist ja so kostbar und aus Gottes Hand." (43. Z. III S. 210) Jean Paul nennt sie „mehr eine Braut Gottes als die eines Menschen" (70. Z. III, S. 375)

Der religiöse Lehrer der jungen Generation ist der alte Spener, der einst Hofprediger war. Er ist ein Nachkomme des Pietisten Spener (74. Z. III, S. 400) und lebt im Alter zurückgezogen auf dem Lande. Der Erzähler sagt von ihm, daß er „gleichgültig gegen die Erde nur in Gott lebt" (66. Z. III, S. 343), und faßt Gedanken von ihm in einem Bilde zusammen: „Wie wir die Sonnenfinsternis eigentlich eine Erdfinsternis nennen sollten, so wird nur der Mensch verfinstert, nie der Unendliche" (59. Z. III S. 314).

Das, was Spener hier als „Verfinstern" bezeichnet, kommt in dem Roman ausführlich und nachdrücklich vor in der Gestalt des Roquairol. Der Erzähler nennt ihn „ein Kind und Opfer des Jahrhunderts" (53. Z. III, S. 262); „bald Schwärmer, bald Libertin in der Liebe, durchlief er den Wechsel zwischen Äther und Schlamm immer schneller, bis er beide vermischte (53. Z. III, S. 264). Vor seinem Selbstmord sagt er: „So steh' ich denn am toten Meer der Ewigkeit" (130. Z. III, S. 754). Er handelt, als ob es für ihn kein Gut und Böse gäbe, doch unmittelbar vor seinem Tode sagt er „Gott richtet mich sogleich" und wendet sich in Gedanken an seine verstorbene Schwester Liane: „Bitte bei Gott für mich." (130. Z. III, S. 755) Er sagt, er sei ein Materialist, der an keinen Gott und keinen göttlichen Wert glaube, doch es gibt dann plötzlich bei ihm Stunden, in denen das lebendig wird, was er vor seiner materialistischen Epoche gehört und gedacht hat.

Im Gegensatz zu Roquairol handelt Schoppe streng moralisch. In der Theorie aber setzt er alles in Zweifel. Im Gegensatz zur christlichen Lehre nennt er den Tod eine „Himmelfahrt ins zukünftige Nichts, Tod nach dem Tode, ewige Befreiung vom Ich" (121. Z. III, S. 690), anderseits richtet er eine „Bitte an Gott" (ebd.). Als Schoppe gestorben ist, faßt der Erzähler zusammen und weist auf den Wesenskern hinter allem Theoretisieren: „Nun hast du hienieden geendigt, strenger, fester Geist ... Die Erdkugel und alles Irdische, woraus die flüchtigen Welten sich formen, war dir ja viel zu klein und leicht. Denn etwas Höheres als das Leben suchtest du hinter dem Leben, nicht dein Ich, keinen Sterblichen, nicht einen Unsterblichen, sondern den Ewigen, den All-Ersten, den Gott." (139. Z. III, S. 800f.)

Bei Spener und bei Liane gibt es keine Zweifel an ihrem religiösen Weltbild. Auch Albano beharrt in seinem Glauben, setzt sich aber mit den Gedanken Schoppes und Roquairols auseinander. Er hat viel gelesen; Linda sagt, er habe „Kantische Maximen" (111. Z. III, S. 634). Er und seine Freunde denken bei großen Erlebnissen oder großen Entscheidungen immer an einen religiösen Zusammenhang, und dieser Aufblick wird als „Gebet" bezeichnet. Doch nur bei Liane und Spener sind es Gebete im Anschluß an die kirchliche Tradition. Liane sagt: „Erhöre mein Gebet, o Gott, und lasse ihn glücklich sein, bis er eingeht in deine Herrlichkeit." (96. Z. III S. 535) Nach ihrem Tode betet der kranke Albano. (98. Z. III S. 546f.) Diese religiöse Konzentration gibt es bei mehreren Gestalten des Romans, bei anderen fehlt sie völlig, z. B. bei dem Grafen Gaspard de Cesara.

Die religiösen Gefühle und Gedanken der Romangestalten werden also im Zusammenhang ihres Lebens gezeigt, und eine besondere Bedeutung haben hier Liebe und Freundschaft. Im 66. Zykel wird geschildert, wie Albano und Liane den alten Spener besuchen. „Spener sagt ..., er habe sich sonst, eh' er das Rechte gefunden, in jeder menschlichen Freundschaft und Liebe gemartert. Er habe, wenn er inbrünstig geliebt wurde, zu sich gesagt, daß er sich selber ja nie so ansehen oder lieben könne; und ebenso könne das geliebte Wesen nicht so von sich denken wie das liebende ... Sähe jeder den anderen an wie sich, so gäb' es keine feurige Liebe. Aber jede fordere einen unendlichen Wert ... Das sei ja das göttliche Wesen, aber nicht der flüchtige, sündige, wechselnde Mensch. Daher müsse sich das liebekranke Herz in den Geber dieser und jeder Liebe selber, in die Fülle alles Guten und Schönen ... senken ... Dann sieht es zurück auf die Welt und findet überall Gott und seinen Widerschein ... Jeder fromme Mensch ist ein Wort, ein Blick des All-Liebenden; denn die Liebe zu Gott ist das Göttliche, und ihn meint das Herz in jedem Herz." (66. Z. III, S. 343f.) Als Albano und Liane dann Spener verlassen und auf die Landschaft blicken, klingt das Gesprochene in ihnen nach. „O wie ist alles so schön! sagt' er ... Und Gott ist auf der Welt, sagte sie. Und in dir! sagte er und dachte an das

Wort des Greisen, daß die Liebe Gott meine und er im Herzen wohne, das wir ehren." (66. Z. III, S. 345f.) Albano, Liane, Idoine empfinden den geliebten Menschen als ein Geschenk aus Gottes Hand. In diesem Zusammenhang sagt Jean Paul: „Die Freundschaft hat Stufen, die am Throne Gottes durch alle Geister hinaufsteigen bis zum unendlichen." (48. Z. III S. 233)

Das Religiöse ist der Hintergrund sittlicher Entscheidungen. Als Liane sich entsagend von Albano trennt, steht diese Entscheidung bei ihr im Zusammenhang ihres Glaubens. (80. Z. III, S. 449) Idoine, die manche Ähnlickeit mit Liane hat, aber gesünder und kräftiger ist, hat die Leitung eines Dorfes übernommen, in welchem alle Bewohner möglichst frei und harmonisch leben sollen. Juliane, welche hier die Beziehung eines allgemeinen Ideals zur nüchternen Wirklichkeit erkennt, fragt: „Wie kann man denn ans Große und Kleine zugleich denken?" Und Idoine antwortet: „Wenn man ans Größte zuerst denkt . . . Gott ist ja unser aller Sonne." (125. Z. III S. 716)

Weniger häufig als im Erlebnis der Liebe und in der Entscheidung zum Sittlichen wird in „Titan" der religiöse Bereich beim Naturerlebnis genannt. Albano erlebt intensiv die Natur in Süddeutschland und in Italien, aber selten sind bei ihm Sätze wie dieser: „Warum liegt nicht der Mensch auf den Knieen und betet die Welt an, die Berge, das Meer, das All . . ." (114. Z. III S. 645) Und Liane schreibt in einem Brief über ihr Leben im Park von Lilar: „Diese Schöpfung ist ja so kostbar und aus Gottes Hand . . . Als die Morgenluft mich wie ein Flügel anflatterte und hob und als ich mich tiefer in den blauen Himmel tauchte, so sagt' ich mir: nun bist du im Elysium . . . Und da betete ich am Altare und sagte der ewigen Güte Dank." (43. Z. III S. 210f.)

Die Religiosität der Gestalten gehört zu den wichtigsten Motiven des Romans. Es ist aber immer eine freie moderne Religiosität. Es tauchen keine christlichen Motive auf, nicht einmal bei dem Hofprediger Spener. Am Ende des Romans hält dieser den Trauergottesdienst für den verstorbenen Fürsten, der in der Erbgruft beigesetzt werden soll, wo schon seine Eltern ruhen, die von Spener sehr geliebt wurden. Es heißt: „Er sprach aber nicht von dem Fürsten zu seinen Füßen, auch nicht von seinen Geliebten in der Erbgruft, sondern von dem rechten Leben, das keinen Tod kenne und das erst der Mensch in sich erzeuge. Er sagte, daß er, obwohl ein alter Mann, weder zu sterben noch zu leben wünsche, weil man schon hier bei Gott sein könne, sobald man nur Gott in sich habe — und daß wir müßten unsere heiligsten Wünsche wie Sonnenblumen ohne Gram verwelken sehen können, weil doch die hohe Sonne fortstrahle, die ewig neue ziehe und pflege — und daß ein Mensch sich nicht sowohl auf die Ewigkeit zubereiten als die Ewigkeit in sich pflanzen müsse, welche still sei, rein, licht, tief und alles." (146. Z. III S. 827) Was Spener hier ausspricht — das Finden Gottes im Innern des Menschen — ist im wesentlichen auch die Lehre von Emanuel-Dahore in „Hesperus". Dieser ist aus Indien gekommen und keineswegs zum Christentum übergegangen. Blickt man historisch zurück, so findet man Ähnliches bei Meister Eckhart, der sagt: „Als vil diu sêle ruowet in gote, als vil ruowet got in ir" (Soviel die Seele in Gott ruht, soviel ruht Gott in ihr. Predigten, hrsg. von J. Quint, Bd. 1, 1958, S. 299) „Der gerehte lebet in gote und got in im, wan got wirt geborn in dem gerehten und der gerehte in gote" (Der Gerechte lebt in Gott und Gott in ihm, denn Gott wird geboren in dem Gerechten und der Gerechte in Gott. Ebd. Bd. 2, S. 252). Aus den Predigten „Adolescens, tibi dico, surge" und „Iusti autem in perpetuum vivent"). Jean Paul, der Vielbelesene, hat die deutsche Mystik des Mittelalters nicht gekannt, doch er kannte Pascal und Fénelon (V S. 1028) und hatte eine der Mystik ähnliche innere religiöse Erfahrung. Es kommt darauf an, daß die Seele Gott wahrnimmt. Bei Meister Eckhart verbindet sich das nun mühelos mit der biblischen Lehre. Bei Jean Paul in „Titan" wird Jesus nicht genannt, weder seine Lehre noch sein Werk. Zwar wird die lutherische Trauerfeier für den verstorbenen Fürsten dargestellt, doch es wird nicht erwähnt, daß zu ihr liturgische Texte gehören, in welchen Christus genannt wird, und eine Segnung des Sarges. Dabei ist folgendes bezeichnend. Es handelt sich um die Trauerfeier für den verstorbenen Fürsten, anwesend sind Albano als dessen Bruder und Nachfolger auf dem Thron, seine Schwester Julienne und die Tochter des Nachbarfürsten, Idoine. Spener hält die Predigt. Und nun heißt es, nach der Predigt „ging Albano ruhig zu den beiden Freundinnen und bat sie, nicht das Ende der dunklen Feier abzuwarten". (145 Z. III S. 828) Er geht mit den beiden Prinzessinnen einfach fort. Das ist ungehörig gegenüber seiner Familie, gegenüber den Vertretern des Volkes und Staates, die anwesend sind, und gegenüber dem Geistlichen Spener, von dem oft gesagt ist, daß Albano ihn sehr verehrt. Aber das, was bei dem Trauergottesdienst nach der Predigt kommt, interessiert den Erzähler nicht. Er will Albano und Idoine vereinigen und strebt auf die Darstellung der Gefühle zu. Albano verläßt also die „dunkle Feier". Es heißt nun von ihm und seinen Begleiterinnen: „Alle trugen in ihrer Brust die heilige Welt des heitern Greises in die schöne Nacht hinaus." Eine christliche Trauerfeier pflegte von Jesus als dem großen Lehrer zu sprechen, von seiner Tat für die Menschen, von Erlösung und Jenseits. Hier wird mit keinem Wort darauf gedeutet. Spener hat über das Göttliche im Innern des Menschen gesprochen. Dies ist gemeint mit dem Wort „die heilige Welt des heitern Greises", wobei „heiter" die Bedeutung hat: licht, zu Geist werdend. Es ist eine Religiosität ohne christliche Bestandteile.

Auch in der Erzählung „Das Kampanertal" wird die christliche Tradition nicht erwähnt. Die Gestalten der Geschichte treffen sich im Kampanertal zu einer Hochzeit. Der Erzähler, Jean Paul, ist selbst dabei. Zu der Trauung in der Kirche geht er aber nicht, nur zu dem Zusammensein davor und danach. Bei dem Spaziergang durch das Tal spricht man über Unsterblichkeit. Der katholische Geistliche, der die Trauung vollzogen hat, sagt: „Es ist überhaupt keine Unsterblichkeit darzutun als die der moralischen Wesen, bei denen sie ein Postulat der praktischen Vernunft ist. Denn da die völlige Angemessenheit des Willens zum moralischen Gesetz, die der gerechte Schöpfer nie erlassen kann, nie von einem endlichen Wesen zu erreichen ist, so muß ein ins Unendliche gehender Progressus, d. h. eine ewige Dauer diese Angemessenheit in Gottes Augen, der die unendliche Reihe überschauet, enthalten und zeigen. Daher ist unsere Unsterblichkeit nötig." (IV S. 591) Hier ist die Rede von Gott und seiner Beziehung zu einem „endlichen Wesen", doch es fehlt das spezifisch Christliche. Die Ausdrucksweise erinnert an Kant.

In solcher Weise hat Jean Paul in seinen Hauptwerken vielfach religiöse Motive dargestellt. Das haben auch andere bedeutende Schriftsteller der Zeit getan, jeder in seiner Art, denn sie formten nicht mehr wie die Dichter des Barock feste christliche Motive, sondern eine freie Religiosität.

Die Gestalten Jean Pauls gehen in ihrem religiösen Leben vom Gefühl aus. „Das ganze Herz faßt ihn, kein Gedanke" sagt Emanuel von Gott (25. Hp. I S. 891). Das Entscheidende ist, daß es im Innern des Menschen die Sehnsucht und den Weg der Annäherung an das Göttliche gibt. Der Weg ist einerseits die Erkenntnis des Schöpfers in dem irdischen „Widerschein" (25. Hp. I S. 891; 66. Z. III S. 344), dazu gehört die Wahrnehmung der „Tugend" (34. Hp. I S. 1059) und der Blick auf die Natur. Es ist andererseits auch wie bei Emanuel und Spener einfach eine Innenschau, die das Höchste aufleuchten läßt. Das Motiv des „Widerscheins" findet sich, etwas anders getönt, auch bei Goethe, der dafür vorwiegend die Wörter „Gleichnis" und „Abglanz" benutzt. Natur, Sittlichkeit und Liebe sind bei ihm Gleichnis einer höheren göttlichen Welt. Das bei Jean Paul so wesentliche Motiv der Überwindung der Skepsis und des Nihilismus gibt es auch bei Schiller, aber nicht als ein durch das Gesamtwerk sich ziehendes Motiv wie bei Jean Paul. Bei diesem setzt sich der Mensch der höchsten Macht aus, und indem er sie zu fassen versucht, merkt er, daß seine Kräfte nicht ausreichen, alles scheint ihm ins Nichts zu versinken, aber noch in diesem Zweifel an seinen Fassungskräften preist er die höchste Macht. Skepsis und Glaube stehen hier in einer inneren Beziehung, und es kommt darauf an, ob sie in einem Emanuel oder in einem Roquairol vorkommen. Diese Gestalten mit ihren religiösen und skeptischen Gefühlen und Gedanken lebendig gemacht zu haben, ist Jean Pauls besondere Leistung. Er hat mehr als die anderen seiner Zeit den Angsttraum des Nihilismus gestaltet. Und er versteht es, dabei deutlich zu machen, daß alles Verneinende letztlich von dem Seienden lebt. Im Traum gibt es keinen Gott und keine Unsterblichkeit, aber die Toten hören die Rede des toten Christus, sie existieren also, das Seiende hat nicht aufgehört. Auch bei Goethe gibt es das Negative, vor allem in der Gestalt des Mephistopheles. Dieser wünscht sich das „Ewig-Leere" (11603), sein Denken und Handeln ist Verneinung des Seienden, doch die Verneinung lebt davon, daß es ein Seiendes gibt. Schiller, nachdem er seinen Jugendpessimismus überwunden hatte, hat stärker als andere Schriftsteller das sittliche Gesetz als Grundlage der geistigen Existenz des Menschen gesehen, es stammt aus dem Weltgeist und ist also eine Art Gottesbeweis. Bei Schiller tritt der Gedanke der Unsterblichkeit zurück, bei Jean Paul ist Unsterblichkeit ein wichtiges Thema; doch er unterscheidet genau: „Ich will mit geringeren Schmerzen die Unsterblichkeit als die Gottheit leugnen." („Vorbericht" zur „Rede des toten Christus" II S. 266) Der Gedanke an das Sittliche hat bei ihm eine hohe, auch religiöse Bedeutung, aber nicht die von Kant stammende Schärfe. Bei Goethe stehen die religiösen Beziehungen von Natur, Idee und Liebe in einem ausgewogenen Gesamtbild. Das Motiv der Natur steht bei Jean Paul nicht so im Vordergrund wie bei Goethe, aber auch bei ihm ist sie nicht nur die Lebensumwelt der Romangestalten, sondern durchaus auch Ausgangspunkt von deren religiösem Erleben. Emanuel lehrt: „Entweder ist alles oder nichts sein Schattenbild. So malt die Sonne ihr Bild auf alle Wesen, groß im Weltmeere, bunt im Tautropfen, klein auf die Menschen-Netzhaut ..." (14. Hp. I S. 683)

In den religiösen Abschnitten der Romane gibt es zwar Hinweise auf die christliche Tradition — z. B. ist Spener in „Titan" ein lutherischer Geistlicher —, doch sie haben keine wesentliche Funktion und es fehlen die spezifisch christlichen Motive. Jesus kommt nur in den „Dämmerungen für Deutschland" vor, in einem kurzen Abschnitt, der von seiner „sittlichen Allmacht" spricht (V, S. 932). Vergleicht man, was Goethe in der „Pädagogischen Provinz" der „Wanderjahre" sagt, so ist es reichhaltiger. Er hält dabei den sittlichen Lehrer Jesus und die Theologie des Kreuzes auseinander. Er versucht, die christliche Tradition für die gegenwärtige Erziehung fruchtbar zu machen. Das Motiv der göttlichen Liebe, das die ganze Schlußzene des „Faust" erfüllt, kommt bei Jean Paul ohne christliche Elemente in anderer Darstellungsweise vor, nie so komprimiert wie hier bei Goethe, aber als ein wesentliches Motiv, verteilt auf viele Stellen der Romane, am stärksten in den Reden und Briefen Emanuels in „Hesperus". Emanuel ist kein Christ, er kommt aus Indien und verkündet eine Religiosität, die mit keiner Kirche verbunden ist.

Jean Pauls Stellung zum Christentum läßt sich vom Biographischen her nicht hinreichend fassen. Er war befreundet mit Herder, der lutherischer Geistlicher war, und mit Jacobi, der sich als Philosoph nicht vom Christentum trennte; aber wenn man Jean Pauls Romane liest und die religiösen Stellen daraus zusammenstellt, dann ergibt sich, daß bei ihm die christlichen Elemente ganz gering sind und niemals wesentlich, anders als etwa bei Goethe, wo in „Faust" sowohl der „Prolog im Himmel" als auch die Schlußszene christliche Vorstellungen dem Goetheschen Denken anverwandelt haben.

Jean Paul gestaltet also eine freie Religiosität, und darin hat er Ähnlichkeit mit anderen Schriftstellern seiner Zeit. Das Ausgehen vom Innern des Menschen ist ihnen allen eigen. Sie schildern das Religiöse nie als ein Haben, sondern als eine innere Bewegung, eine Konzentration, ein Erlebnis, das sie mitzuteilen versuchen. Jeder formte dabei seine geistige Welt in eigener Art. Jean Paul ist derjenige, welcher am stärksten das Gefühl darstellt. Das entspricht seiner Natur, und zugleich setzte er damit die Linie der Empfindsamkeit des 18. Jahrhunderts fort. So lebt in Jean Pauls Romanen zwischen all dem Gefühlvollen, Komischen, Alltäglichen, Phantastischen, Skurrilen als ein wichtiges Element auch das Religiöse. Er verwob es in die Fülle des Romangeschehens und vermittelte es damit weder anspruchsvoll noch zurückhaltend.

Jean Paul war sich über die Bedeutsamkeit seiner religiösen Motive klar. An Jacobi schreibt er: „Auf Deine Frage, was denn mein Ernst hinter der Dichtung ist, antworte ich: ... Mein Ernst ist das überirdische bedeckte Reich, das sogar der hiesigen Nichtigkeit noch sich unterbauet, das Reich der Gottheit und der Unsterblichkeit und der Kraft ... Mein ganzes Leben zog darauf zu, nie ließ ich es, sogar im frühern Skeptizismus, und noch hält es mich." (16. August 1802) In „Levana" in dem Kapitel „Bildung zur Religion" sagt er: „Der reinste Unterschied des Menschen vom Tiere ist weder Besonnenheit noch Sittlichkeit, sondern Religion." (V S. 580) Deswegen ist ihm die religiöse Erziehung besonders wichtig. Er ist der Meinung, daß die kirchlichen Formen der Religion oft zu eng seien. Deswegen hält er in der Gegenwart die religiöse Bildung durch Schriftsteller für eine große Aufgabe. Er nennt in diesem Zusammenhang Herder und Klopstock (V S. 1029). In den „Dämmerungen für Deutschland" in dem Kapitel „Über die jetzige Sonnenwende der Religion" (V S. 1025 – 1033) sagt er, daß die Religion in dem Zustande, den sie in der Zeit der Aufklärung erhalten habe, nicht verbleiben dürfe, um lebenspendend zu sein.

Ähnliche Gedanken hatten auch andere Schriftsteller der Zeit. Sie hatten erlebt, was das 18. Jahrhundert gebracht hatte. Die Philosophen hatten es übernommen, über Gott zu sprechen. Doch dann zeigten sich deren Grenzen. Da das Göttliche rational nicht zu fassen ist, waren die Philosophen verschiedener Meinung, und sie erreichten bei ihren Lesern nicht die Seele, sondern nur den Verstand. Fragte man nach dem Religiösen im Menschen, so entzog sich das ihrem rationalen Denken. Die Dichter waren in anderer Lage. Für sie kam es darauf an, innere Empfindungen, Erlebnisse und Gedanken auszudrükken. Hier sah Jean Paul seine Aufgabe. Unter denen, die nach ihm kamen, vollzog sich dann nochmals eine Wendung. Sie ergänzten die Religionsphilosophie der Philosophen und das Bild religiösen Innenlebens der Dichter dadurch, daß sie die jahrhundertealten religiösen Erfahrungen der Kirche wieder in die moderne geistige Welt hineinnahmen, so taten es Novalis und Eichendorff. So standen in der neuzeitlichen Welt die Dichter vor neuen Aufgaben. Sie hatten es dabei besser als die Maler. Wenn Caspar David Friedrich oder Philipp Otto Runge das Religiöse darstellen wollten, konnten sie nicht wie die Dichter das Innere des Menschen zeigen, sie konnten andererseits aber auch nicht die alte Heiligenmalerei fortsetzen, und so blieb ihnen nur die Landschaft und die Phantasiekomposition, welche nicht so unmittelbar wie Jean Pauls Romane das Religiöse aussprechen können. In wiederum anderer Lage waren die Musiker. Um das Religiöse deutlich zu machen, bedurften sie des Textes. Schillers Lied „An die Freude" war dafür geeignet. Deswegen die Besonderheit der IX. Symphonie als Gottesdienst der weltlichen Religiosität der Goethezeit. Kein Musiker aber hat es unternommen, die religiösen Reden Dahores aus „Hesperus" oder Speners aus „Titan" zu komponieren. Dennoch gibt es eine Beziehung zwischen Beethoven und Jean Paul. In den großen Romanen sehen wir Verwirrung, Sorge, die entsetzliche Angst, „daß kein Gott sei", und mühsam wird dann Klarheit, Innigkeit und Freude errungen. Und ähnlich gibt es in Beethovens Symphonie erst nach vielen Motiven von Schwere und Leid die Auflösung der Spannungen und eine Klarheit, deren Besonderheit darin liegt, daß sie all das vorangegangene Schwere zur Voraussetzung hat.

In früheren Zeiten wurden die religiösen Vorstellungen von Menschen geprägt, welche nicht Philosophen, nicht Dichter, sondern religiöse Verkünder waren, wie die Propheten des Alten Testaments, wie der historische Jesus, wie Franz von Assisi. Ihre Verkündigung bediente sich der Sprache, sie wollte nicht Kunst sein, aber als feierliche Sprache hatte sie einige künstlerische Züge. In der griechischen Antike war Platon ein Philosoph, der seherische und religiöse Züge hatte, welche ihn von den modernen Philosophen wie Descartes und Kant unterscheiden. In der Welt des Mittelalters und noch in der des Barock stellte die Kunst das dar, was durch die Religion ausgesagt war. Die kirchliche Malerei, das geistliche Lied, das geistliche Schauspiel, die geistliche Musik verliehen dem Religiösen die für alle Menschen lebendige Form. Luther war kein Philosoph und kein Dichter, sondern ein religiöser Genius, von dem die Dichtung und die Musik für mehr als zwei Jahrhunderte Anregungen aufnahmen. Dann hörte im 18. Jahrhundert diese allgemein tragende Kraft der christlichen Religion auf. Die Philosophie schien berufen, die Weltprobleme zu deuten, aber sie erfaßte nur einen Teil des Menschen. Hier trat nun die Kunst ergänzend hinzu. Auch sie erhielt die Aufgabe der Weltdeutung. Novalis schrieb: „Dichter und Priester waren im Anfang eins, und nur spätere Zeiten haben sie getrennt. Der echte Dichter ist aber immer Priester, so wie der echte Priester immer Dichter geblieben. Und sollte nicht die Zukunft den alten Zustand der Dinge wieder herbeiführen?" (Blütenstaub 71) Goethe sagte, die Aufgabe des Dichters sei, „edlen Seelen vorzufühlen" (Vermächtnis), d. h. wertvolle Gefühle im Werk so zu gestalten, daß andere sie nacherleben können. Das ist — so allgemein gesehen — auch das, was andere Schriftsteller der Zeit als ihre

Aufgabe ansahen, zu der sie berufen seien, auch Jean Paul. In einer Epoche, in welcher es keine Propheten mehr gab, mußte die Kunst weitgehend Weltdeutung aussprechen und dabei die Ergänzung der Philosophie sein, die ihre Grenzen hatte. In diesem Zusammenhang hat Jean Paul die religiösen Motive seiner Romane gestaltet und damit seinen Beitrag zu der weltanschaulichen Dichtung seiner Zeit gegeben.

Jean Paul ist zitiert nach der Ausgabe von Norbert Miller im Hanser Verlag, München. 6 Bände 1960–1963 und 3 Nachtragsbände, die als „Abteilung II" bezeichnet sind, 1974–1977. Damit die zitierten Stellen auch in anderen Ausgaben in ihrem Zusammenhang gefunden werden können, sind auch die Kapitel genannt und zwar mit Jean Pauls Bezeichnung: Es ist also „Hundsposttag" (Hesperus) abgekürzt zu „Hp.", „Zykel" („Titan") zu „Zy.".

Geschrieben 1986.

Goethes religiöse Gedankenwelt, dargestellt auf Grund der Gedichte und des „Faust"-Schlusses

Religiöse Aussagen sind bei Goethe besonders in den Gedichten zu finden, denn in diesen gibt er am stärksten sich selbst, formuliert aber zugleich so, daß der Leser sich mit dem Text in eine Beziehung setzen kann. In den Romanen werden Gestalten geschildert, z. B. die „Schöne Seele" in den Lehrjahren, ihre Religiosität ist nicht unmittelbar die Goethes. Wenn man Goethes Religiosität kennenlernen will, muß man seine unmittelbar religiösen Äußerungen suchen, nicht aber zeitgebundene Auseinandersetzungen mit den christlichen Kirchen. In den Gedichten geht jedes Wort auf das Wesentliche und ist von dem Dichter wohlerwogen und geprüft. Ganz anders in den von anderen aufgezeichneten Gesprächen, die so oft zitiert werden. Im Gespräch mußte Goethe auf aktuelle Fragen Bezug nehmen und sich mitunter zur Wehr setzen. Der Gesprächspartner ging nach Hause und zeichnete dann etwas von dem Gespräch auf, hatte aber den genauen Wortlaut nicht mehr im Kopf. Eckermann hat manche Gespräche erst zehn Jahre nach Goethes Tode komponiert. Da ist zwar noch Goethescher Geist, aber nie sein eigentliches Wort. Außerdem mochte Goethe seine innerste geistige Welt nicht im Gespräch äußern. Auch im Brief ist er zurückhaltend. Er wußte, daß er manches nur in Form von Dichtung ausdrücken könne. Als er das Gedicht „Eins und alles" (S. 368) geschrieben hatte, das seine eigensten religiösen Vorstellungen ausspricht, schrieb er an Riemer: „Ich werde selbst fast des Glaubens, daß es der Dichtkunst vielleicht allein gelingen könne, solche Geheimnisse gewissermaßen auszudrücken, die in Prosa gewöhnlich absurd erscheinen, weil sie sich nur in Widersprüchen ausdrücken lassen, welche dem Menschenverstand nicht einwollen." (28. Okt. 1821). Wir wenden uns deswegen zu der Lyrik.

Aus Goethes Frankfurter Zeit vor der Fahrt nach Weimar stammt das Gedicht

Sehnsucht.

Dies wird die letzte Trän' nicht sein,
Die glühend Herz-auf quillet,
Das mit unsäglich-neuer Pein
Sich schmerzvermehrend stillet.

O laß doch immer hier und dort
Mich ewig Liebe fühlen,
Und möcht' der Schmerz auch also fort
Durch Nerv und Adern wühlen.

Könnt' ich doch ausgefüllt einmal
Von dir, o Ew'ger, werden!
Ach, diese lange tiefe Qual,
Wie dauert sie auf Erden!

(S. 97f.)

Die dritte Strophe spricht das Wesentliche aus, die Sehnsucht, von Gott „ausgefüllt" zu werden, die alte Sehnsucht der großen religiösen Seelen und der Mystiker. Dieses Thema geht aus von der Liebe „hier und dort", im Irdischen und im Jenseits. Daß die irdische Liebe in eine religiöse überleitet, ist viele Jahre später das Thema in dem Gedicht „Selige Sehnsucht" im „Westöstlichen Divan", es gehört in Goethes innersten Bereich. Gott ist einfach als der „Ewige" bezeichnet. Von der Seele gibt es eine Beziehung zu ihm. Es fehlen speziell christliche Motive. Es spricht eine allgemeine Religiosität.

Goethe hat dieses Gedicht nie veröffentlicht. Als er nach Weimar fuhr — noch nicht ahnend, daß es ein Daueraufenthalt werde —, hatte er es wahrscheinlich nicht bei sich. In den Gedichten, die er 1777 für Frau v. Stein zusammenstellte, kommt es nicht vor. Veröffentlicht wurde es 1793 durch Goethes Jugendfreund Johann Ludwig Ewald. In einem Brief an Goethe zitierte die Fürstin Gallitzin zwei Zeilen daraus (28. 8. 1793), als sie Stolberg besuchte, in diesem Kreise kannte man es.

Goethes Religiosität äußert sich in den stürmischen Jugendjahren in verschiedener Form. Der „Mahomets-Gesang" (S. 42) preist im Gleichnis des Stroms den religiösen Genius, der den Menschen den Weg zu Gott weist; sie

Jauchzen ihm und rufen: Bruder,
Bruder, nimm die Brüder mit,
Mit zu deinem alten Vater,
Zu dem ew'gen Ozean,
Der mit weitverbreit'ten Armen
Unsrer wartet ...

Der religiöse Genius weist den anderen den Weg. Das Gedicht endet mit den Worten:

Und so trägt er seine Brüder,
Seine Schätze, seine Kinder
Dem erwartenden Erzeuger
Freudebrausend an das Herz.

Gott ist der ursprüngliche „Erzeuger", und es gibt eine Heimkehr zu ihm. Unter den Menschen aber ist hier ein Begnadeter, der anderen dabei den Weg weisen kann. Das Bild desselben ist in dem Gedicht ganz allgemein gehalten, nur die Überschrift spricht von Mohammed.

In der gleichen Periode wie der „Mahomets-Gesang" entstand das Gedicht „Ganymed" (S. 46). Es beginnt als ein Gedicht der Naturliebe, die religiöse Züge hat, „heilig Gefühl", das sich auf die „ewige Wärme", „unendliche Schöne" richtet — „ewig" ist bei Goethe oft ein Hinweis auf das Göttliche. Seine Sprache bleibt sich dabei erstaunlich gleich. In dem Jugendgedicht „Dies wird die letzte Trän' nicht sein" wird Gott als der „Ewige" bezeichnet, und noch im „Faust" — Schluß ist es so. Das Gedicht, das als Naturgedicht anfängt, wandelt sich zu einem Aufstieg ins Religiöse, und nun kommt der sehnenden Liebe des Menschen die göttliche Liebe entgegen und zieht ihn empor:

> Umfangend umfangen!
> Aufwärts
> An deinem Busen,
> Alliebender Vater!

Dieses Motiv des jungen Goethe kehrt in seinem höchsten Alter im „Faust"-Schluß wieder: die Sehnsucht zu Gott und die helfende Liebe von oben. Dort wird es im Anschluß an christliche Bild-Vorstellungen gestaltet, hier wird durch die Überschrift „Ganymed" an ein altgriechisches Bild erinnert. Es handelt sich jedesmal um eine allgemeine Religiosität, die sich so sicher fühlt, daß sie in der Menschheitsgeschichte hier oder dort anknüpfen kann, ohne ihre Selbständigkeit zu gefährden. Wir werden Ähnliches später bei den „Divan"-Gedichten sehn.

Die hymnischen Gedichte aus Goethes Jugend enthalten noch ein drittes Gedicht mit religiösen Motiven, „Harzreise im Winter" (S. 50). Wie ein Raubvogel im Flug auf die Erde schaut und aus der Entfernung das Wichtigste mit vergleichendem Blick sieht, so will der Dichter die Schicksale der Menschen seines Kreises überblicken,

> Denn ein Gott hat
> Jedem seine Bahn
> Vorgezeichnet.

Und so sieht er einerseits Alltagsmenschen, die ihren üblichen Freuden nachgehn, anderseits den komplizierten Melancholiker,

> Der sich Menschenhaß
> Aus der Fülle der Liebe trank.

Im Gedanken an ihn wird das Gedicht zum Gebet:

> Ist auf deinem Psalter,
> Vater der Liebe, ein Ton
> Seinem Ohre vernehmlich,
> So erquicke sein Herz!

Im Vergleich mit dem Schwermütigen weiß der Dichter, wie reich er ist, durch Liebe und durch Kunst. Er weiß, daß er dankbar sein muß, dankbar dem „Vater der Liebe". Deswegen wird der Berg, den er besteigt, „Altar des lieblichsten Danks". Es ist eine Religiosität, die Gebet und Dank kennt. Später, im „Divan", findet Goethe dafür die Formulierung: „das mentale (d. h. geistige) Gebet, das alle Religionen einschließt und ausschließt" (Bd. 2, S. 135).

Zu Anfang stand das Gedicht „Dies wird die letzte Trän' nicht sein" mit der Sehnsucht nach dem Göttlichen. Diese hat in Gedichten wie der „Harzreise" eine gewisse Beruhigung erfahren durch die göttlichen Gaben im Diesseits, zumal die Liebe und die Sinnerfüllung des Lebens als Künstler. Es ist also eine Sehweise, für die später dann die Formulierung „das Vergängliche als Gleichnis" bezeichnend ist. Goethes Religiosität hatte hier ihren Weg gefunden, der nun immer wieder neu empfunden und ausgestaltet wurde.

In den ersten Weimarer Jahren entstehen drei weltanschauliche Gedichte, die das persönliche religiöse Bewußtsein verbinden mit der sittlichen Pflicht und also dem Blick in die Welt. Der „Gesang der Geister über den Wassern" (S. 143) beginnt:

> Des Menschen Seele
> Gleicht dem Wasser:
> Vom Himmel kommt es,
> Zum Himmel steigt es ...

Damit ist gesagt, daß die Seele nicht auf das irdische Leben begrenzt ist. Dann folgt die Ergänzung dazu: Schon im Diesseits hat der Mensch eine Ahnung der höheren Welt; das sagt das Gedicht „Grenzen der Menschheit" (S. 146), wobei „Menschheit" bedeutet: menschliches Wesen.

> Wenn der uralte
> Heilige Vater
> Mit gelassener Hand
> Aus rollenden Wolken
> Segnende Blitze
> Über die Erde sät,
> Küss' ich den letzten
> Saum seines Kleides,
> Kindliche Schauer
> Treu in der Brust.

Die göttliche Sphäre wird in wechselnder Art bezeichnet. Mitunter ist es nicht nur ein einziges höheres Wesen, sondern eine Geisterwelt, so in der Formulierung

> Denn mit Göttern
> Soll sich nicht messen
> Irgend ein Mensch.

Und ähnlich in dem folgenden Gedicht „Das Göttliche" (S. 147):

> Heil den unbekannten
> Höhern Wesen,
> Die wir ahnen!
> Ihnen gleiche der Mensch!
> Sein Beispiel lehr' uns
> Jene glauben.

In diesen Gedichten wechseln die Bezeichnungen, einmal „der uralte heilige Vater", dann „die höhern Wesen" im Plural. Eben weil der Mensch über den göttlichen Bereich nichts Genaues weiß, ist der Dichter frei und die Bezeichnung verschiedenartig. Gleichbleibend ist aber die Überzeugung, daß es jenen höheren Bereich gibt, daß der Mensch seinem Wesen nach eine begrenzte Einsicht habe, daß er zu ihm in Beziehung stehe, ja daß er ihm gegenüber verpflichtet sei:

> Der edle Mensch
> Sei hilfreich und gut!
> Unermüdet schaff' er
> Das Nützliche, Rechte,
> Sei uns ein Vorbild
> Jener geahneten Wesen!

Das Wort „Vorbild" bedeutet hier „Hinweis auf" (Dt. Wb. 12,2 Sp. 912), Praefiguration. Hier folgt aus der religiösen Erkenntnis die Pflicht zum sittlichen Handeln und damit der Blick ins tätige Leben. Von nun an werden beide Motive oft verbunden, wenn Goethe sich über menschliche Religiosität äußert.

Der Kreis dieser religiösen Gedanken wird dann auf neue Art im „West-östlichen Divan" durchschritten, von der innerlichen Sehnsucht nach einer höheren Welt bis zu der Bewältigung täglicher Mühsal aus religiös begründetem Pflichtgefühl.

Am Ende des ersten Buches des „Divan" — gewissermaßen als seelischer Hintergrund alles Folgenden — steht das Gedicht

Selige Sehnsucht

Sagt es niemand, nur den Weisen,
Weil die Menge gleich verhöhnet,
Das Lebend'ge will ich preisen,
Das nach Flammentod sich sehnet.

In der Liebesnächte Kühlung,
Die dich zeugte, wo du zeugtest,
Überfällt dich fremde Fühlung,
Wenn die stille Kerze leuchtet.

Nicht mehr bleibest du umfangen
In der Finsternis Beschattung,
Und dich reißet neu Verlangen
Auf zu höherer Begattung.

Keine Ferne macht dich schwierig,
Kommst geflogen und gebannt,
Und zuletzt, des Lichts begierig,
Bist du, Schmetterling, verbrannt.

Und so lang du das nicht hast,
Dieses: Stirb und werde!
Bist du nur ein trüber Gast
Auf der dunklen Erde.

Zu dem Titel ist zu sagen: „selig" bedeutet „zu dem göttlichen Bereich gehörig",
das Wort wurde oft in Bezug zu dem Leben nach dem Tode gebracht (Dt. Wb.
10,1 Sp. 522f.). Und zu der Formulierung „trüber Gast": Daß der Mensch auf
Erden ein Gast ist, der kommt und wieder geht, ist leicht zu verstehn, inwiefern
aber „trüb"? Goethe benutzt das Wort hier wie in seiner „Farbenlehre", wo es
oft vorkommt. Das Licht dringt in ein reines Glas, nicht aber in einen Stein.
Nun gibt es aber das farbige Glas oder das unreine Wasser als „trübendes
Medium". Das Licht dringt hinein, aber nur wenig. Und ähnlich bei den
Menschen: das Licht Gottes dringt in sie, aber nur begrenzt. Wenn man von
einer Gestalt wie Jesus absieht, sind alle ein „trübendes Medium". Aber
im Menschen ist die Sehnsucht, ganz in das große Licht hineinzufliegen.
Goethe spricht hier deutlich davon, daß der Tod kein Ende sei, sondern
daß ein anderes Dasein beginne, das in einen höheren Bereich führt, darum
„Stirb und werde". Das Ganze ist ein Gedicht der Bewegung, der Sehnsucht, wie schon der Titel sagt. Diese Liebe zu einem göttlichen Bereich ist
die höhere Stufe der irdischen Liebe, deswegen beginnt das Gedicht mit
dieser, geht dann aber sofort zu jenem „höheren" Bereich über, der eine
„fremde Fühlung" mit sich bringt. So sehr der jenseitige Bereich eine eigene
Welt ist, er hat eine Vorstufe, einen ersten Hinweis in der irdischen Liebe. Das
ist dann auch im „Faust"-Schluß so.

Spruchhafte kleine Gedichte führen die religiöse Thematik weiter (Bd. 2, S. 10):

> Ob ich Ird'sches denk' und sinne,
> Das gereicht zu höherem Gewinne.
> Mit dem Staube nicht der Geist zerstoben,
> Dringet, in sich selbst gedrängt, nach oben.

Hier ist wie in „Selige Sehnsucht" die Hoffnung auf eine andere Existenz des Geistes ausgesprochen. Zugleich hat ein sittliches irdisches Leben seine innere Beziehung zu dem Zukünftigen. Zum Menschen gehört, daß er unvollkommen ist und daß er mitunter leidet. Man soll es als Gottes Willen hinnehmen:

> Im Atemholen sind zweierlei Gnaden:
> Die Luft einziehn, sich ihrer entladen.
> Jenes bedrängt, dieses erfrischt;
> So wunderbar ist das Leben gemischt.
> Du danke Gott, wenn er dich preßt,
> Und dank' ihm, wenn er dich wieder entläßt.

Von hier aus geht die Sprache bis zur gebetartigen Anrede:

> Mich verwirren will das Irren;
> Doch du weißt mich zu entwirren.
> Wenn ich handle, wenn ich dichte,
> Gib du meinem Weg die Richte.

Hier führt der Blick ins eigene Innere. Und der Blick auf die Außenwelt hat ebenfalls religiösen Charakter:

> Gottes ist der Orient!
> Gottes ist der Okzident!
> Nord- und südliches Gelände
> Ruht im Frieden seiner Hände.

Im „Westöstlichen Divan" ist die fremde Religion nur der Ausgangspunkt, um Eigenes zu sagen, aus dem Bewußtsein heraus, daß grundlegende allgemeine Wahrheiten die verschiedenen Weltanschauungen verbinden, so in dem Gedicht „Vermächtnis altpersischen Glaubens" (Bd. 2, S. 104). Es vereinigt den Blick auf die gottgeschaffene Natur mit dem Blick auf die gottgewollten sittlichen Gesetze. In diesem Gedicht spricht ein dem Tode Entgegengehender. Er beginnt mit der Sonne, die ihn immer angeregt habe,

> Gott auf seinem Throne zu erkennen,
> Ihn den Herrn des Lebensquells zu nennen,
> Jenes hohen Anblicks wert zu handeln
> Und in seinem Lichte fortzuwandeln.

9*

Der Gedanke an Gott bringt die Mahnung zum sittlichen Leben mit sich:

> Und nun sei ein heiliges Vermächtnis
> Brüderlichem Wollen und Gedächtnis:
> Schwerer Dienste tägliche Bewahrung,
> Sonst bedarf es keiner Offenbarung.

Das Wort „Offenbarung" sagt genug. Das sittliche Handeln ist nicht nur menschlich-selbstgewählt, sondern es ist gottgewollt.

Im letzten Buch des „Divan" wird das Motiv der „Seligen Sehnsucht" noch einmal aufgenommen in dem Gedicht „Höheres und Höchstes" (Bd. 2, S. 116). Zunächst spricht es etwas spielerisch davon, was die Menschen für Wünsche hätten und wie unbedacht sie diese in ihre Jenseits-Vorstellungen hineintrügen. Man solle lieber bedenken: Statt der jetzigen für das irdische Leben geschaffenen fünf Sinne werde es dort nur einen einzigen Sinn geben, den der religiösen Wahrnehmung:

> Und nun dring' ich allerorten
> Leichter durch die ewigen Kreise,
> Die durchdrungen sind vom Worte
> Gottes rein-lebendigerweise.
>
> Ungehemmt mit heißem Triebe
> Läßt sich da kein Ende finden,
> Bis im Anschaun ewiger Liebe
> Wir verschweben, wir verschwinden.

Mit diesen Gedichten des „Westöstlichen Divan" ist der Kreis der Goetheschen Vorstellungen noch einmal durchlaufen: Die Natur als Offenbarung einer höheren Ordnung; das Gefühl des Staunens und der Dankbarkeit; das sittliche Denken im Innern des Menschen und seine Sehnsucht zu Gott als eine andere Offenbarung; und seine Hoffnung auf eine andere Existenz nach dem Tode, die ihn religiös weiterbringt.

Der Kreis dieser Empfindungen und Gedanken wird in der Alterslyrik differenziert und zum Teil noch erweitert. Die Sprüche handeln — ihrer Art entsprechend — vor allem über das Sittliche (S. 306 f.):

> Wer Gott vertraut,
> Ist schon auferbaut.

> Wer Gott ahnet, ist hoch zu halten,
> Denn er wird nie im Schlechten walten.

> Gott hat die Gradheit selbst ans Herz genommen,
> Auf gradem Weg ist niemand umgekommen.

In dieser letzten Zeile hat das Wort „umkommen" die Bedeutung „innerlich
zugrunde gehn" (Dt. Wb. 11,2 Sp. 982).

Die andere Seite der religiösen Gedankenwelt, die Beziehung zur Natur,
spricht sich aus in dem Gedicht „Prooemion" (S. 357). Der griechische Titel
bedeutet „Vorspruch, Einleitungswort". Goethe hat dieses Gedicht sowohl vor
eine Gruppe seiner naturwissenschaftlichen Schriften gesetzt als auch vor eine
Gruppe seiner Gedichte, die er „Gott und Welt" nannte.

Prooemion

Im Namen dessen, der Sich selbst erschuf!
Von Ewigkeit in schaffendem Beruf;
In Seinem Namen, der den Glauben schafft,
Vertrauen, Liebe, Tätigkeit und Kraft;
In Jenes Namen, der, so oft genannt,
Dem Wesen nach blieb immer unbekannt:

So weit das Ohr, so weit das Auge reicht,
Du findest nur Bekanntes, das Ihm gleicht,
Und deines Geistes höchster Feuerflug
Hat schon am Gleichnis, hat am Bild genug;
Es zieht dich an, es reißt dich heiter fort,
Und wo du wandelst, schmückt sich Weg und Ort;
Du zählst nicht mehr, berechnest keine Zeit,
Und jeder Schritt ist Unermeßlichkeit.

Der Dichter spricht „Im Namen", er nennt aber nicht das Wort „Gott", das
in den Sprüchen mehrfach vorkam. Er sagt, daß der Schöpfer dem Menschen
Eigenschaften gegeben habe, die diesen mit ihm verbinden, „Glauben", „Vertrauen", „Liebe", wenn auch das „Wesen" Gottes dem Menschen immer
„unbekannt" bliebe. Diese negative Aussage wird dann in der zweiten Strophe
durch eine positive ergänzt. Wir haben das „Gleichnis" des Höchsten, und an
diesem sollen wir „genug" haben. Wenn wir die Gleichnishaftigkeit der Welt
richtig verstehen, zieht sie uns immer mehr an, der Geist wird „heiter", d. h.
licht, hell, in irdischen Grenzen des göttlichen Lichts teilhaft. Der Blick
in die Natur ist nicht das Zählen und Berechnen dessen, der sie ausnutzen
will, sondern die religiöse Schau, zu welcher der künstlerische Blick anleitet
und auch der wissenschaftliche, wenn man Wissenschaft so versteht, wie Goethe
sie verstand.

Von hier aus erklärt sich der Spruch (S. 367):

Wer Wissenschaft und Kunst besitzt,
Hat auch Religion;
Wer jene beiden nicht besitzt,
Der habe Religion.

Wissenschaft ist für Goethe ein Weg, der zu religiöser Erkenntnis führt, weil er die Gottgeordnetheit der Welt zeigt; Kunst ist ebenfalls ein Weg zum Religiösen, indem sie durch Schönheit und Innerlichkeit in diesen Bereich führt. Wer also diese Gebiete „besitzt", hat einen religiösen Weg. Wer ihnen aber fernsteht, soll nach Goethes Rat durch eine der Religionen sich vorwärts bringen lassen. In seinen „Maximen und Reflexionen" sagt er: „Die Wissenschaft hilft uns vor allem, daß sie das Staunen, wozu wir von Natur berufen sind, einigermaßen erleichtere." (Bd. 12, S. 407) Und von der Kunst sagt er: „Die Kunst hat einen idealischen Ursprung, man kann sagen, sie sei aus und mit Religion entsprungen." (W.A. 48, S. 135) Und ferner: „Die Kunst ruht auf einer Art religiosem Sinn, auf einem tiefen unerschütterlichen Ernst; deswegen sie sich auch so gern mit der Religion vereinigt. Die Religion bedarf keines Kunstsinnes, sie ruht auf ihrem eigenen Ernst; sie verleiht aber auch keinen, so wenig sie Geschmack gibt." (Bd. 12, S. 468) Diese Sätze umschreiben ausführlicher das, was in den Versen „Wer Wissenschaft und Kunst besitzt ..." knapp zusammengefaßt ist.

Als Naturwissenschaftler und als Künstler richtet Goethe seinen Blick auf die Natur, und wenn er sie im Großen sieht, sagt er (S. 367)

> Wenn im Unendlichen dasselbe
> Sich wiederholend ewig fließt,
> Das tausendfältige Gewölbe
> Sich kräftig ineinander schließt,
> Strömt Lebenslust aus allen Dingen,
> Dem kleinsten wie dem größten Stern,
> Und alles Drängen, alles Ringen
> Ist ewige Ruh in Gott dem Herrn.

Diese Aussage über die Natur und die dahinter stehende höchste Macht wird ergänzt durch die Verse (S. 367):

> Wär nicht das Auge sonnenhaft,
> Die Sonne könnt' es nie erblicken;
> Läg' nicht in uns des Gottes eigne Kraft,
> Wie könnt' uns Göttliches entzücken?

Ebenso wie eine Beziehung von Mensch und Natur gibt es eine Beziehung von Mensch und Gott. Das hatte schon das Gedicht „Prooemion" gesagt, und hier wird es erneut formuliert: im Menschen ist von höchster Hand eine Fähigkeit, diese ewige Macht zu „erblicken".

Die Überzeugung, daß der Blick in die Natur ein Blick in göttliche Ordnung ist, steht hinter allen Naturgedichten der späten Lyrik, auch wenn das Religiöse nicht unmittelbar ausgesprochen ist. Es genügte Goethe, daß seine Einstellung einmal wie in dem Vierzeiler „Wär nicht das Auge sonnenhaft" ausgesprochen

war. Anderswo steht sie unausgesprochen im Hintergrund, so in dem späten
Sonnengedicht (S. 391):

> Früh, wenn Tal, Gebirg und Garten
> Nebelschleiern sich enthüllen,
> Und dem sehnlichsten Erwarten
> Blumenkelche bunt sich füllen,
>
> Wenn der Äther, Wolken tragend,
> Mit dem klaren Tage streitet,
> Und ein Ostwind, sie verjagend,
> Blaue Sonnenbahn bereitet,
>
> Dankst du dann, am Blick dich weidend,
> Reiner Brust der Großen, Holden,
> Wird die Sonne, rötlich scheidend,
> Rings den Horizont vergolden.

Die entscheidende Wendung des Gedichts liegt in den Worten „Dankst du
dann, am Blick dich weidend, / Reiner Brust ..." Hier ist vom menschlichen
Innern die Rede, nicht von der Natur. Von dem Gefühl der Dankbarkeit sprach
schon die „Harzreise": „Altar des lieblichsten Danks" (S. 52). Wenn der Mensch
so die Natur betrachtet, dann wird sie „rings den Horizont vergolden". Wann?
Am Abend des Tages, am Abend des Lebens? Er hat gelernt, was das Gedicht
„Prooemion" aussprach, die Gleichnishaftigkeit der Welt, die auf Höheres weist,
zu erkennen. Damit kann man der Nacht entgegengehn.

In dieser Weise lebt das Religiöse in der Naturlyrik, und in entsprechender
Weise lebt es auch in der Liebeslyrik, denn Liebe, recht verstanden, weist über
sich hinaus, wie schon das Gedicht „Selige Sehnsucht" sagte. In der Marienbader
„Elegie" steht die Strophe (S. 384):

> In unsers Busens Reine wogt ein Streben,
> Sich einem Höhern, Reinern, Unbekannten
> Aus Dankbarkeit freiwillig hinzugeben,
> Enträtselnd sich den ewig Ungenannten;
> Wir heißen's: fromm sein! — Solcher seligen Höhe
> Fühl' ich mich teilhaft, wenn ich vor ihr stehe.

Hier ist die Rede von religiösen Empfindungen, die sich klar aussprechen. Dann
folgt plötzlich der Satz, daß diese „selige", d. h. auf den religiösen Bereich
weisende Höhe ihre Anregung hat durch weltliche, irdische Liebe, die sich
vergeistigt. Es ist ein Thema, das schon im „Divan" ausgesprochen war und
später im „Faust"-Schluß ausführlicher zur Darstellung kommt. Auffallend
auch die Nähe zu der Naturlyrik. In dem Gedicht „Früh, wenn Tal ..." heißt
es „reiner Brust", hier „In unsers Busens Reine"; dort heißt es „Dankst du

dann ...", hier „Aus Dankbarkeit freiwillig hinzugeben ...", die religiöse
Innerlichkeit ist in beiden Gedichten dieselbe.

Die Themen in diesen späten Gedichten sind die Schönheit der Natur als
Gleichnis einer höheren Welt, das sittliche Gesetz als göttliche Gabe und die
Liebe als Weg der Vergeistigung. Auch ein weiteres Motiv, das bei Goethe seit
je zu dem religiösen Themenkreis gehört, fehlt in der späten Lyrik nicht, die
Hoffnung, nach dem Tode dem Bereich, den der Mensch im Leben erahnt und
erhofft, näher zu kommen. Dieses Thema erhält ein eigenes großes Gedicht
(S. 368):

Eins und alles

Im Grenzenlosen sich zu finden,
Wird gern der Einzelne verschwinden,
Da löst sich aller Überdruß;
Statt heißem Wünschen, wildem Wollen,
Statt läst'gem Fordern, strengem Sollen
Sich aufzugeben ist Genuß.

Weltseele, komm, uns zu durchdringen!
Dann mit dem Weltgeist selbst zu ringen
Wird unsrer Kräfte Hochberuf.
Teilnehmend führen gute Geister,
Gelinde leitend, höchste Meister,
Zu dem, der alles schafft und schuf.

Und umzuschaffen das Geschaffne,
Damit sich's nicht zum Starren waffne,
Wirkt ewiges lebendiges Tun.
Und was nicht war, nun will es werden,
Zu reinen Sonnen, farbigen Erden,
In keinem Falle darf es ruhn.

Es soll sich regen, schaffend handeln,
Erst sich gestalten, dann verwandeln;
Nur scheinbar steht's Momente still.
Das Ewige regt sich fort in allen,
Denn alles muß in Nichts zerfallen,
Wenn es im Sein beharren will.

Der Titel „Eins und alles" deutet auf das einzelne Lebendige und das All, in
dem es steht, vor dem Tode und nach dem Tode. Dort wird Weiterentwicklung
die höchste Aufgabe, „Hochberuf". Das Wort „ringen" bedeutet: seine Kräfte
messen, sich bemühen. Es ist für Goethe typisch, daß in solcher Weise von
Steigerung die Rede ist. Schon in den ersten Zeilen ist deutlich gesagt, daß „der
Einzelne" — der Mensch als Individuum — ein Ende finden muß, aber dann
sich „im Grenzenlosen" befinden wird. Dieses Thema, das ganz knapp schon
in früheren Gedichten auftauchte, wird hier ausführlicher gefaßt. Das Göttliche

wird als „Weltseele" und „Weltgeist" bezeichnet, und es ist die Rede von einem Stufenreich der Geister, in welches die Seele nach dem Tode eingeht. Sie kommt damit in den großen Wandlungsvorgang, der das ganze Weltall erfüllt. Auf diese Weise „beharrt" sie „im Sein". An dieser Stelle hat Goethe, der sonst so genau in seiner Wortwahl ist, einmal ungenau formuliert. Wenn etwas „im Sein beharrt", dann ist es etwas, nicht nichts. Hier aber steht: „Denn alles muß in Nichts zerfallen". Es ist nicht der mathematische oder philosophische Begriff des Nichts gemeint, sondern die Vernichtung der bestehenden Form des Lebens. Goethe hat diese ungeschickte Formulierung später selbst eingesehen, aber das Gedicht stand so, wie es ihm in einer glücklichen Stunde gelungen war, nun in Band 3 der „Ausgabe letzter Hand", 1827. Er ergänzte es durch das Gedicht „Vermächtnis" und ließ dieses beginnen: „Kein Wesen kann zu Nichts zerfallen!" (S. 369) Hierdurch war der Schluß von „Eins und alles" ausgeglichen.

Das Bild, das hier von dem Dasein nach dem Tode gegeben ist — „Teilnehmend führen gute Geister" — wird weiter ausgeführt in der Schlußszene des „Faust". Eine geistige Linie führt also von „Selige Sehnsucht", wo die Sehnsucht nach einer höheren Welt ausgesprochen ist, über „Eins und alles", wo knappe Bilder von dem Eingehen in diese höhere Welt gegeben werden, zu der Schluß-Szene des Dramas, welche diese Bilder weiter ausführt und dabei auch formal durch ihren stark lyrischen Charakter an die Gedichte anschließt.

Die Schlußszene beginnt auf der Erde zwischen Wald und Fels, der Ort wird aber sogleich als „Heiliger Liebeshort" (11853) bezeichnet, denn die Liebe geleitet vom Irdischen in eine höhere Welt, und mit der „ewigen" Liebe schließt dann die Szene (12110). Immer wieder ist in dieser Szene von der Liebe die Rede (11853, 11865, 11873, 11882, 11902, 11924, 11938, 11943, 11965, 12003, 12110). Sie wird verkörpert durch die Mater gloriosa. Im Anfang des „Faust", im „Prolog im Himmel" erscheint Gott in männlicher Gestalt. Gott als Grundprinzip der Welt ist weder männlich noch weiblich, doch in menschlichen Phantasievorstellungen erscheint er so oder so, zumal auch als Bild in der Malerei oder Dichtung. Hier in der Schlußszene, wo es sich um die Liebe von oben handelt, ist die weibliche Gestalt das gemäße Bild. Die Liebes-Motivik der Lyrik, die seit „Ganymed" da war, wird hier fortgeführt. Es ist natürlich nicht eine begehrende Liebe, sondern Liebe, die nur an den anderen denkt und für ihn etwas tun will, deswegen weibliche Liebe. Das Göttliche wird in dieser Szene ähnlich wie in der Lyrik meist „das Ewige" genannt (11854, 11865, 11883, 11920, 11924, 11964, 12033, 12110). Von dem Bereich, der zu Beginn der Szene gezeigt wird, steigt der Blick aufwärts, es heißt „Engel schwebend in der höheren Atmosphäre". Sie tragen „Faustens Unsterbliches". Doch dem Emportragen sind Grenzen gesetzt, denn noch ist ein „Erdenrest" (11954) vorhanden, deswegen heißt es (11964f.):

> Die ewige Liebe nur
> Vermag's zu scheiden.

Und nun naht die „höchste Herrscherin der Welt" (11997). Der von Geistern Emporgetragene ist jetzt erfüllt von „heiliger Liebeslust" (12003), alles Einstige in ihm hat sich gewandelt, vergeistigt. Die himmlische Gestalt, die einst Gretchen war, sagt von ihm (12088):

> Sieh, wie er jedem Erdenbande
> Der alten Hülle sich entrafft.

Und so darf Fausts Unsterbliches weiter aufsteigen in höhere Regionen.

Der Schlußchor beginnt mit einem Rückblick auf das Irdische. Dort gibt es das Göttliche nur gleichnishaft:

> Alles Vergängliche
> Ist nur ein Gleichnis.

Das ist die Aussage, die schon großartig im „Prooemion" ausgesprochen war. Dort mußte der Blick im Irdischen bleiben. Hier, im himmlischen Bereich, geht er darüber hinaus. Das, was im irdischen Leben unerreichbar ist, wird hier „Ereignis", es geschieht hier. Faust wird durch die göttliche Liebe (12110) in eine höhere Welt aufgenommen.

Die religiösen Motive aus den Gedichten sind hier weitergeführt. Es ist die Rede von dem Vergänglichen als Gleichnis wie vorher in manchen Gedichten seit der „Harzreise". Es fehlt das Motiv „Schwerer Dienste tägliche Bewahrung", weil nicht mehr vom irdischen Alltag die Rede ist. Desto mehr tritt das Motiv der göttlichen Liebe hervor. Grundlage dafür ist die Vorstellung von der Verwandlung der Existenz nach dem Tode, die schon in den Gedichten „Höheres und Höchstes" und „Eins und alles" dargestellt war. Die Sehnsucht des Jugendgedichts

> Könnt' ich doch ausgefüllt einmal
> Von dir, o Ew'ger, werden!

wird also erfüllt, aber erst in einer jenseitigen Welt. In ihr ist der Mensch nicht mehr der „trübe Gast" (wie es in "Selige Sehnsucht" heißt), sondern sein Inneres wird rein für das göttliche Licht, er ist dort der „nicht mehr Getrübte" (12074).

Blickt man auf die religiösen Äußerungen als ganzes, so zeigt sich, daß sie immer von einer höchsten göttlichen Instanz sprechen, obgleich diese „dem Wesen nach . . . immer unbekannt" bleibt (Bd. 1, S. 357), und von dem Menschen, der in seinem Innern ein Organ hat, um diese höchste Macht zu fühlen, zu

verehren, zu denken. Der Mensch sieht sie im gleichnishaften Diesseits als Natur
und als Sittengesetz, und er darf damit rechnen, nach dem Tode der Weltseele
näher zu kommen, von der ursprünglich alles ausgegangen ist.

Weil Goethe die Natur als Offenbarung Gottes sieht, ist seine Naturwissenschaft religiös. In seinen „Heften zur Morphologie" beginnt der Aufsatz
„Bedenken und Ergebung" mit den Worten: „Wir können bei Betrachtung
des Weltgebäudes, in seiner weitesten Ausdehnung, in seiner letzten Teilbarkeit,
uns der Vorstellung nicht erwehren, daß dem Ganzen eine Idee zum Grund
liege, wornach Gott in der Natur, die Natur in Gott, von Ewigkeit zu Ewigkeit,
schaffen und wirken möge." Und der folgende Aufsatz „Bildungstrieb" setzt den
Gedankengang fort: „Dieses Ungeheure personifiziert tritt uns als ein Gott
entgegen, als Schöpfer und Erhalter, welchen anzubeten, zu verehren und zu
preisen wir auf alle Weise aufgefordert sind." (Bd. 13, S. 31 u. 33). In diesem
Sinne hat Goethe Naturwissenschaft getrieben, und er wünschte, daß alle
Naturwissenschaft diesen Hintergrund hätte. Das „Anbeten, Verehren und
Preisen" konnte er aber vor allem in seiner Dichtung aussprechen, und auch
da, wo es nicht wörtlich ausgesprochen ist, können wir es im Hintergrund
spüren, etwa in dem Gedicht „Früh, wenn Tal, Gebirg und Garten . . ." (S. 391)
Goethe schreibt deswegen (S. 367):

> Wer Wissenschaft und Kunst besitzt,
> Hat auch Religion;
> Wer jene beiden nicht besitzt,
> Der habe Religion.

Wer wissenschaftlich oder künstlerisch im rechten Sinne arbeitet, gelangt zum
religiösen Denken. Wer diese Wege nicht hat, sollte durch eine der Religionsge-
meinschaften sich fördern lassen und durch sie seine Einstellung zu den höchsten
Dingen finden. Der Spruch legt die Folgerung nahe, daß die kirchlichen
Bindungen für denjenigen nicht nötig sind, der Wissenschaft oder Kunst in
dem Sinne „besitzt", den Goethe meint.

Goethes Bild des Menschen mit seinem begrenzten irdischen Dasein, das aber
doch soweit erhellt ist, daß es ihm das Vergängliche als Gleichnis zeigt, ist
schlicht und klar. Er selbst hat es einmal seine „angeborene Anschauungsweise"
genannt, als er seinen Gegensatz zu Jacobi charakterisieren mußte. In den
„Annalen", Abschnitt „1811" schreibt er: „Jacobi ‚Von den göttlichen Dingen'
machte mir nicht wohl. Wie konnte mir das Buch eines so herzlich geliebten
Freundes willkommen sein, worin ich die These durchgeführt sehen sollte: die
Natur verberge Gott. Mußte bei meiner reinen, tiefen, angebornen und geübten
Anschauungsweise, die mich Gott in der Natur, die Natur in Gott zu sehen
unverbrüchlich gelehrt hatte, so daß diese Vorstellungsart den Grund meiner
ganzen Existenz machte, mußte nicht ein so seltsamer, einseitig-beschränkter

Ausspruch mich dem Geiste nach von dem edelsten Manne, dessen Herz ich verehrend liebte, für ewig entfernen?" (Bd 10, S. 511) Hier spricht er von seiner „reinen, tiefen, angebornen und geübten Anschauungsweise" und sagt, daß sie „den Grund seiner ganzen Existenz" ausmacht. Zu seiner ungewöhnlichen Begabung gehörte auch dies, daß er weitgehend Klarheit über sich selbst hatte. Betrachtet man die religiösen Gedanken bei ihm von der Jugend bis ins Alter, so fällt auf, daß sehr vieles, was von außen an ihn herangetragen wurde, nicht aufgenommen wurde, daß dagegen eine persönliche Religiosität in ihren Grundzügen deutlich hervortrat. Es ist das, was er die „angeborene Anschauungsweise" nennt. Zu dieser gehört auch das Bild des Ausgangs von einer göttlichen Region und der Rückkehr dorthin. Die Gelehrten haben oft dazu gesagt, das stehe bei Plotin und den Neuplatonikern, also habe er es dort her. Ich glaubte das nicht. Er hatte es aus sich selbst; es kann aber später eine Bestätigung gefunden haben durch manches, was er las.

Stellt man Goethes Weltanschauung in den Zusammenhang seiner Zeit, so muß man vergleichen mit dem damaligen Christentum, mit der idealistischen Philosophie und mit dem Materialismus. Am leichtesten ist der Vergleich mit dem Materialismus und Atheismus. Goethe kannte den antiken Materialismus besonders aus Lukrez, dessen Werk er sorgfältig durcharbeitete, da sein Freund Knebel es übersetzte und ihn immer wieder um Beurteilung bat. Goethe schätzte Lukrez als Naturbetrachter und als Dichter, lehnte aber seine Weltanschauung ab (WA 42,2 S. 449; HA 12, S. 308). Den modernen Materialismus, für den Lamettrie, Diderot und Holbach führende Köpfe waren, lernte er in Straßburg als Student kennen. Er las von Holbach das Werk „Système de la nature", in welchem dargestellt ist, daß es keinen Gott gebe und daß Geist und Seele des Menschen sterblich seien. Als er 1812 in „Dichtung und Wahrheit" seine Straßburger Zeit darstellte, las er das Werk Holbachs nochmals, wiederum ohne irgendwelche Sympathie. Er schreibt: „Alles sollte notwendig sein und deswegen kein Gott. Könnte es denn aber nicht auch notwendig einen Gott geben?" (Bd. 9, S. 490) Er sagt, man befände sich bei Holbach in einer „tristen atheistischen Halbnacht" (S. 491).

Anders ist Goethes Beziehung zum Christentum. Ihn vereint mit diesem der Glaube an Gott, an die Unsterblichkeit der Seele und an das Sittengesetz als göttliches Gebot. Er übernimmt aber nicht die menschenähnlichen Züge Gottes, etwa den „Zorn Gottes", von dem in der Bibel oft die Rede ist. (Man findet die Stellen leicht in jeder Bibel-Konkordanz und in Nachschlagewerken wie „Die Religion in Geschichte und Gegenwart".) Goethe sieht die Unvollkommenheit des Menschen, sie gehört zu dem menschlichen Wesen, so hat Gott ihn aus unbegreiflichen Gründen geschaffen. Er spricht also nicht von Erbsünde, und als er im Alter einmal auf dieses Thema gebracht wird, sagt er, man solle dann auch immer „Erbtugend, eine angeborene Güte, Rechtlichkeit und besonders eine Neigung zur Ehrfurcht" nennen (WA 41,2 S. 133). In dem Gedicht „Eins und alles" und im „Faust"-Schluß geschieht die Aufnahme in höhere Regionen durch die göttliche Liebe. Christus wird hier nicht genannt. Die einzige Stelle im „Faust"-Schluß, an der das Wort „erlösen" vorkommt, sprechen die Engel als Vertreter der göttlichen Region (11937), es ist nicht im kirchlichen Sinne gemeint. Goethes Bild der Aufnahme aller Seelen in den göttlichen Bereich hat Ähnlichkeit mit einem Bild, das im frühen Christentum bei Origenes auftaucht (die „Wiederbringung aller"). Goethe hat schon in seiner Jugend geäußert, daß er Sympathie dafür habe (Bd. 12, S. 230), es war aber eine Lehre, die von der gesamten mittelalterlichen Kirche und auch von den Reformatoren abgelehnt wurde. Stattdessen stand die biblisch gut begründete Lehre vom Jüngsten Gericht und der Hölle im Vordergrund; Goethe blieb ihr fremd.

Goethe hat sich in der Zeit, als er seinen „Westöstlichen Divan" schrieb, auch viel mit dem Islam beschäftigt. Ihm sagte zu, daß Gott dort ganz im Mittelpunkt des Denkens steht und daß Jesus und Mohammed nur Propheten sind. Bei seinen Studien kam Goethe aber auch auf die Religion der Parsen in vorislamischer Zeit, die ihm besonders zusagte, weil sie eine Naturreligiosität war, in der er manches Verwandte zu seiner eigenen Religiosität fand, deswegen im „Divan" das „Buch des Parsen" mit dem „Vermächtnis altpersischen Glaubens" (Bd. 2, S. 104). Hinter diesen geschichtlichen Bemühungen steht der Wunsch, in allen verschiedenen Stimmen das Gotteslob zu hören und selbst daran anzuknüpfen. Während Goethe die außerchristlichen Religionen nur in großen Zügen kannte, hat er sich mit dem Christentum und seiner Geschichte immer wieder beschäftigt. Seine Lektüre kirchengeschichtlicher Werke reicht von der Jugend, als er Gottfried Arnold las, bis ins Alter, als er wissenschaftliche Werke wie die von Johann Traugott Danz, August Kestner und Johann Friedrich Wundemann sorgfältig durcharbeitete. Dabei wurde ihm die Begrenztheit vieler Geister und die Tragik vieler Streitigkeiten deutlich, und er sah die Notwendigkeit, das Alte neu durchzudenken.

Goethes Bild der abendländischen Geistesgeschichte beginnt mit der Religion der Griechen und Römer, die wegen der allzusehr vermenschlichten Götterfiguren allmählich ihre innere Kraft verlor, so daß in der Spätantike ein materialistischer Atheismus entstand, wie ihn Lukrez verkörpert. Da dieser die meisten Menschen durchaus nicht befriedigte, mußte etwas ganz anderes kommen, und es kam im Christentum. Hier unterscheidet Goethe nun Jesus und seine Lehren von den Lehren des Paulus und seiner Nachfolger. Jesus als Lehrer, wie er in der Bergpredigt sich zeigt, wird in den „Wanderjahren" (Bd. 8, S. 163) „ein wahrer Philosoph" genannt, seine Lehre ist tief und zugleich schlicht. Ganz anders Paulus. Goethe schrieb in seiner Jugend: „Paulus hat Dinge geschrieben, die die ganze christliche Kirche in corpore bis auf den heutigen Tag nicht versteht." (Bd. 12, S. 235) Später äußerte er sich nicht so scharf, blieb aber gegenüber den Gedanken von Erbsünde, Rechtfertigung, Hölle zurückhaltend. Im historischen Teil seiner „Farbenlehre" schildert Goethe den allgemeinen geistesgeschichtlichen Hintergrund und kommt dabei auch auf das Christentum und die Bibel. Er sagt: „Jene große Verehrung, welche der Bibel von vielen Völkern und Geschlechtern der Erde gewidmet worden, verdankt sie ihrem innern Wert. Sie ist nicht etwa nur ein Volksbuch, sondern das Buch der Völker, weil sie die Schicksale eines Volks zum Symbol aller übrigen aufstellt … Es ist uns nicht erlaubt, hier ins einzelne zu gehen; doch liegt einem jeden vor Augen, wie in beiden Abteilungen dieses wichtigen Werkes der geschichtliche Vortrag mit dem Lehrvortrage dergestalt innig verknüpft ist, daß einer dem andern auf- und nachhilft, wie vielleicht in keinem anderen Buche." Goethe scheut sich aber nicht, eine Veränderung vorzuschlagen: „Wenn man vor der Offenbarung Johannis die reine christliche Lehre im Sinn des Neuen Testaments zusammengefaßt aufstellte, um die verworrene Lehrart der Episteln zu entwirren und aufzuhellen: so verdiente dieses Werk gleich gegenwärtig wieder in seinen alten Rang einzutreten, nicht nur als allgemeines Buch, sondern auch als allgemeine Bibliothek der Völker zu gelten, und es würde gewiß, je höher die Jahrhunderte an Bildung steigen, immer mehr zum Teil als Fundament, zum Teil als Werkzeug der Erziehung, freilich nicht von naseweisen, sondern von wahrhaft weisen Menschen genutzt werden können." (Bd. 14, S. 52f.)

Den Gedanken, die Bibel „als Werkzeug der Erziehung … von wahrhaft weisen Menschen genutzt" zu sehen, hat Goethe dann im Alter näher ausgeführt in der Pädagogischen Provinz der „Wanderjahre" (Bd. 8, S. 149−167). Dort erhalten die Jugendlichen in ihrer Erziehung auch religiöse Belehrung. Sie werden hingewiesen auf die Ehrfurcht vor dem, „was über uns ist" − das ist Gott als Schöpfer und Erhalter des Weltalls mit seiner Ordnung und Schönheit −, vor dem, „was unter uns ist" − das ist das irdische Leben mit seinen Freuden und Leiden, auch bitteren Nöten als etwas Gottgewolltem −, und dem, „was uns gleich ist" − das ist das Menschsein, wie es sich in anderen zeigt und wie wir es sittlich zwischen anderen bewähren müssen. Alles zusammen ergibt die Ehrfurcht davor, daß Gott dies alles in den Menschen gelegt hat und „daß er sich selbst für das Beste halten darf, was Gott und Natur hervorgebracht haben". Um den Jugendlichen diese Betrachtungsweise nahezubringen, wird das Alte Testament benutzt für die Lehre von dem, „was über uns ist"; das Neue Testament für die Lehre von der Ehrfurcht vor dem, „was unter uns ist"; hier gilt es, auch das Böse als gottgewollt zu verstehn; es ist hier aber nicht vom Teufel oder der Hölle die Rede. Auch die Lehre von dem, „was uns gleich ist", knüpft an das Neue Testament an. In dieser Weise wird in der Pädagogischen Provinz für die religiöse Unterweisung immer wieder die Bibel benutzt, doch es gibt keine Pastoren, es ist nie von einem Glaubensbekenntnis die Rede, und die biblischen Motive werden weitergedacht und werden eingeschmolzen in die moderne Ehrfurchtslehre, welche das Göttliche in der Natur und im Innern des Menschen als Kern enthält. Goethes Pädagogische Provinz ist eine Art Utopie, deren Besonderheit aber darin besteht, daß sie griffbereit darstellt, um zumindest teilweise in der Wirklichkeit verwertet zu werden. Goethe hat sich über die christliche Überlieferung nirgendwo so ausführlich geäußert wie in der Pädagogischen Provinz. Hier ist zu diesem Thema viel mehr gesagt als in anderen Werken, als in Briefen und Gesprächen. Hier sieht man, wie viel er übernimmt und weitergibt, und vor allem: mit welcher Unbefangenheit er umwandelt, neu gestaltet und manches wegläßt.

Goethe hat das, was er religiös sagen wollte, vor allem als Dichter geäußert, also in Gedichten und in „Faust" und auch in den „Wanderjahren". Im Kreise seiner vielen Dichtungen machen die Stellen mit diesem Thema nur einen kleinen Teil aus. Er ist mit seinen Aussagen zurückhaltend, hat aber eine Gedichtgruppe doch geradezu „Gott und Welt" genannt und mit dem „Prooemion" beginnen lassen. Er hat nie den Anspruch erhoben, weltanschaulich führend zu sein. Er hat aber auch nicht geschwiegen und hat durch Gedichte wie „Eins und alles" und durch den „Faust"-Schluß seine Meinung ausgesprochen.

Stellt man ihn in den Kreis der weltanschaulichen Denker seiner Zeit, so unterscheidet ihn von den Philosophen wie Kant, daß dort nur abstrakt gedacht wird, während bei ihm — wie bei Herder — auch das religiöse Gefühl seinen Wert hat und die Natur nicht nur als Ordnung, sondern auch als Schönheit verstanden wird. Anderseits verbindet ihn manches mit Kant, bei dem die Sittlichkeit das Fundament der Religion ist, denn die sittlichen Gesetze müssen als göttliche Gebote angesehn werden, da sie aus der Vernunft stammen und widerspruchslos denkbar sind. Auch Hegel, Schelling, Schiller glauben an eine göttliche Weltordnung und die Aufgabe des Menschen, sich sittlich in sie einzuordnen. Verwandtschaft mit Goethes Art, an die Geschichte der Religionen anzuknüpfen und das Alte neu durchzudenken, gibt es besonders bei Herder.

Während die Philosophen ihre Meinungen theoretisch aussprachen, hat Goethe als Dichter gesprochen. Erinnern wir uns noch einmal der anfangs zitierten Sätze aus dem Brief an Riemer, nachdem er „Eins und alles" geschrieben hatte; da sagt er, daß es der Dichtkunst vielleicht allein gelingen könne, „solche Geheimnisse auszudrücken". Am Ende des Gedichts „Vermächtnis" (S. 370) stellt er den Philosophen und den Dichter neben einander, jeder tut etwas für die anderen Menschen. Der Philosoph ist vorbildlich im Denken. Der Dichter ist nicht weniger wichtig:

Denn edlen Seelen vorzufühlen
Ist wünschenswertester Beruf.

Die Aufgabe des Dichters ist, vorbildhaft Gefühle auszusprechen. Im Religiösen kommt es nicht nur auf das Denken, sondern auch auf das Fühlen an, beides verbindet sich; deswegen seit je die Aufgabe des Dichters in diesem Bereich.

In dem umfangreichen Werke Goethes sind die religiösen Motive selten, stellenweise sind sie nur angedeutet. Goethe wollte bewußt nur Dichter bleiben, aber er wußte: die Kunst hat ihre Funktion im geistigen Leben. Die Dichtung ist Ausdruck der menschlichen Seele, und zu dieser gehört das Religiöse. Darum hat er als Dichter davon gesprochen. In seiner „Farbenlehre", im historischen Teil, hat er sich einmal zusammenfassend über die Weltreligionen geäußert. Da sagt er: „Der Lobgesang der Menschheit, dem die Gottheit so gerne zuhören mag, ist niemals verstummt, und wir selbst fühlen ein göttliches Glück, wenn wir die durch alle Zeiten und Gegenden verteilten harmonischen Ausströmungen, bald in einzelnen Stimmen, in einzelnen Chören, bald fugenweise, bald in einem herrlichen Vollgesang, vernehmen." (Bd. 14, S. 48) Goethes Äußerungen sind in diesem Sinne eine „einzelne Stimme", aber eine, die sich in dem großen Chor der anderen weiß.

Die genannten Seitenzahlen beziehen sich auf die „Hamburger Ausgabe", meist auf Band 1 (Gedichte), Band 2 (Divan) und Band 3 (Faust). Gelegentlich ist auch die Weimarer Ausgabe genannt (WA) und das „Deutsche Wörterbuch" der Brüder Grimm (Dt. Wb.).

Geschrieben 1991.

Der Entwicklungsgang
der romantischen Literatur

Die Romantik ist eine geistige Bewegung, die in Deutschland von etwa 1795 bis 1840 lebendig ist, sie wirkt sich in vielen Gebieten der Kultur aus, vor allem in der Dichtung. Die Dichter der Romantik gestalten eine Seelenlage, die es in dieser Art vorher in der Dichtung nicht gab.

Die Romantik beginnt damit, daß ein junger Mann aus Berlin, Wackenroder, von starkem Gefühl, religiös und kunstbegeistert, eine Bestätigung seiner inneren Haltung sucht. Seine Umwelt ist das Berlin der aufklärerisch-rationalistischen Popularphilosophen und der klassizistischen Baumeister, eine moderne Stadt, deren Tradition man höchstens bis zum Großen Kurfürsten zurückverfolgte. Wackenroder hatte in der Schule lateinische und französische Literatur kennen gelernt, nun aber erfährt er durch eine glückliche Begegnung mit einem Gelehrten, daß es in Deutschland im Mittelalter eine Literatur gegeben habe, die später vergessen wurde. Er liest, was er davon bekommen kann, und geht dann mit 20 Jahren an die Universität Erlangen. Von dort macht er mit seinem Freunde Ludwig Tieck, der ebenfalls aus Berlin stammt, Wanderungen nach Nürnberg, Bamberg, Pommersfelden und anderen Orten in Franken. Und er sieht: Da gibt es eine lebendige Tradition vom Mittelalter über das Barock bis zur Gegenwart. Er kommt zum ersten mal in katholische Gegenden und findet die Katholiken ganz anders, als man sie ihm in Berlin geschildert hatte. Er hört alte Kirchenmusik und empfindet lebhaft, das sei nicht Musik wie im Konzertsaal, sondern Kunst, die eingebunden ist in die Welt des Glaubens. Der norddeutsch-protestantische Kulturkreis und der süddeutsch-katholische hatten sich seit dem 16. Jahrhundert weitgehend auseinanderentwickelt. Die Werke des Mittelalters wurden nicht beachtet, sondern höchstens als Altertümer registriert. Wackenroder entdeckt, daß dort vieles von dem ist, was er ersehnt, und daß man in manchem dort anknüpfen könne. Was ihm vorschwebt, ist Weltdeutung durch Kunst. Das Religiöse ist dabei eingeschlossen. Die Kunst erhält also eine sehr hohe Aufgabe.

Wackenroder stirbt mit 25 Jahren. Kurz davor hat er mit Tiecks Hilfe ein Büchlein veröffentlicht, in welchem er seine Gedanken ausspricht, „Herzensergießungen eines kunstliebenden Klosterbruders". Er, der Stille, beeinflußt nun die anderen, die lauter sind. Tieck ist im Gegensatz zu Wackenroder rasch

im Schreiben und im Veröffentlichen. Bevor er mit Wackenroder durch
Süddeutschland wanderte, hatte er mit 22 Jahren einen Roman veröffentlicht,
„Geschichte des Herrn William Lovell", 1795/96. Lovell kommt aus der
Empfindsamkeit und gleichzeitig aus tiefem Skeptizismus. Er findet, alle
Menschen seien Narren, die Tugend sei ein Geschwätz, das Menschengeschlecht
nichtswürdig. Er verführt rücksichtslos Mädchen, die er dann im Stich läßt,
wird Anhänger des skrupellosen Führers einer geheimen Gesellschaft, gleicht
seine Finanzkatastrophe durch Falschspielerei aus und endet im Duell. „Lovell"
spielt in London, Paris und Rom. Dabei kein Wort über Kunst oder Geschichte.
Dann sah Tieck bei Wackenroder die Welt, die dieser entdeckt hatte, deutsches
Mittelalter, Andacht zur Kunst, zartes Seelenleben, tiefe Naturverbundenheit.
Tiecks nächster Roman, „Sternbald", spielt in Deutschland im 16. Jahrhundert,
da gibt es die Stadt Nürnberg, Kunstbegeisterung, Dürer.

Die Romantik entwickelte sich also als Widerspruch gegen den flachen
Rationalismus in einer Stadt wie Berlin um 1793, wo der Verleger Nicolai mit
seinen Zeitschriften und Büchern den Ton angab und Ramler als großer Dichter
galt. Als Tieck in späteren Jahren auf seinen Roman „William Lovell"
zurückblickte, schrieb er: „Die erste Jugend des Verfassers fällt in jene Jahre,
als nicht nur in Deutschland, sondern im größten Teil der kultivierten Welt
der Sinn für das Schöne, Hohe und Geheimnisvolle entschlummert oder
erstorben schien. Eine seichte Aufklärungssucht hatte sich der Herrschaft
bemächtigt und das Heilige als einen leeren Traum darzustellen versucht;
Gleichgültigkeit gegen Religion nannte man Denkfreiheit, gegen das Vaterland
(welches freilich zu verschwinden drohte) Kosmopolitismus. Ein seichtes
populäres Gespräch sollte die Stelle der Philosophie vertreten, und ein krank-
haftes Beobachten kränklicher Zustände, welches allen Zusammenhalt im
Menschen vernichten wollte, pries man unter dem vornehmen Titel der
Psychologie. Selbst die Poesie, in welche das Gemüt sich hätte retten mögen,
lag erstorben, und seelenloser Mißverstand entspann nur aus den Werken des
Altertums ein unnützes Gewebe von Worten und schiefen Regeln, die endlich
die Welt in den Tempel des Götzen, der angebeteten Korrektheit, führen sollte.
Nicht, daß nicht längst große Gemüter edle Werke und tiefen Sinn ausgesprochen hätten, aber sie waren unbeachtet oder führten nur neue Verwirrung
herbei. Winckelmann, Hamann, das Edelste im Lessing, Jacobi, ja selbst Goethes
frischer Morgen (nach kurzer, lärmender Begeisterung) waren wie in einem
betäubenden Taumel von Zerstreuung vernachlässigt ... Auch schildert der
Verfasser hauptsächlich seine Umgebung und Erziehung in der großen Stadt
des nördlichen Deutschlands, die so lange den Ton in Philosophie, Theologie
und Kritik angab und alles, was nicht in ihr gestempelt wurde, als kleinstädtisch
verachtete ... Ohne Unterstützung von Lehrern und Freunden mußte er selbst
Schritt vor Schritt erobern, was er für das Seinige anerkennen wollte, und in

diesem Kriege mit sich selbst und andern suchte er der Gegenpartei ein Gemälde ihrer eignen Verwirrung und ihres Seelen-Übermutes hinzustellen, der seine Abweichung von ihr gleichsam rechtfertigen sollte."

Als Tieck seine Nöte durch den Roman „William Lovell" objektivierte und sich dann Wackenroders neuen Ideen zuwandte, vollzog sich ein Jugenderlebnis ähnlich wie bei Schiller in Stuttgart und wie bei Jean Paul in Leipzig. Jedesmal verbindet sich eine persönliche Krisis mit weltanschaulichen Fragen. Das traditionelle Kirchen-Christentum ist zurückgetreten, die bloße Vernunft bietet keine tiefe Weltdeutung, es beginnt ein leidenschaftliches Suchen im eigenen Innern und in der Geistesgeschichte, aus welcher der junge Mensch antwortende Gegenbilder erhofft. Der Roman „Franz Sternbalds Wanderungen", 1798, zeigt mittelalterliche Welt, stimmungsvolles, bunt-märchenhaftes Geschehen, Landschaftsbilder, eingestreute Lieder. Damit war ein neuer Typ des Romans geschaffen, durch einen Verfasser, der nicht zu den ganz großen gehörte, der aber ein Gebiet erschloß, in dem es dann bald darauf Novalis, Hoffmann und Eichendorff zur Meisterschaft brachten. Tieck schrieb nun Erzählungen, welche an alte Volksbücher anknüpfen, oder Märchendramen, in denen seine unerschöpfliche Phantasie auch das Unbewußte und das Dämonische sowie das Satirische und Witzige entfalten konnte.

In Berlin lernte Tieck 1797 Friedrich Schlegel kennen, der damals 25 Jahre alt war. Damit trat neben den Dichter ein philosophischer Kopf, welcher den neuen Geist der Jugend theoretisch formulieren konnte. Ein Jahr danach lernte Tieck auch August Wilhelm Schlegel kennen, und durch diesen erhielt die romantische Bewegung einen hochbegabten Literaturhistoriker, der die Weltliteratur überblickte wie keiner vor ihm und das Mittelalter in diese Studien einbezog. Er lenkte Tiecks Blick auf Shakespeare und auf Cervantes, daraus wurden dann später die meisterhaften Übersetzungen. Und Tieck lernte in dieser Zeit auch Schleiermacher kennen. Dadurch kam in den literarischen Kreis das Religiöse, das Wackenroder schon angesprochen hatte. So waren also verschiedene Elemente vereinigt: Wackenroders kindlich-schlichte Kunstbegeisterung und Neigung zum Altdeutschen; Schleiermachers Bewertung des Gefühls in der Religion und sein Hinweis auf den grundlegenden Charakter des Religiösen für die menschliche Existenz; und der Brüder Schlegel weltweiter historischer Blick und ihre Kunst der Auslegung von Kunstwerken.

August Wilhelm Schlegel ging 1796 mit seiner Frau Caroline nach Jena, weil er dort für die Jenaer „Literaturzeitung" arbeiten konnte und an der Universität Möglichkeiten hatte. Und nun kamen dorthin zeitweilig Friedrich Schlegel, Novalis, Steffens, Brentano, Gotthilf Heinrich Schubert und Schelling. Es bildet sich ein Kreis mit gemeinsamen Zielen. Die Kreisbildung, die Freundschaften und der lebhafte Briefwechsel sind für die Romantik bezeichnend. Friedrich Schlegel gründet eine Zeitschrift, ihr Name ist der Zeitmode entsprechend noch

antik, „Athenäum", doch ihr Geist ist neuartig. Hier erscheinen die Fragmente
von Novalis, „Blütenstaub", und dann die „Fragmente" von Friedrich Schlegel,
in denen Religion als Mittelpunkt der Bildung erscheint, Dichtung und
Philosophie sind von da her belebt, der Künstler ist besonders hochstehend
und besonders gefährdet, „romantische Poesie" gestaltet in fortschreitendem
Maße das ganze Leben. Das ist von Schlegel tiefsinnig, aber auch provozierend
und eigenwillig bis zum Bizarren ausgesprochen. In dieser Zeit beginnt
August Wilhelm Schlegel seine Shakespeare-Übersetzung, die zum erstenmal in
Deutschland der Vielseitigkeit dieses genialen Dichters, insbesondere in der
Darstellung der Charaktere, gerecht wird. Tieck schafft Märchendramen wie
„Kaiser Oktavianus", dessen Schluß des Prologs bezeichnend ist für den Geist
dieser neuen Dichtung: „Mondbeglänzte Zaubernacht,/Die den Sinn gefangen
hält,/Wundervolle Märchenwelt,/Steig auf in der alten Pracht." Um 1800 löste
der Jenaer Kreis sich auf. August Wilhelm Schlegel ging nach Berlin, wo er
dann seine berühmten Vorlesungen hielt, Friedrich begab sich nach Paris,
Schelling übernahm eine Professur in Würzburg. Doch Briefe vermittelten
weiterhin. Der Brief gehörte zu den Romantikern wie die Freundschaft und
die Kreisbildung, und hier glänzen die Frauen wie Caroline, lebensnah,
tiefblickend und zugleich heiter und formgewandt. Das alles vollzog sich
zwischen 1795 und 1800, und alle diese Schriftsteller sind zwischen 20 und 28
Jahren.

In Jena ergab sich die Verbindung zu Novalis, dem begabtesten und
vielseitigsten von allen, der am tiefsten das lebte und gestaltete, was alle aus
dem Kreise suchten. Er starb mit 29 Jahren, und was er in den Jahren vor
seinem Tode geschaffen hat, ist erstaunlich. Obgleich sein höchstes Ziel sich
nur dichterisch aussprechen ließ, sammelte er jahrelang Materialien für ein
enzyklopädisches Werk, das die Beziehung des Menschen zur Welt auf neue
Weise darstellen sollte. Novalis hatte Rechtswissenschaft studiert, um Verwal-
tungsjurist zu werden, kam in die sächsische Salinenverwaltung, hatte also mit
Bergwerken und Gesteinen zu tun, schloß ein Studium der Bergwissenschaft
an und weitete es nach Möglichkeit auf alle Naturwissenschaften aus. Dabei
ist das letzte Ziel aber ein religiöses, die Verinnerlichung. „Nach innen geht
der geheimnisvolle Weg." (Blütenstaub 16) „Das willkürlichste Vorurteil ist,
daß dem Menschen das Vermögen, außer sich zu sein, mit Bewußtsein jenseits
der Sinne zu sein, versagt sei." (Blütenstaub 22) Die Leser des „Athenäums"
mußten erkennen, daß hier ein Geist waltete, der ganz anders war als alles, was
es im 18. Jahrhundert gegeben hatte. Die Welt ist eine Entsprechung des Ich,
man muß nur die Beziehungen erkennen, durch Fühlen und Ahnen, durch
Fähigkeit zur Versenkung. Wenn Novalis von Steinen, Tieren, Pflanzen schreibt,
dann meint er zugleich das, was im Menschen diesen entspricht. Diese Sicht
heißt bei ihm „magischer Idealismus" (Das allgemeine Brouillon 308). Die

Notizen, welche er für seine Enzyklopädie sammelte, füllen zwei dicke Bände. Er hat mit einer seltsamen Hellsichtigkeit und geistigen Kühnheit für dieses Werk gearbeitet, das an ihn selbst eine Forderung stellte, die übermenschlich ist. Wir haben also nur Fragmente.

Fertig wurden dagegen zwei lyrische Zyklen und — zum Teil — zwei Romane. Zunächst die „Hymnen an die Nacht". Tag ist hier das Alltägliche, Rationale, die Arbeit; Nacht ist Gefühl, Liebe, Symbol, Religion, Gott, und vollkommen erreicht wird dieser Bereich erst im Tode. Im Nachtbereich findet der Dichter die verstorbene Geliebte, die Madonna und Jesus. Von da ergibt sich ein mythisches Bild der Weltgeschichte, zu Anfang primitive Urvölker mit ihrem Götter- und Dämonenglauben, dann die Menschen der Antike, deren religiöse Mythenwelt schön war, die aber keine Deutung fanden für den Tod. Diese kam durch Christus, der dem Tod und der Liebe einen neuen Sinn gab, als Weg zu Gott. Das Mittelalter erfaßte ihn seelenvoller, religiöser als die Gegenwart. Hier schließen die „Geistlichen Lieder" an, welche die innere Bereitschaft der Seele für diesen Bereich aussprechen.

Der Roman „Heinrich von Ofterdingen" zeigt, wie Heinrich zum Dichter wird, indem er die Sprache der Symbole lernt, die nur die feinfühlige Seele, nie der Verstand erreichen kann. Symbole gibt es im Traum, noch mehr in der Kunst. Als Heinrich Mathilde zu lieben beginnt, sieht er sie im Geiste in Zusammen-hängen, aber es paßt nicht eine schöne Wiese, auch nicht ein Baum, sondern nur eine blühende Blume, der Farbton darf nicht rot sein, auch nicht gelb, die zu Mathilde passende Blume muß blau sein. Diese innere Notwendigkeit des Symbols ist Heinrichs Dichtertum, und er lernt, es auszusprechen. Einige Kapitel sprechen von der Analogie der Seele zu Naturgegenständen, andere von der Geschichte, welche zeigt, daß in früherer Zeit der Sinn für Symbolik und Religiosität stärker war. Die Besonderheit dieses Romans wird deutlich, wenn man vergleichend auf Goethe blickt. Am Ende der „Lehrjahre", 1796, wird Wilhelm zu einem nützlichen Glied der menschlichen Gemeinschaft, und dieses Motiv wurde später dadurch fortgesetzt, daß Wilhelm Wundarzt wird. Als Novalis 1801 den ersten Teil seines „Heinrich von Ofterdingen" hinterließ, hatte er Pläne notiert für den zweiten Teil: „Heinrich von Ofterdingen wird Blume, Tier, Stein, Stern ... Sophie ist das Heilige, Unbekannte. Das Licht- und Schattenreich leben durcheinander ... Der Schluß ist Übergang aus der wirklichen Welt in die geheime — Tod — letzter Traum und Erwachen." Dieser Übergang in eine höhere Welt gelingt Heinrich, weil er ein Dichter ist. Der Dichter ist feinfühliger als andere Menschen. In den „Lehrlingen zu Sais" heißt es: „Nur die Dichter haben es gefühlt, was die Natur den Menschen sein kann ... Alles finden sie in der Natur. Ihnen allein bleibt die Seele derselben nicht fremd." (Kap. 2) Der „echte Priester und der Dichter" sind „vollkommener Repräsentant des Genius der Menschheit" (Blütenstaub 76). „Dichter und

Priester waren im Anfang eins, und nur spätere Zeiten haben sie getrennt. Der echte Dichter ist aber immer Priester, so wie der echte Priester immer Dichter geblieben. Und sollte nicht die Zukunft den alten Zustand der Dinge wieder herbeiführen?" (Blütenstaub 71) Die „Hymnen an die Nacht" und die „Geistlichen Lieder" sprechen eine religiöse Entwicklung aus, es spricht hier der Dichter, nicht der Priester. Er hat die höchste Aufgabe. Zwar hatten auch Herder, Goethe und Schiller den Dichter hoch gestellt, aber nie so wie hier Novalis es tut.

Als 1802, ein Jahr nach dem Tode des Dichters, die zweibändige Novalis-Ausgabe erschien, die Tieck zusammengestellt hatte, war deutlich: hier war ein neues höchstes Ziel und ein neuer Ton der Sprache. In den Dichtungen und den Fragmenten des Novalis war die Hauptrichtung romantischen Geistes in großartiger Form ausgesprochen. Hier waren Dichtungen, wie es sie bis dahin nicht gegeben hatte, hier war ein Streben über alle bisherigen Grenzen hinaus, beglückend und zugleich erschreckend. Nun wurde die Gestalt des Novalis sogleich ein Mythos. Die romantische Bewegung hatte durch seine Werke ihre Sinnbilder und ihren Klang, und sie hatte nun ihre Leitgestalt in ihm, der an ungeahnte Geheimnisse rührte und die Erde verließ, als er auf dem Wege zu unendlichen neuen Zusammenhängen war.

Die romantische Bewegung breitete sich aus, an verschiedenen Orten bildeten sich romantische Kreise. In den Jahren 1804—1808 ist Heidelberg wichtig, denn hier entsteht die romantische Volkslied-Sammlung „Des Knaben Wunderhorn". An der Universität erforschte der klassische Philologe Creuzer in der Antike die alten Mythen und Symbole, war also ganz anders gerichtet als die Philologen der Zeit vor ihm, die das Klassisch-Geformte suchten. Zu ihm ging Brentano, er zog Arnim nach sich, dann kamen Görres und Savigny. Brentano war seiner Natur nach ein fahrender Sänger, der auf Wanderfahrten aus dem Stegreif seine Lieder sang. Er liebte das Volkslied und schätzte alte Bücher, und so trug er gemeinsam mit Arnim „Des Knaben Wunderhorn" zusammen, eine Sammlung, wie es sie bis dahin nicht gegeben hatte trotz Herders Hinweis auf den Wert des Volksliedes. Brentano fuhr mit Arnim den Rhein herab, und sie entdeckten die Schönheit dieser Landschaft, die bisher nie besungen war. Brentano beginnt damals seine Rheinmärchen, dichterisch, kindlich, humoristisch, satirisch, märchenhaft, mit Hahn, Storch, Katze, Mäusen, Biber und anderen Tieren, die des Menschen Gefährten sind, dazwischen eingestreute Lieder. Es entstehen Gedichte, deren Musik der Sprache die Fülle seiner Stimmungen ausspricht. Aber er gibt dann weder die Märchen noch die Gedichte zum Druck, sondern nur ein mißlungenes Drama „Die Gründung Prags". Brentano ist liebehungrig und liebegebend, innerlich unruhig, sich und andere quälend, eine Mischung von Sinnlichkeit, Religiosität, Kindlichkeit, Sehnsucht und Künstlertum. Sein Freund Arnim hat bei allem Künstlergeist auch Sinn für Berufsarbeit und preußisches Ethos. In seinen Novellen gestattet er sich mitunter das Phantastische und Groteske, so daß Théophile Gautier sie „Contes bizarres" nannte, als er sie 1856 übersetzte. Anderseits hat Arnim eine Neigung zum Realistischen, zumal wenn er seine märkische Heimat schildert. Er kehrte von Heidelberg bald in die Mark Brandenburg zurück, um als Landwirt zu arbeiten und daneben schriftstellerisch tätig zu sein. In Berlin begegnete er Schleiermacher, Fichte und Fouqué. Auch an anderen Orten bildeten sich Romantikerkreise, so in Dresden, wo Caspar David Friedrich malt und die Landschaft zur Metapher der Seele macht, und wo bis zum November 1803 auch Runge arbeitet; dann in Prag, wo sich zeitweilig diejenigen sammeln, die dem Machtbereich Napoleons ausweichen wollen, Freiherr vom Stein, Arndt, Varnhagen, Kleist, dazu auch Brentano; und dann in Wien, wo die romantischen Schriftsteller viel mit der Musik in Berührung kommen, vor allem durch Beethoven und Schubert, und wo Friedrich Schlegel und Adam Müller eine katholische Spätromantik entwickeln.

Die Romantik, die als Freundeskreis einiger begabter junger Menschen begonnen hatte, wurde zu einer breiten Kulturbewegung. Zu den Gebieten, auf die sie sich auswirkte, gehörten auch Naturwissenschaft und Medizin. Die Psychologie des 18. Jahrhunderts hatte von Sinneswahrnehmung und rationalem Denken gesprochen. Die Romantiker brachten neue Fragestellungen: das Vegetative, das Unbewußte, Traum und Suggestion. Für Schelling ist die Welt eine lebendige Einheit, der Geist eine höhere Stufe der Natur; Kunst und Philosophie — möglichst im Zusammenhang — wissen diese Beziehungen zu deuten. Steffens, hier anknüpfend, sieht den Menschen als Höhepunkt der Natur, das Christentum als Höhepunkt der Kultur, und arbeitet als Naturforscher auf diesem Hintergrund. Gotthilf Heinrich Schubert schreibt in seinen „Ansichten von der Nachtseite der Naturwissenschaft", 1808, über das Verhältnis des Menschen zur Natur im Wandel der Zeit und betrachtet besonders die neuen Gebiete Hypnose und Hellsehen. Auch Carus, so sorgfältig er als Arzt war, geht von romantischen Gedanken über die Zusammenhänge zwischen Mensch und Natur aus und wünscht den Spürsinn dafür sowohl beim Arzt wie beim Künstler.

Immer sieht der Romantiker die Welt als lebendige Einheit, Wechselwirkung zwischen Erde und Mensch. Er sucht die Steigerung des Tag-Lebens durch Sinn für Symbole, Traum, Hellsehen, Jenseits-Sehnsucht, Religion. Novalis hatte die Verwandtschaft von Dichter, Priester und Naturforscher ausgesprochen. Die auf ihn folgenden Dichter waren diesen neuen Ideen offen. Jean Paul in seinem Buch „Museum", 1814, schreibt über Traum, Hypnose und Hellsehen und sieht in der Entdeckung des „organischen Magnetismus" eine ganz große Leistung seiner Zeit. Arnim schildert in der Novelle „Die Majoratsherren", 1820, einen Mann, der Gedanken lesen kann und ferne Geschehnisse wahrnimmt, aber wegen dieser übermäßigen Sensibilität lebensuntüchtig und kauzig ist. Natürlich ist E. T. A. Hoffmann aufgeschlossen für die Gedankenkreise der romantischen Psychologie. In „Kater Murr" gibt es nervliche und psychische Wirkungen durch körperliche Berührung, Gedankenlesen, Einschläfern durch Hypnose und ähnliches; Hoffmann sieht aber nicht nur die Erweiterung des Lebens durch die „Nachtseite" der Seele, sondern auch die Gefahr: in der Novelle „Der Magnetiseur" schildert er einen Mann, der gewissenlos Hypnose anwendet und dadurch ein Mädchen in den Tod treibt.

Etwa um 1835 war die große Zeit der romantischen Naturauffassung vorüber. Das Spekulative der romantischen Medizin wurde abgelehnt, rein naturwissenschaftliche Beobachtungen leiteten eine neue Epoche der Medizin ein. Die Romantik hatte aus ihrer Denkweise heraus zwar einige falsche Ansätze gebracht, z. B. in ihren Vorstellungen der Urzeugung und der Entstehung von Parasiten aus dem Wirt, aber auch einige fruchtbare Ergebnisse, besonders für Psychologie und psychosomatische Medizin. Ihre Untersuchungen auf dem Gebiet der Parapsychologie — Telepathie, Hellsehen usw. — wurden erst im 20. Jahrhundert wieder aufgenommen. Die Entwicklung im 19. Jahrhundert ging zunächst ganz andere Wege, auch wenn man von dem Unbewußten und vom Traum sprach. Seit Feuerbach sahen viele alles Religiöse als Phantasiegebilde, Freud war Atheist. Für die Romantiker stand die Seele in einem gottgewollten Zusammenhang der Schöpfung, und religiöse Einsicht war für sie ein Weg zur Wahrheit.

Die Suche nach dem Naiven, Seelenvollen, Unbewußten im Gegensatz zum Rationalen und Konstruktiven verbindet sich bei den Romantikern mit der Vorstellung, daß diese Seiten der Seele sich in früheren Zeiten stärker aussprechen konnten als in der Gegenwart, daß also die Begegnung mit aussagekräftigen Werken jener Epoche bereichernd sei. Man entdeckt die Dichtung des Mittelalters, von der bis dahin nur ganz wenige etwas gewußt hatten. Als 1784 Christoph Heinrich Myller mittelhochdeutsche Dichtungen herausgab und sie an König Friedrich von Preußen schickte, antwortete dieser ihm: „Ihr urteilt viel zu vorteilhaft von denen Gedichten aus dem 12., 13. und 14. Seculo. Meiner Einsicht nach sind solche nicht einen Schuß Pulver wert und verdienten nicht, aus dem Staube der Vergessenheit gezogen zu werden." Das änderte sich seit Wackenroder. Tieck gab 1803 „Minnelieder" heraus, wobei er den mittelhochdeutschen Text da, wo er modernen Lesern unverständlich war, durch neuhochdeutsche Wörter ersetzte. Das war für die damaligen Leser das Richtige, denn man hatte kein Wörterbuch und kein anderes Hilfsmittel. Die Leser empfanden den Hauch des Mittelalters. Dem Band waren Kupferstiche von Runge beigegeben, Darstellungen von Blumen und Kindern. Für das Bewußtsein der Zeitgenossen paßten sie zu den Texten. Man sah in diesen Dichtungen nicht Minnedienst, sondern Liebe. Man suchte in ihnen das Naive und das Religiöse.

Als August Wilhelm Schlegel sich der Vergangenheit zuwandte, machte er
ein großes Geschichtsbild daraus. 1801—1802 hielt er in Berlin Vorlesungen,
nicht an der Universität — die gab es damals noch nicht —, sondern als private
Veranstaltung. Er bringt zunächst Grundbegriffe der Literaturbetrachtung,
dann eine Geschichte der griechischen und römischen Literatur. Man hatte sich
zwar viel mit der Antike beschäftigt, aber um Einzelheiten zu erklären und
Klassisches als vorbildlich für die Gegenwart hinzustellen. Schlegel gibt eine
geschichtliche Darstellung mit eingeflochtenen Interpretationen. Und ebenso
macht er es dann mit dem Mittelalter. Er erkennt die Epochen der Geist-
lichendichtung, Ritterdichtung und Bürgerdichtung. Er verknüpft historische
Einsicht mit wertendem Urteil. Es gab zu dieser Zeit einen Kanon der
Weltliteratur mit Homer, Sophokles, Vergil, Horaz, Corneille und Racine. Jetzt
plötzlich gehören in diesen Kreis der Meisterwerke auch Nibelungenlied, Dante,
Shakespeare, Cervantes, Calderón und Goethe. Leider wurden die Berliner
Vorlesungen nicht gedruckt. Sechs Jahre danach hielt Schlegel in Wien
Vorlesungen über die Geschichte des Dramas, wieder umfassend, von den
Griechen und Römern bis zur Gegenwart, Zusammenhänge und Wirkungen
erkennend und durch wertende Interpretationen erläuternd. Diesmal gab
Schlegel die Vorlesungen zum Druck, und Europa sah, wie man Literaturge-
schichte machen könne. Sogleich erschien eine französische Übersetzung — sie
wirkte auf Stendhal, Alfred de Vigny und Victor Hugo —, dann eine englische,
die in Amerika vier mal nachgedruckt wurde, dann Übersetzungen ins Ita-
lienische, Holländische und Polnische; in Schweden druckte man den deutschen
Text nach.

Bei Schlegel die Literaturgeschichte, bei Brentano die Texte: „Des Knaben
Wunderhorn", 1806, mit Spürsinn und Feingefühl zusammengestellt, Lieder,
Balladen, Spruchgedichte, auch einige volkstümliche Gedichte von Luther,
Opitz, Dach. Zum ersten mal wurde sichtbar, welche Fülle von Volksdichtung
es gab und welchen Bereich der Stimmungen, Motive und Formen sie bot.
Goethe hat das „Wunderhorn" sehr zustimmend rezensiert. Zu gleicher Zeit
schrieb Goerres über die Volksbücher und sagte, im Mittelalter lebten „starke
Naturen, fromm und hingegeben dem Heiligen".

Weniger phantastisch als Görres waren die Brüder Grimm, die durch
Brentano und Savigny in den Kreis der Romantiker kamen. Jacob Grimm war
der geniale Sprachforscher, Wilhelm Grimm, der mehr künstlerische, war der
Märchenerzähler. Ihr Ausgangspunkt war durchaus romantisch. Jacob Grimm
schreibt an Arnim am 20. Mai 1811: „Die alten Menschen sind größer, reiner
und heiliger gewesen als wir, es hat in ihnen und über sie noch der Schein des
göttlichen Ausgangs geleuchtet." Er sucht also das Alte, Seelenvolle, Symbolische, während das Neue voll von rationalem Geltungswillen ist. Jacob
Grimm unterscheidet Volksdichtung und Kunstdichtung, Volkslied und Minne-

sang, die sich ähnlich verhalten wie Gefühl und Vernunft, Nacht- und Tagseite der Seele. Sagen und Märchen haben das Alte bis in die Gegenwart bewahrt. Deswegen die Sammlung der „Kinder- und Haus-Märchen", 1812—1814. Erst durch diese Sammlung wurde den Zeitgenossen der Unterschied von Volksmärchen und Kunstmärchen deutlich. Dann folgen Jacob Grimms große Werke zur Geschichte der Sprache. Er forscht kenntnisreich, beschreibt klar die Unterschiede der Sprachen und die historische Entwicklung, etwa durch die Lautverschiebungen, aber im Hintergrund bleibt die romantische Anschauung: die alte Sprache ist „leiblich, sinnlich, voll Unschuld" (Deutsche Grammatik, Bd. 1, 1819, S. XXVII), sie hat stärkeren Symbolcharakter, vor allem sind die Vokale symbolisch, ähnlich wie die Farben es sind. Die Sprache gehört zu dem Bereich Natur, Erde, Seele, Mutter, Vergangenheit. So lebt in den Forschungen von Jacob Grimm etwas von dem, was Novalis den „Zauberstab der Analogie" (Die Christenheit oder Europa) nannte. Anderseits war er sachlich und streng, und so sind aus der Romantik zwei große Werke erwachsen, die noch heute Bestand haben, das „Deutsche Wörterbuch", das Jacob Grimm begann, und die „Monumenta Germaniae historica", die der Freiherr vom Stein ins Leben rief.

Der Blick auf Sprache, Volksdichtung und mittelalterliche Geschichte regte an zu der Frage, wie das große Erbe von der Gegenwart verwaltet werde. Die Staatstheorien der Aufklärung hatten alle Menschen als gleich erklärt, die Staaten als von Menschen erfundene Zweck-Verbände. Die französische Revolution hatte diese Theorien für sich angewandt. Ganz anders ist die Auffassung des Novalis in seinem Aufsatz „Glaube und Liebe" von 1798, er spricht darin von Gemeinschaftsgefühl, Pflicht, Vertrauen, Opfersinn und wünscht ein patriarchalisches Königtum, weil die Bürger eine leitende Gestalt brauchen, welche für die Gemeinschaft da ist. Diese Gedanken führte Adam Müller weiter. Man müsse den Staat wie einen Organismus auffassen, die einzelnen Menschen im Staat seien keineswegs gleich, man müsse den Verschiedenheiten gerecht werden, insofern sei der mittelalterliche Staat nicht so verkehrt gewesen, wie man im 18. Jahrhundert dachte, und die höchste menschliche Aufgabe sei auch heute noch die Pflege der Religion.

Diese Gedanken waren geäußert, bevor Napoleon 1806 Preußen und die übrigen norddeutschen Gebiete besetzte und 1809 auch Österreich besiegte. Die Besinnung auf die deutsche Vergangenheit bekam durch diese Ereignisse eine neue Bedeutung. Man sah in der Vergangenheit die Einheit des deutschen Reiches, in der Gegenwart aber die Zerspaltenheit. Einen deutschen Kaiser gab es seit 1806 nicht mehr. Napoleon hatte sich die deutschen Fürsten zu Verbündeten gemacht und zog 1812 mit deren Truppen nach Moskau. Als sich Preußen 1813 gegen ihn erhob, kämpften Württemberger und Sachsen auf Seiten der Franzosen, sogar noch in der Schlacht bei Leipzig. Deswegen der

Ruf der Dichter nach Einheit bei Theodor Körner, Max von Schenkendorf und Ernst Moritz Arndt, Gedichte für den Befreiungskampf, inhaltlich auf dem Hintergrund der romantischen Vorstellungen einstiger Einheit und Größe des deutschen Reichs, stilistisch noch beeinflußt von der religiösen Dichtung der früheren Jahrhunderte.

Weil die Romantik als das Wertvollste im Menschen das Religiöse sah, ist die ganze romantische Bewegung voll von Beziehungen zum christlichen Denken und zu den Kirchen. Schleiermacher legt dar, Religion sei nicht Moral, sondern Anschauung des Universums und Aufschwung aller Gemütskräfte, Weg ins Innere, Liebe zu Gott, der die Liebe Gottes zum Menschen entspricht. Das sagt er nicht nur in seinen Abhandlungen, seit 1799, sondern auch in seiner Novelle „Die Weinachtsfeier". Novalis besingt in seinen „Geistlichen Liedern" die „heilige Wehmut" (Lied 8), die Sehnsucht nach Christus, die Hoffnung einer unio mystica, er fragt in der Geschichte nach Seele, Liebe, Poesie, Nacht, Religiosität, Christentum, und er findet diese Bereiche vor allem im Mittelalter, während im 18. Jahrhundert Vernunft, Tag und Seelenlosigkeit herrschen. Aus der Neubewertung des Mittelalters und der katholischen Kirche folgten die Übertritte zu ihr: Adam Müller 1805, Friedrich Schlegel und Dorothea 1808, Zacharias Werner 1811, der Maler Overbeck 1811, und viele andere. Im Jahre 1803 hatte eine große Veränderung im deutschen Reich stattgefunden: alle geistlichen Fürstentümer wurden aufgelöst und auf weltliche Fürsten verteilt, die Erzbischöfe von Köln, Salzburg usw. waren fortan nur noch hohe Geistliche. Die Kirche, die bis dahin reich gewesen war, wurde arm. Man befürchtete ihren Niedergang, doch es geschah das Gegenteil, eine geistige Erneuerung. Hier wirkten die Romantiker mit ihrem Sinn für Frömmigkeit, Tradition und Symbol. Als die Kirche in Bayern aus theologischem Rationalismus heraus im Jahre 1810 das Oberammergauer Passionsspiel verbot, griff der König rettend ein, und durch die Romantiker wurde das Oberammergauer Spiel nun allgemein bekannt und geschätzt. Als aus den verweltlichten Klöstern die alten Gemälde fortgetragen und billig verkauft wurden, entdeckten Romantiker wie die Brüder Boisserée ihren Wert, und es begann die Hochschätzung der alten religiösen Malerei. Friedrich Schlegel in Wien schreibt nun seit 1815 Weltgeschichte von katholischem Standpunkt und hebt dabei den Widerstreit von Seele und Geist heraus. Zacharias Werner verfaßt um 1820 geistliche Dramen, Görres 1836—42 ein Werk über christliche Mystik. Brentano geht 1819 nach Westfalen in das kleine Dorf Dülmen, wo Katharina Emmerick lebt, die Visionen hat, in welchen sie die heiligen Gestalten des Neuen Testaments vor sich sieht. Brentano zeichnet auf, was er täglich von ihr erfährt, 6 Jahre lang, und vereinigt es dann zu einem großen Werk. Hier ereignet sich etwas Ähnliches wie im Mittelalter, wenn Visionäre mitteilten, was sie sahen, und Schreiber es aufzeichneten, wobei beide sich gegenseitig in ihre geistige Welt hineinsteigerten, und der Schreiber dann dem Ganzen Form gab. Von diesem Werk Brentanos erschien aber nur ein Teil zu seinen Lebzeiten, „Das bittere Leiden unseres Herrn Jesu Christi", 1833. Dieses Buch hatte großen Erfolg und wurde in viele Sprachen übersetzt. Der späte Brentano, der Erbauungsschriftsteller, lehnte die Werke seiner Jugend ab und gab nichts davon mehr zum Druck. Zu dem romantischen Katholizismus gehörte auch Eichendorff, aber während Brentanos Leben sich in Gegensätzen und Umbrüchen vollzog, blieb Eichendorff sich lebenslang gleich, einerseits mit dem Sinn für Schönheit und Leben, andererseits bedürftig des geistlichen Trostes, unwandelbar gläubig. Nicht nur in Dichtungen, auch in seinem Buch „Über die ethische und religiöse Bedeutung der romantischen Poesie" und ähnlichen Werken hat er seine kirchliche Weltschau ausgesprochen. Ein Sinnbild spätromantischen Geistes war 1842 der Wiederbeginn des Kölner Dombaus. Die Romantiker hatten die alten Pläne aufgefunden, man konnte aus den Teilen, die als Fragment dastanden, ein Ganzes machen. Spenden für den Bau kamen aus allen Kreisen des Volkes zusammen, der protestantische König war glücklich, dem katholischen Dom zu seiner vollen Schönheit zu verhelfen, und man hatte allgemein das Gefühl, hier die Gegenwart sinnvoll an das Mittelalter anzuknüpfen, wie es die Romantik seit Novalis gewünscht hatte.

Die Idee des Novalis, daß die Einheit von Ich und Welt sich symbolisch durch Klänge, Farben, Linien, Pflanzen, Tiere darstellen lasse, stellte jede Kunst vor besondere Aufgaben. Gegenüber großen allgemeinen Kulturideen befinden sich die verschiedenen Kunstgattungen stets in verschiedener Lage, weil jeder Gattung ihr eigenes Gesetz innewohnt. Gegenständliche Malerei ist eher möglich als gegenständliche Musik, kosmische Musik eher als kosmische Dichtung, erlebte Dichtung eher als erlebte Baukunst, staatliche Baukunst eher als staatliche Malerei. Mit den Wandlungen des Geistes muß deswegen die Führung in den Künsten wechseln. Wenn die Romantik das Ich als Schlüssel zur Welt versteht, läßt sich von da aus große Musik schaffen. Die Dichter versuchten durch Gestaltung ihrer Visionen und Symbolik der Form dieser Forderung gerecht zu werden. Schwieriger war es für die bildende Kunst. Baukunst und Plastik haben keine wesentlichen Verkörperungen romantischen Geistes geschaffen. Am ehesten konnte die Malerei der neuen schwierigen Aufgabe entsprechen. Runge versuchte ähnlich wie Novalis eine magische Ordnung durch Zusammenstellung von Linien, Farben, Blumen, Menschen, Tageszeiten. Das war gegenüber der üblichen Historien- und Figurenmalerei ein neuartiges, schwieriges Unterfangen, aber der Romantiker wollte lieber auf dem Wege zum höchsten Ziel Fragmente schaffen als bei weniger hohen Zielen Gelungenes erreichen. Runge starb 1810 im Alter von 33 Jahren. Auch Caspar David Friedrich denkt symbolisch, seine Landschaften sind im Atelier gemalt, sie wollen den Geist religiös stimmen, Linienführung und Farbe bezeichnen eine Haltung der Seele. Ebenfalls suchen Carus und Schinkel in ihren

Gemälden diese Symbolik, doch die jüngere Gruppe der romantischen Maler kehrte zu Heiligen-Darstellungen zurück, an Raffael und seine Schule anknüpfend. Sie sind als Maler eine Entsprechung zu dem katholischen Kreise um Friedrich Schlegel in Wien. Von dieser Gruppe der „Nazarener" bekam Goethe in Weimar manches zu hören, weniges zu sehen, es behagte ihm nicht recht und seinem Mitarbeiter Heinrich Meyer noch weniger. Die Maler wiederum fanden Goethes Festhalten an der Antike veraltet. So entstand hier zeitweilig ein Gegensatz Klassik-Romantik, den Goethe dann freilich bald selbst überwölbte, theoretisch durch seine Idee der Weltliteratur, künstlerisch durch die Verbindung von Mittelalter und Altertum in „Faust, 2. Teil".

Die Romantik will Kunst als Symbol, als Metapher des menschlichen Geistes. Die Reinheit des Geistigen dokumentiert sich als Freiheit vom Stoff. Keine Kunst ist so stoff-frei wie die Musik, sie ist gegenstandslos, ist abstrakt. Novalis sagt „Der Musiker nimmt das Wesen seiner Kunst aus sich — auch nicht der leiseste Verdacht einer Nachahmung kann ihn treffen." (Hrsg. von Samuel u. Mähl, Bd. 2, 1981, S. 574) E. T. A. Hoffmann schreibt 1814 in seinem Aufsatz „Alte und neue Kirchenmusik": „Keine Kunst geht so rein aus der innern Vergeistigung des Menschen hervor, keine Kunst bedarf so nur einzig reingeistiger, ätherischer Mittel als die Musik. Die Ahnung des Höchsten und Heiligsten, der geistigen Macht, die den Lebensfunken in der ganzen Natur entzündet, spricht sich hörbar aus im Ton, und so wird Musik, Gesang der Ausdruck der höchsten Fülle des Daseins — Schöpferlob!" Und in dem Aufsatz „Beethovens Instrumental-Musik" sagt er: „Die Instrumental-Musik ist die romantischste aller Künste, beinahe möchte man sagen, allein recht romantisch, denn nur das Unendliche ist ihr Vorwurf." (Phantasiestücke in Callots Manier, 1813) Die ganze Romantik ist voll von Musik. Wackenroders einzige Novelle stellt einen Musiker dar, seine tiefe Begeisterung und innere Gefährdung. Hoffmann schildert in der Gestalt des Kapellmeisters Kreisler („Kater Murr") die innere Seligkeit, die Zerrissenheit und die äußere Qual des Künstlers. Kunst, Liebe und Tod werden zum großen Dreiklang, etwas anders als bei Novalis, aber auch hier als Aufgehen in eine magische Welt. Es hatte vor der Romantik noch nie einen Künstlerroman dieser Art gegeben.

1810 kommt Bettina Brentano nach Wien und schreibt in Briefen begeistert über Beethovens Größe. 1813 folgt ihr Clemens Brentano, hört Beethoven und schreibt einen Gedichtzyklus „Nachklänge Beethovenscher Musik", der von Kosmos und Ich, Wirbel und Festigkeit, Verzweiflung und Rettung spricht. Um die großen Werke Beethovens zu hören, mußte man damals in Wien, Berlin oder Leipzig sein, denn es mußte ein geeignetes Orchester da sein und ein Dirigent, der sich an die neuartigen Werke wagte. Hoffmann, der als Dirigent und Komponist gearbeitet hatte, rezensierte die neuen Werke Beethovens und schrieb in seiner Besprechung der V. Symphonie (c-Moll):

„Beethoven ist ein rein romantischer Komponist ... Lebhafter hat der Rezensent dies nie gefühlt als bei der vorliegenden Symphonie, die den Zuhörer unwiderstehlich fortreißt in das wundervolle Geisterreich des Unendlichen." (Allg. musikalische Zeitung, 1810) Hoffmann bringt aber nicht nur solche allgemeine Urteile, sondern analysiert die Symphonie bis ins einzelne. Das war damals neu. Die Romantik hat hier die Methode der Musik-Interpretation geschaffen, ähnlich wie sie durch August Wilhelm Schlegels Vorlesungen die Dichtungs-Interpretation geschaffen hat. Die Schriftsteller des 18. Jahrhunderts — Gottsched, Gellert, Lessing, Wieland — hatten sehr wenig von Musik gesprochen, sie stand ihnen fern. Die geistige Linie Winckelmann — Goethe — Humboldt war vorwiegend der bildenden Kunst zugewandt. Man hatte im Sturm und Drang den Genie-Begriff geprägt und ihn auf Shakespeare angewandt. Erst die Romantik wendet ihn für die Musiker an, im Leben für Beethoven, in der Dichtung für Kreisler in „Kater Murr". 1819 stellt Schopenhauer, „Die Welt als Wille und Vorstellung", die Musik als eine Kunst dar, die „das Ding an sich" symbolisiert anstatt der Erscheinungen, die also das Metaphysische verkörpert. Hier ist das, was Novalis vorschwebte und was Hoffmann dichtete, von einem Philosophen gesagt. Als Hoffmann 1822 starb, war die Musik der Romantik mit Schubert und Carl Maria von Weber im vollen Schaffen. Die Musik schloß in besonderer Weise die deutschen Kulturlandschaften zusammen. Die Schriftsteller von Gottsched bis zu Schiller stammten aus protestantischer Umwelt und lebten in Nord- und Mitteldeutschland. Die Musiker, Haydn, Mozart, Beethoven, Schubert waren katholisch und hatten ihren Mittelpunkt in Wien. Indem ihr Werk ganz Deutschland eroberte, vereinigte es die in der Zeit davor weitgehend getrennten Kulturlandschaften.

Nach den Befreiungskriegen hatte die Romantik das deutsche Publikum gewonnen. Man liest und begehrt ihre Bücher, man kleidet sich sogar altdeutsch, um romantisch zu erscheinen. E. T. A. Hoffmann wird ein vielgelesener Schriftsteller. Dann aber beginnt die Romantik schwächer zu werden, in Uhlands Jung-Siegfrid-Balladen, Hauffs „Lichtenstein" und Wilhelm Müllers Wanderliedern. Dem gegenüber ist nun eine neue Geistigkeit im Werden. Zwischen 1832 und 1837 entstehen die Werke Büchners, von denen damals freilich nur ein Teil zum Druck kommt. Hier ist alles scharf auf die Wirklichkeit gerichtet, zugleich pessimistisch, ja nihilistisch. Das ist also eine Absage an den romantischen Glauben der Welt-Ich-Beziehung durch Verinnerlichung und Kunst. Doch nun, da die Romantik alt geworden scheint, klingt eine Stimme hervor, die gleichsam ewig jung ist: Eichendorff. In dem Jahr, in welchem Büchner stirbt, 1837, erscheinen zum ersten mal Eichendorffs Gedichte. Was er vorher veröffentlicht hatte, der Roman „Ahnung und Gegenwart", 1815, und die Novelle „Aus dem Leben eines Taugenichts", 1826, war kaum beachtet worden. Durch seine Lyrik wurde Eichendorff bekannt, und manche seiner Lieder wurden volkstümlich.

In seinem Werk ist tief melodisch und geheimnisvoll die Schönheit der Welt, anderseits Dämonie und Tragik, letztenendes aber eine tröstliche Verbundenheit mit dem All, das in Gottes Hand ruht. Seine Bilder von Landschaften, zumal wenn sie als Träume vorkommen, sind symbolisch für innere Vorgänge. Darin setzt er fort, was Runge und Caspar David Friedrich anstrebten. Sein Taugenichts lebt ganz aus seinem Gefühl, aus innerer Reinheit, ohne bewußtes Ziel, und findet eben dadurch sein Glück. Das hatte schon Novalis ausgesprochen in seinem Märchen von Hyazinth und Rosenblüte. Unbewußt leisten sie das Beste. Und was sie finden, ist letztlich etwas, was schon immer in ihnen war. Diese Vorstellung lebt auch in Kleists „Käthchen von Heilbronn". Sie zieht sich durch die ganze Romantik. Eichendorff behält bis zu seinem Tode, 1857, seinen Ton, rein und schön. Das Erlebnis der Natur und das der christlichen Gnade schließen sich für ihn zusammen. Noch einmal klingt in seinen Liedern und Novellen die ganze Seele der Romantik auf.

Im Jahre 1840 bestieg Friedrich Wilhelm IV. den preußischen Königsthron, ein Romantiker in allen seinen Anschauungen. Er berief zu sich nach Berlin, wen er von den gealterten Romantikern erreichen konnte, Tieck, die Brüder Grimm, Schelling, mehrere romantische Maler. Nun erlebte die Romantik eine Nachblüte. Schelling, der einst ganz jung als romantischer Philosoph begonnen hatte, schreibt jetzt seine Spätwerke, die eine Philosophie des Mythischen und der christlichen Offenbarung sind. In Berlin lebte zu dieser Zeit auch Bettina Brentano, verheiratete Arnim, die einst mitten im Kreise der Romantiker sich bewegt hatte. Sie schreibt jetzt, in den Jahren 1835—1852, ihre Bücher (sie war 1785 geboren), in denen sie ein verklärtes Bild ihres Bruders Clemens, ihrer Freundin Günderode und des ganzen Kreises ihrer romantischen Jugendfreunde gibt. Auch der Naturwissenschaftler Carl Gustav Carus in Dresden, 1789—1869, schreibt seine gehaltvollsten Werke erst im Alter, alle noch in romantischem Geiste, 1846 „Psyche", ein Werk über die Seele im Verhältnis zum Körper und zum Verstand, ihre Werte wie die Liebe und die Religiosität, 1853 folgt „Symbolik der menschlichen Gestalt" und 1857 „Über Lebensmagnetismus". Carus ist immer bestrebt, das Unbewußte in seiner Bedeutung zu würdigen, es behutsam zu erfassen und es im Zusammenhang der menschlichen Ganzheit zu sehen, die man am tiefsten erfaßt, wenn man sie als Gottes Schöpfung erkennt.

Die Romantiker sind zu ihrer Zeit eine Gruppe, die zwar in sich manchen Wandel erlebt, aber doch als Gruppe erkennbar bleibt, sosehr auch die Grenzen fließend sind. Kleist gehörte nicht dazu, war aber in Dresden und in Berlin mit Romantikern befreundet und hat in seinem „Käthchen von Heilbronn" romantische Motive. Auch Jean Paul war kein Romantiker, spricht aber in seinem Buch „Museum", 1814, mit Begeisterung über den „organischen Magnetismus", den die Romantiker entdeckt hatten. Goethe zeigt romantische Züge in den

„Wahlverwandtschaften", wo Pendelversuche gemacht werden (II, 11) und wo das Kind Ähnlichkeiten aufweist, die nicht physisch, sondern psychisch vererbt scheinen. In den "Wanderjahren" nimmt Makarie durch Intuition Naturvorgänge besser wahr als der Naturwissenschaftler durch Beobachtung und Berechnung. Trotz solcher übergreifender Beziehungen sind die Unterschiede deutlich. Die Romantik will die Grenze des Menschlichen ausweiten, sie strebt nach geahnten, erhofften Erkenntnissen, die nur durch den Weg nach innen möglich sind. Weil sie sucht, was sich kaum vollenden läßt, schafft sie Fragmente, Novalis' „Ofterdingen" und Hoffmanns „Kater Murr" sind Beispiele dafür. Immer ist in ihren Darstellungen der ästhetische und der religiöse Mensch der am höchsten stehende. Man kann in der Dichtung und Malerei die Romantiker als Gruppe erkennen, doch in der Musik verschwimmen die Grenzen, weil Musik schlechthin als die romantische Kunst galt. Für die romantischen Schriftsteller war Beethoven der Musiker ihres Geistes, nicht nur Schubert und Weber. Ähnlich in der Philosophie: Schelling und vor allem Hegel sind eigenständige Gestalten, haben aber viele Beziehungen zu den Romantikern. Gegenüber dem Materialismus des 18. Jahrhunderts und dem neuen Materialismus des 19. Jahrhunderts besteht bei den Romantikern ein stetes Bemühen um die religiöse Grundlage; das verbindet sie mit Goethe, der das Vergängliche als Gleichnis sieht, mit Schiller, der im Sittlichen den göttlichen Willen erkennt, und mit Hölderlin, der immer wieder von den göttlichen Mächten spricht.

Das Bild, das die Romantiker sich selbst von ihrem Kreis machten, ist anders als das, welches wir heute haben. Wenn die Zeitgenossen ein Werk lasen, war ihnen vieles selbstverständlich, die Bedeutung der Wörter, die Bezüge zur Zeit, das Gewohnte und das Neuartige. Das müssen wir uns erst historisch erarbeiten. Aber sie wußten nichts von den Briefen und Tagebüchern, die wir heute kennen, sie wußten nichts von den Werken, die nicht zum Druck kamen oder unbeachtet blieben. Für sie waren um 1820 Körner und Uhland die großen Lyriker, für uns sind es Brentano und Eichendorff. August Wilhelm Schlegels Berliner Vorlesungen von 1801/02, in denen er beispielhaft Literaturwissenschaft als Auslegung und als Geschichte der Dichtung vorführte, für uns ein Meisterwerk der Romantik, wurden erst 1884 gedruckt. Eine Novalis-Edition, welche des Dichters geistige Welt in ihrer ganzen Fülle erkennen läßt, haben wir erst seit 1928. Brentanos Rheinmärchen, etwa 1811 geschrieben, erschienen 1846/47, vollständig erst 1914. Brentanos Gedichte kamen 1852 heraus, seine Novelle „Der arme Raimondin" 1944, „Der schiffbrüchige Galeerensklave" 1949. Von seinem großen Alterswerk über die Visionen der Katharina Emmerick hat er nur einen Teil zum Druck gebracht, 1833. Der Umfang und die Komposition des Ganzen wurde erst sichtbar durch die große Brentano-Ausgabe des Frankfurter Hochstifts, seit 1970. Die Briefe von Caroline Schlegel, von Novalis, von Runge und anderen konnten erst erscheinen, nachdem die philologische Wissenschaft sich der Romantik zugewandt hatte, also um 1900. Das gilt auch für die Tagebücher Eichendorffs. Die großen Maler der Romantik, Runge und Friedrich, waren ihren Zeitgenossen meist unbekannt und waren dann im 19. Jahrhundert vergessen. Als Kugler in seinem „Handbuch der Kunstgeschichte", 1842, einen Blick auf die Romantik warf, nannte er Overbeck, Cornelius und Schinkel, nicht Runge und Friedrich. Als 1856 Lübke und Caspar zu Kuglers Werk einen „Atlas" hinzufügten, zeigten sie (in Nachstichen) Bilder von Kolbe, Overbeck, Schnorr von Carolsfeld und Cornelius; auch hier fehlen Runge, Friedrich und Kersting. Caspar David Friedrich verkaufte seine Gemälde an Privatleute, die sie in ihre Häuser hängten. Niemand sonst bekam sie zu sehn. Es wurden keine Kupferstiche oder Lithographien davon hergestellt. Völlig utopisch wäre der Gedanke gewesen, ein Verzeichnis seiner Gemälde oder ein Buch mit Reproduktionen herzustellen. Erst die Berliner Jahrhundert-Ausstellung von 1906 entdeckte Runge und Friedrich wieder, seither gibt es Reproduktionen ihrer Werke und kunstgeschichtliche Bücher über sie. Die für die Romantik so wesentlichen schriftlichen Aufzeichnungen dieser beiden Maler wurden erst im 20. Jahrhundert gedruckt. Und wie war es in der Musik? Beethovens Symphonien konnte man nur gelegentlich in Wien oder Leipzig oder Berlin hören, wo es große Orchester gab. In kleineren Orten wie Weimar konnte man sie nicht aufführen. Von der 5. Symphonie gab es einen Klavierauszug. Den hat Felix Mendelssohn-Bartholdy Goethe im Mai 1831 vorgespielt. Das war alles, was Goethe von Beethovens großen Werken zu hören bekam. Heute kann jeder Schuljunge sich eine Symphonie Beethovens vorspielen, wenn ihm eine Schallplatte erreichbar ist.

Unsere Kenntnis der Werke jener Zeit ist also reich, und sie ist, weil man sich ausführlich damit beschäftigt hat, ausgewogen. Es gibt vorzügliche Ausgaben von Novalis, Brentano, Hoffmann, Eichendorff und anderen Dichtern. Diese Ausgaben sind ein Bestand der heutigen deutschen Kultur, ähnlich wie die Aufführungen damaliger Musik. Wir haben heute ein historisches Bild der romantischen Literatur, wir sehen ihren Entwicklungsgang von Wackenroder bis Carus und ihre Stellung in der Geistesgeschichte, und zugleich hat sich eine Auswahl dessen ergeben, was von ihren Werken noch in unsere Zeit hineinleuchtet.

Bisher nicht veröffentlicht. — Vor 1970 in Vorlesungen vor Studierenden.

Namenregister

Register der Personennamen

zusammengestellt von Inge Jensen